한국교회 사회복지실천
들여다보고 내다보기

글. 이준우

Korean Church
Social Welfare Practice,

Inside
and
Out

한국교회 사회복지실천
들여다보고 내다보기

Korean Church
Social Welfare Practice,
Inside and Out

| CONTENTS |

프롤로그 •04

제1장　들어가기
1. 이 책의 목적 •14
2. 교회사회복지실천의 개념 •18
3. 교회의 사회복지실천 활동 유형에 따른 ABC 모델 •25

제2장　역사적 변천과정 살펴보기
1. 전통과 변혁, 그 사이에서의 한국교회 사회복지실천 •30
2. 근대사회문제에 대응했던 한국교회 사회복지실천 사업과 프로그램 •53

제3장　공공신학과 연구방법
1. 하나님의 선교와 공공신학 •66
2. 공공신학과 교회사회복지실천과의 관계 •70
3. 연구방법 •73

한국교회 사회복지실천
들여다보고 내다보기

제4장 들여다보기	한국교회 사회복지실천 사례 분석 결과
	1. 교단 차원의 사회복지실천 사례 •80
	2. 기독교 사회복지법인 차원의 사회복지실천 사례 •89
	3. '기윤실' 사례와 '목회와 신학' 사례 •120
	4. '기윤실' 및 '목회와 신학' 사례 분석 결과 •131

제5장 내다보기	전망
	1. 소결 •156
	2. 비전과 전망 •159

제6장 실행하기	자세와 역할
	1. 한국교회 사회복지실천의 방향 : 하나님을 본받는 자세 •167
	2. 교회사회복지실천 기술 •173
	3. 한국교회 사회복지실천이 감당해야 할 핵심 역할 •205

에필로그 • 212
참고문헌 • 222
저자소개 • 234

프롤로그
[Prologue]

한국교회와 그리스도인들이 한국사회로부터 싸잡아 욕을 먹고 있는지도 꽤 되었다. 예수 믿는다고 말하기조차 조심스럽다. 가십거리로 회자되는 초대형교회(교인이 대략 5천 명 이상 되는 큰 교회) 목사들의 크고 작은 문제들은 이제 그리 큰 뉴스거리도 되지 못한다. 하도 많이 언론에 노출되어서 면역이 생겼나보다. 대형교회(교인 천 명 이상의 교회), 중형교회(교인 100명에서 천 명 이내 정도의 교회), 소형교회(100명이 안 되는 작은 교회) 등 의외로 많은 교회들이 이런저런 분쟁과 갈등, 도덕성 문제 등으로 덕을 세우지 못하는 가운데에 있다. 예배당 짓다가 부도나서 경매로 넘어가고, 목사가 도망가는 일 정도는 다반사가 된 지 오래다. 초대형 교회의 세습 문제는 말할 것도 없고, 목사와 교인들 간의 갈등과 법정 소송으로 눈살을 찌푸리게 하는 일도 너무 빈번해서 일일이 세기도 어렵다.

세상은 교회를 무시하고 외면한다. 세상이 교회를 외면하는 이유는 교회가 하나님 아버지를 믿지 않기 때문이다. 자신들이 자기 생각대로 만들어 놓은 하나님을 믿을 뿐 성경에 계시된 하나님, 역사를 다스리시는 하나님, '만유의 주' 되신 하나님을 믿지 않기 때문이다. 교회가 하나님을 세상의 그 어떤 세력보다 두려워하면서 사랑하고, 떨며 섬길 때 세상도 그분이 진짜이신 줄 알고 찾아올 것이다. 물론 그리스도인이 빛의 사명을 열심히 감당해도 어둠은 저항하고 거절할 것이다. 하지만 지금은 세상의 어둠을 비난할 때가 아니라 교회가 빛이 아닌 것을 통탄해야 할 때다.

교회가 빛을 회복해야 한다. 교회가 빛이 되어야 한다. 교회가 빛 되신 하나님을 이 세상에 보여드려야 한다. 어두운 세상에 하나님을 드러내는 역할은 예수 그리스도를 믿고 따르는 그리스도인의 몫이다. 세상 사람들이 빛으로 살아가는 그리스도인들을 보면서 하나님의 존재를 믿게 해야 한다. 이것이 예수님의 사명이었기에 이제 그리스도인의 사명이 되는 거다. "네 아버지가 어디 있느냐?"라고 세상이 물을 때 그리스도인은 '빛의 삶'으로 대답해주어야 한다. 어둡고 더러운 이 세상의 삶의 방식과 목표를 과감하게 거스르는 삶을 통해 빛이신 하나님이 계시다는 것을 드러내 보이는 것이 그리스도인이 지향해야 할 삶의 목표여야 한다.

교회가 빛을 회복하는 일!

그 일은 말 갖고는 안 된다. 시인 정현종이 쓴 〈장난기〉라는 시가 있다. "내 말보다는 아무래도 / 셰익스피어가 한 말이라고 해야 먹힐 것 같아 / 나는 장난기가 동하면 가끔 내 말을 셰익스피어가 한 말이라고 말을 한다. / 사람들은 긴가민가하면서도/ 셰익스피어가 안 한 말이 있겠느냐 싶기도 하여 / 표정을 고쳐가지고 듣는다." 시인은 〈장난기〉라는 제목 뒤에 숨어서 제값을 잃은 말의 운명을 탄식한다(김기석, 2010).
그래도 한때나마 한국교회는 말의 힘이 있었다. 주기철, 손양원, 이기풍, 류영모, 함석헌, 한경직 등을 비롯하여 순전한 주의 종들이 곳곳에서 말과 행함이 일치된 믿음의 삶을 사셨기에 교회의 권위가 유지될 수 있었다. 그러나 작금의 한국교회와 기독교인의 말은 신뢰를 잃어버렸다. 한국교회가 하는 말의 권위가 상실되었다. 한국교회가 무슨 말을 해도 사회는 믿지 않는다.

'행함'이어야 한다. '행함'이 있어야 한다. 그 '행함'은 '실천'으로 확장되어야 한다. 실천은 단지 감정적이거나 친절한 생각에 머물러 있는 것이 아니다. 실천은 그리스도인의 삶을 분명한 목적 있는 방향으로 이끌어가는 일상화된 행동들의 묶음이다. 예수님을 따르는 사람들은 예수님의 삶을 실천하는 사람들이다. 예수님께서 중요하다고 결정한 실천들을 그리스도인 역시 예수님처럼 실천하는 것이다. 예수님의 실천을 몸소 행할 때 그 실천은 그리스도인의 삶에 핵심이 된다. 실천은 그리스도인을 하나님께서 기뻐하시는 삶의 방향과 생활방식으로 인도하는 공통적 습관과 태도와 행동을 그리스도인의 삶에 심어 넣어준다. 실천은 그리스도인을 예수 그리스도의 사랑과 섬김의 정신으로 이웃과 함께 하는 삶에 엮어준다.

마태는 산상수훈의 종결에 해당하는 내용을 마태복음 7장 13절부터 21절까지 이렇게 쓰고 있다.

"좁은 문으로 들어가라. 멸망으로 인도하는 문은 크고 그 길이 넓어 그리로 들어가는 자가 많고 생명으로 인도하는 문은 좁고 길이 협착하여 찾는 자가 적음이라. 거짓 선지자들을 삼가라. 양의 옷을 입고 너희에게 나아오나 속에는 노략질하는 이리라. 그들의 열매로 그들을 알지니 가시나무에서 포도를, 또는 엉겅퀴에서 무화과를 따겠느냐 이와 같이 좋은 나무마다 아름다운 열매를 맺고 못된 나무가 나쁜 열매를 맺나니 좋은 나무가 나쁜 열매를 맺을 수 없고 못된 나무가 아름다운 열매를 맺을 수 없느니라. 아름다운 열매를 맺지 아니하는 나무마다 찍혀 불에 던져지느니라. 이러므로 그들의 열매로 그들을 알리라. 나더러 주여 주여 하는 자마다 다 천국에 들어갈 것이 아니요 다만 하늘에 계신 내 아버지의 뜻대로 행하는 자라야 들어가리라."

마태는 하나님의 뜻을 실천하지 않는 이들을 향해 경고했다. 동시에 바람직한 생활을 해 나가려고 애쓰는 사람들에 대해서는 격려했다. 경고와 격려를 동시에 할 수 있는 절묘한 표현의 핵심은 '행하다'란 말에 있다. 하나님의 뜻을 몸으로 살아내는 실천 없이는 진실한 믿음도 없다는 거다. 특히 "좁은 문으로 들어가라!"는 비유적 표현을 통해 예수님께서는 제자들이 선택해야 할 삶의 길을 제시하셨음을 마태는 강조한다. 재미있게도 '문'은 '길'로 확장된다. '문'이 신앙적 결단을 의미한다면 '길'은 삶의 지속성과 연결된다. 무슨 말인가? 좁은 문, 좁은 길을 가기 위해서는 결단해야 하고 그 결단이 삶 속에서 행함으로 지속되어야 한다. 즉, 그 결단의 삶이 일회성 행사가 아닌 삶의 방식 내지 문화가 되어야 한다. 고백은 한 순간이지만 실천은 전 생애를 투자해야 한다. 그렇기 때문에 그것은 좁은 문으로 들어가는 길이고, 그 길은 생명과 연결된다.

요한복음 1장 1절을 보자. "태초에 말씀이 계시니라 이 말씀이 하나님과 함께 계셨으니 이 말씀은 곧 하나님이시니라." 성경에서 '태초'는 두 가지 의미로 사용된다. 창세기 1장 1절 "태초에 하나님이 천지를 창조하시니라."는 말씀에 나와 있는 바와 같이 태초는 시간의 시작을 말한다. 반면, 요한복음 1장 1절의 태초는 시간의 시작이 아니라 영원한 과거를 의미한다. 시작도 없고 끝도 없는 영원한 과거, 이것이 바로 요한이 말하는 태초다. 로고스는 영원부터 계신 분이시다. 영원히 지존하시는 분이시다. 시작도 없고 끝도 없는 알파와 오메가이시다. 이처럼 태초부터 계신 말씀은 하나님과 함께 하신 분이시다. 하나님과 함께 계셨기 때문에 말씀은 하나님이라고 한다. 하나님이시기 때문에 그는 태초에 천지를 창조하셨다. 요한복음 1장 3절을 보자. "만물이 그로 말미암아 지은 바 되었으니 지은 것이 하나도 그가 없이는 된 것이 없느니라." 그러므로 말씀은 천지 만물을 창조하신 분인 동시에 모든 존재를 존재케 하시는 분이시다. 더욱이 4절 상반 절을 보면, "그 안에 생명이 있었으니"라고 한다. 말씀이 생명의 원천이 되신다는 거다. 그 생명 때문에 오늘 이 지구에 있는 모든 만물이 소생하고 있는 것이다. 우리 육신이 생명을 지탱하는 것도, 우리 영혼이 영원토록 살 수 있게 된 것도 생명의 원천이신 말씀을 통해 흘러나오는 그 생명 때문이다. 그러나 이 생명은 우리 눈에 보이지 않는다. 그래서 4절 하반 절에는 이 생명을 우리가 볼 수 있는 말로 바꾸어 설명한다. "이 생명은 사람들의 빛이라." 생명은 눈에 안 보이지만 빛은 눈에 보인다. 그리고 이 빛은 생명을 가능하게 하는 신비로운 힘을 가지고 있다. 빛이 드는 곳에는 생명의 역사가 일어난다. 이처럼 말씀은 보이지 않는 하나님의 생명을 보이도록 하시는 분이시다. 그분이 가시는 곳에는 생명이 태어난다. 그분이 가시는 곳에는 어두움이 물러간다. 그분이 말씀하시는 곳에는 거짓이 거짓으로 드러나고 참된 것이 참된 것으로 드러난다. 이런 의미에서 말씀은 빛이 되는 것이다.

나는 생각했다. 교회가 빛을 회복하는 일은 교회가 다시금 말씀의 능력을 이 세상에 발휘하는 것이며 이는 '교회가 좁은 문을 거쳐 묵묵히 좁은 길을 걸어가는 말씀의 행함을 실천함으로써 가능하다'고 말이다. 그리고 구체적으로 '좁은 문, 좁은 길'은 이웃과 공생하며 지역사회와 공존하는 삶을 살아가면서 이 세상을 생명력이 가득 찬 곳으로 만들어가는 구체적인 실천 행위라고 보았다.

특히 내게 있어서 좁은 문, 좁은 길은 교회가 지역사회를 대상으로 무조건적으로 행해야 할 사회복지실천이었다. 교회가 사랑을 단지 말로만 선언하는 때는 지났다고 보았다. 이제 교회는 지역사회를 향해 사랑으로 사회복지실천을 행해야만 한다고 믿었다. 교회가 존재하는 것은 교회 그 자체만을 위한 것이 아니고 교회는 구원의 방주이면서 이 땅에 하나님의 나라를 세우기 위함이라고 생각했다. 그런데 한국교회는 늘 교회 그 자체에만 집중하고 하나님나라 건설에는 무심하기 짝이 없다. 물론 그렇지 않은 교회들도 있다. 그러나 훨씬 더 많은 한국교회들이 예수 믿고 복 받아서 영육 간에 잘 살자는 입장에 국한되어 있다. 그 결과 교회와 세상은 완전히 이원론적으로 이해된 채, 교회란 부름 받은 공동체로서 부흥과 성장을 꿈꾸며 전통적인 방식의 선교적인 사명을 감당하면 그만이었다. 그런데 교회는 그리스도를 머리로 공동체를 이루고, 삶의 모든 영역에서 변화와 개혁의 책임을 져야 한다. 교회는 예언자적 사명으로 세상과 문화와 정치, 교육, 사회복지까지도 일깨워야 한다. 이것이야말로 하나님의 영역주권이라 할 수 있다. 그 이유는 하나님의 주권은 교회당 울타리 안에만 있는 것이 아니고, 삶의 모든 영역에 미치고 있기 때문이다. 그리고 나는 이와 같은 삶의 영역을 아우를 수 있는 접근이 사회복지실천이라고 보았다.

사회복지는 사회제도다. 국민의 삶의 질을 담보하는 최소한의 안전장치이자 원활한 사회적 기능이 유지되게끔 작동하는 사회적 안전망이기도 하다. 사회복지는 방대한 영역에 걸쳐 국민의 삶에 영향을 미친다. 사회가 급속하게 변화하면서 사회복지도 시대의 요청에 부응하여 새롭게 확장되어 왔다(이준우, 2015). 이제 사회복지는 국가가 국민을 향해 책임져야 할 가장 기본적인 의무를 수행하기 위해 필수적인 사회제도로 자리매김 되었다(최성균·이준우, 2017). 사회복지는 개인을 위한 도움의 차원에서 가족, 집단, 지역사회 및 전체 사회를 대상으로 바람직한 사회적 기능과 사회적 환경을 창출하는 능력을 함양하고자 노력해 왔다. 여기에는 인간의 기본적인 욕구를 충족시키고 적절한 인간 서비스를 받을 수 있는 사회정책, 서비스, 자원, 프로그램의 계획과 수행까지 포함된다(이준우, 2013). 이것은 인간의 사회적·관계적·행정적인 상호작용과 체계들이 복잡하게 얽혀 돌아가는 한복판에 사회복지가 놓여 있다는 것을 말한다. 이렇게 삶의 전 영역에 걸쳐있는 사회제도로서의 사회복지를 현실 세계 속에서 펼쳐내는 것이 사회복지실천이다. 개인과 가족, 집단, 지역사회 속에서 사회복지의 이념과 가치, 이론 및 접근 방법들을 일상의 삶 속에서 구현해내는 전문적인 개입활동이 사회복지실천인 것이다.

목사이면서 사회복지학을 전공하여 박사학위를 취득하였고, 20년 이상 사회복지실천 현장에서 일하였으며 사회복지사를 양성하는 대학의 교수로 재직하고 있는 내가 해야 할 일은 무엇인가를 고심했다. 내가 반드시 감당해야 하며 잘 할 수 있는 소명적인 사역은 무엇인가? 내가 주님께 순종하는 마음으로 감당할 수 있는 일은 무엇인가? 몇날 며칠 밤을 고민했다. 그리고는 결심했다. 그것은 한국교회가 한국사회를 향해서 열정과 헌신으로 기여하고 섬겨오고 있는 사회복지실천의 구체적인 내용들을 이 세상에 알리는 일이었다. 그럼으로써 보다 더 많은 한국교회들이 교회사회복지실천을 할 수 있도록 돕는 것이었다.

물론 나는 이미 2014년에 '나남출판'에서 〈교회사회복지실천의 새 지평: 복지선교와 복지목회〉라는 책을 출간했었다. 한국의 교회들을 향해서 이제는 사회복지실천을 하지 않으면 안 된다는 강력한 경고를 충정어린 마음으로 담아내면서 교회가 수행하고 있는 다양한 사회봉사 활동을 일반 사회복지학에서 다루는 사회복지실천의 관점과 전문 이론 그리고 실천방법과 기술 등을 성경적 시각과 비교하며 세심하게 고찰하였다. 그러면서 기독교적 관점에서 융합하거나 적용할 수 있는 부분과 아예 독자적인 성경적 사회복지 실천으로 수립할 수 있는 영역을 구분해서 정리했었다. 그런 후, 한국교회가 성경적으로 건강한 교회가 되기 위해서는 적어도 이 정도는 사회복지실천을 해야 하지 않겠느냐는 심정으로 교회사회복지실천의 모델을 제시했었다.

하지만 여전히 아쉬운 마음이 남아 있었다. 보다 더 구체적인 교회사회복지실천의 원리와 전략, 실천방법과 기술들을 제시해 주는 책이 필요하다는 생각이 들었다. 무엇보다도 현재 한국교회와 기독교사회복지재단들이 실제로 수행하고 있는 다양한 접근들을 심도 있게 분석해서 이를 토대로 보다 많은 한국교회들이 교회사회복지실천의 지침으로 삼을 수 있는 유익한 '실천 매뉴얼'을 만들어 보고 싶었다. 하지만 이런저런 일들로 정신없이 지내다 보니 훌쩍 시간이 지나가고 말았다. 일상의 분주함 속에서 까맣게 잊어버렸다. 그런데 최근 2~3년 사이에 국내에서 가장 대표적인 교회들이 세습과 돈 문제 등으로 또 다시 세간에 떠들썩하게 회자되면서 한국교회 전체가 세상으로부터 질타당하는 일이 발생하였다. 속이 썩어 문드러지는 것처럼 아팠다.

바로 그때 하나님께서 내게 이런 마음을 주셨다. 왜 문제 있는 교회만 보고, 절망하니? 한국교회 가운데에 한국사회를 이름도 없이 빛도 없이 오직 그리스도의 정신으로 섬기는 경우가 있지 않겠니? 이렇게 제기된 질문이 기도 제목으로 바뀌었고, 간절한 기도는 일주일 동안이나 지속되었다. 지나간 주일이 새롭게 다가온 주일로 대체되는 그 밤에 하나님께서는 내게 분명하게 말씀하셨다. 한국교회 가운데에서 민족과 이웃을 섬기며 헌신하고 있는 사역들을 찾아보거라! 그 사역들을 꼼꼼하게 분석하고 정리해서 더 잘 할 수 있는 발전적인 방안을 제시해 보거라! 작은 교회든 큰 교회든 열심히 지역사회를 섬겼던 활동들을 발견해서 있는 그대로 오롯이 표현해 보거라! 한국교회의 일부가 잘못이 있겠지만 더 많은 교회들은 믿음으로 애쓰고 수고하고 있으니 착한 교회들, 바른 교회들을 격려해야 한다! 물론 부족한 부분들은 지적하되 향후 개선하여 더 멋지고 아름다운 교회가 되게끔 도와야 한다!

그렇지만 솔직히 자신이 없었다. 여력도 없었다. 학술적 역량도 부족하다고 생각했다. 그런데 마음이 계속 뜨거워졌다. 우선은 논문을 쓰기 시작했다. 그 결과 2016년에 "한국기독교사회복지실천의 역사적 변천과정과 성과 연구", 2017년에 "공공신학 관점에서 본 한국교회 사회복지실천의 성격과 과제", 2018년 "한국교회 사회복지시설 운영의 전망과 과제"라는 논문들이 나왔다. 그리고는 내가 쓴 이 논문들을 묶어내면서 전체적인 맥락 속에서 재구성해 나갔다. 이렇게 방대한 자료들을 다시 구성하며 필요한 자료들을 새롭게 추가하면서 '한 문장 한 문장' 심혈을 기울여 집필했다.

감사했다.

작업하는 내내 커다란 감동이 밀려왔다. 예수 그리스도의 정신으로 민족과 이웃을 섬겨왔던 보물 같은 한국교회들을 곳곳에서 살펴볼 수 있었기 때문이었다. 선교 초기 때부터 한국교회는 '사회변혁'적이며 '사회운동'적인 사회복지실천을 수행했고, 그로 인해 한국사회에 신뢰받는 종교로서 안착되었음을 분명하게 파악할 수 있었다. 뿐만 아니라 민족의 위기 때마다 솔선해서 사회적 취약계층을 보듬어 안고 섬기는 사회복지실천을 과감하게 실행해왔던 멋진 '한국교회들'과 '한국교회들이 뒷받침하고 있는 기독교사회복지재단들'을 생생한 현실로 살펴볼 수 있었다.

왜 그동안 이런 한국교회의 수고와 헌신이 우리 사회에 널리 알려지지 못했을까?

안타깝게도 한국교회의 선구적이며 선도적인 사회복지실천의 역사적 발자취는 한국사회에 그리 알려지지 않았다. 오른손이 하는 일을 왼손이 모르게 하라는 주님의 명령을 과도(?)하게 준수해서 그런지 모르겠으나 요즘같이 한국교회가 무너져내리는 상황에서는 오히려 한국사회를 섬겼던 빛나는 유산을 찾아내고 알려서, 계속해서 한국교회가 붙잡아야 할 때라는 확신이 들었다.

바로 이와 같은 결단과 미력하나마 저자 나름의 치열한 연구 활동을 통해 이 책은 완성되었다. 이 책에는 우리나라 기독교 역사 속에서 교회가 최선을 다해 지역사회의 욕구를 반영하거나 대응하려고 애쓴 사회복지실천의 과정과 결과물로는 무엇이 있었는지가 담겨있다. 또한 창의적이며 실제적인 한국교회 사회복지실천의 실행 원리와 통찰들이 포함되어 있다. 그 결과 한국교회 사회복지실천의 전망과 과제도 제시되었다. 나아가 모든 한국교회들이 작든 크든 상관없이 모두가 다 교회사회복지실천을 실행해 가는 데에 유용하도록 실제적인 실행 방법들과 기술들도 친절하게 설명되어 있다.

이 책이 미력하나마 한국교회가 빛을 회복하는 데에 쓰임받길 소망한다.

> ❝ 말씀이 육신이 되어 우리 가운데 거하시매 우리가 그의 영광을 보니 아버지의 독생자의 영광이요 은혜와 진리가 충만하더라.
> (요한복음 1장 14절) ❞

제1장
:
들어가기

Korean Church
Social Welfare Practice,

Inside
and
Out

[제1장]
들어가기

1. 이 책의 목적

한국교회는 한국사회에서 그 어떤 종교집단이나 민간조직보다도 활발하게 사회복지실천을 수행하고 있다.[1] 실제로 한국사회는 기독교인들이 가톨릭과 불교보다도 사회복지실천을 가장 적극적으로 한다고 인식하고 있다.[2] 그럼에도 한국교회는 한국사회에서 사회적 신뢰와 인정을 받지 못하고 있다.[3] 심지어 한국교회는 커다란 위기 상황에

---

[1] 이준우(2016: 34)에 의하면 한국교회는 한국사회의 그 어떤 조직들보다도 사회복지실천을 적극적이면서도 전문적으로 수행해왔다. 특히 불교와 가톨릭을 비롯한 여타의 종교들에 비해서도 월등하게 사회복지실천을 지역사회에서 활발히 펼쳐왔고 소외된 사회취약계층을 대상으로 하는 전문 사회복지시설들을 설립하여 운영해오고 있다. 한편, 2005년과 2010년에 개최되었던 "기독교사회복지 엑스포"는 한국교회의 사회복지실천과 사회복지시설 운영을 대내외적으로 널리 알리는 계기가 되기도 했다. 또한 한국교회봉사단(2017)의 『한국교회봉사단 창립 10주년 기념자료집: 섬기면서 하나 되고 하나 되어 섬기는 한국교회』에 기록되어 있는 많은 한국교회의 다양한 사회봉사 활동들과 2016년에 개최된 '디아코니아 코리아 2016 기독교사회복지엑스포' 행사 등은 한국교회 사회복지실천의 진면목을 보여주고 있다.

[2] 한국교회봉사단(2017)이 연구한 "한국교회 사회봉사 국민인식 조사" 결과에 의하면 기독교인의 사회봉사 활동 참여 경험과 참여 의향이 높게 나타났고, 사회봉사 활동을 가장 적극적으로 하는 종교를 가톨릭이나 불교가 아닌 기독교라고 응답하였다.

처해 있다(이준우 외, 2015: 254). 교세는 위축되고[4] 사회에 대한 교회의 영향력은 지속적으로 줄어들고[5] 있다(이준우, 2014: 5). 한국사회에서 교회는 공적 책무를 감당하는 공공성을 상실하고, 개교회적이며 사적인 집단으로 이해되고 있다. 교인들끼리 모여 교회 내에서 자신들의 안위만을 위해 예배하며 각종 교회 활동을 교인들 중심으로만 할 뿐, 복음의 본질을 정확하게 이해하고, 하나님께로부터 받은 복음을 세상에 실현해 나가고자 하는 일에는 무심해 보이는 현실이다(노영상, 2008).

---

3) 한국교회봉사단(2017)의 "한국교회 사회봉사 국민인식 조사" 결과를 보면 한국교회와 기독교의 사회봉사 활동에 대한 국민의 호감도는 가톨릭과 불교보다도 낮게 나타났다. 특히 사회봉사 활동의 진정성과 전문성에 대한 응답에서 가톨릭과 불교에 비해 낮게 나타났다. 아울러 기독교 사회봉사 활동에 대한 호감도가 낮은 이유 역시 '전도 수단으로 삼아서', '보여주기 식으로 활동해서'라는 두 응답이 가장 많은 것으로 나타났다. 이는 한국교회와 기독교의 사회봉사 활동이 양적으로는 많이 이루어지고 있으나 전도의 수단 혹은 보여주기 식의 봉사라고 인식되면서 그 진정성을 외면 받고 있음을 말해준다.

4) 2017년 정기총회를 앞두고 예장 통합총회(총회장: 이성희 목사)와 기장총회(총회장: 권오륜 목사)가 사전 공개한 교세통계 결과에서는 교인 수 감소가 매우 두드러졌다. 더욱이 교인 수 감소 추세는 수년째 이어오고 있는 현상이라는 점에서 문제의 심각성을 더한다. 예장 통합총회 통계위원회 보고서를 보면 전체 교인 수는 2015년 278만 9천 여 명에서 2016년 273만 여 명으로 약 5만 8천 여 명 감소했다. 2.09%나 줄어들어든 결과이다. 한국기독교장로회의 교세 감소 수치는 더욱 심각하다. 전체 교인 수는 2016년 12월 기준 24만 여 명으로, 2015년 26만 4천 여 명 보다 2만 4천 여 명이나 줄어들었다. 증감률로만 보면 9.06%에 달한다. "기장 1년 새, 교인 '9% 감소', 통합은 6년째 줄어,"「아이굿뉴스」, 2017년 9월 13일.

5) 기독교윤리실천운동(2017)의 "2017년 한국교회의 사회적 신뢰도 여론조사 결과 발표 세미나" 결과에 의하면, 기독교 18.9%, 불교 21.3%, 가톨릭 32.9%의 순으로 나타나 기독교가 3대 종교 중 신뢰도가 최하위로 파악되었다. 특히 무종교인의 경우, 가톨릭 신뢰도는 36.5%, 불교 신뢰도는 18.1%, 기독교 신뢰도는 불과 6.9%로 나타났다.

"사람들이 종일 내게 하는 말이 네 하나님이 어디 있느뇨 하오니 내 눈물이 주야로 내 음식이 되었도다(시편 42편 3절)."

바로 이 성경 말씀이 딱 오늘 한국교회의 모습을 나타내 주는 것으로 보인다. 수많은 사람들이 하나님의 이름을 조롱하는 가슴 아픈 일이 매일, 매 순간 일어나고 있다. 사회와의 소통의 어려움, 개교회주의, 기복주의, 신앙과 영성의 사사화(私事化, privatization), 암묵적 차원에서 교회의 정치 세력화 등이 만연해짐으로써 한국교회를 향한 사회의 비판은 격렬해지고 있다(장신근, 2008). 이렇게 한국교회가 사회적 지탄의 대상이 된 이유는 한국교회가 사회적 활동을 '하느냐, 하지 않느냐'의 문제가 아니라 근본적으로는 사회적 존재감을 상실했다는 데에 있다. 한국의 개신교가 불교나 가톨릭보다 사회복지실천과 관련한 실적이 더 많지만, 사회적 신뢰도나 호감도 면에서 두 종교보다 뒤처지고 있다는 사실은, 현재 한국교회의 사회적 존재 방식의 문제가 사회적 활동의 문제보다 더 중요하게 취급될 필요가 있다는 점을 말해 주고 있다. 즉, 사회복지실천을 수행하는 것으로도 사회적 신뢰를 얻기가 어렵게 되었다는 것은 한국교회가 한국사회에서 '공공성'이라는 '사회적 존재감' 내지 '사회적 인가(認可)'를 확보하지 못했음[6]을 드러낸다.

한국교회와 교인들의 삶은 철저히 개인주의화되었다. 한국사회에서 자기중심적이며 내세적이고, 기복신앙의 대명사가 개신교임을 부인할 수 없는 실정이다. 그러므로 한국

---

[6] 급기야 최근(2018. 03. 14) 서울시에서는 '사회복지시설 종사자에 대한 인권침해 방지 철저 요청'이라는 공문서를 구청을 통해 서울시에 있는 사회복지법인 및 사회복지시설 등에 내려보냈다. 그 내용의 핵심은 사회복지시설에서 종사자에 대한 종교 강요, 후원 강요 등 인권침해의 여지가 있는 부분을 주의하라는 것이었다. 여기에서 특히 주목할 점은 헌법 제20조(종교의 자유), 근로기준법 제6조(균등한 처우) 위반행위와 관련된 부분인데 이 가운데서도 운영법인의 종교행사에 종사자의 참여를 강요하는 행위, 교육을 빙자하여 종사자에게 특정종교를 강요하는 행위, 비종교인 또는 다른 종교의 종사자에게 종교의식을 강요하는 행위이다.

교회의 공공성 확보는 한국교회 생존의 문제와 직결된다. 당연히 한국교회의 모든 활동은 철저히 지역사회라는 현장에서 공공성을 담보로 펼쳐져야 한다. 사랑한다는 백 마디 말이나 사랑으로 드려지는 예배와 기도, 다양한 사회봉사 및 사회복지실천을 수행하는 일이 단지 교회 내의 교인들 사이에서 그리고 교회와 기독교의 이익과 힘을 자랑하는 도구로서 표현되는 것으로 인식되는 일이 사라져야 한다. 그래서 교회의 모든 활동은 지역사회의 다양한 문제를 해결하는 데에 유용한 사회복지실천으로 나타나야 하며 아울러 교회사회복지실천은 반드시 공공성을 담보로 실행되어야 한다.

이런 맥락에서 한국교회의 사회복지실천을 공공신학 관점에서 살펴보고, 공공성을 지향하는 교회사회복지실천으로 변화시킬 수 있는 구체적인 대안을 모색하고 미래를 조망하는 작업은 매우 중요하다. 이 책이 존재해야 할 목적이 바로 여기에 있다. 즉, 이 책의 목적은 공공신학 관점에서 한국교회 사회복지실천의 성격을 파악하고, 그에 따른 과제를 도출하고 미래를 향한 전망을 제시하는 데에 있다. 나아가 한국교회의 선교 초기부터 현재에 이르기까지 사회복지실천의 역사적 변천과정을 개략적으로 살펴보는 작업과 공공신학 관점에서 실제적으로 실행할 수 있는 교회사회복지실천의 방법들과 기술들을 제공하는 데에 있다. 이와 같은 이 책의 목적을 요약적으로 정리하면 다음과 같다.

- **거슬러보기** (한국교회 사회복지실천의 역사적 변천과정에 대한 전반적 탐색)
- **들여다보기** (한국교회 사회복지실천을 공공신학 관점으로 분석)
- **내다보기** (한국교회 사회복지실천의 미래를 전망하고 비전 수립)
- **실행하기** (구체적으로 실행하도록 돕는 유용한 실천방법과 기술 제공)

2. 교회사회복지실천의 개념

교회가 하고 있는 사회봉사 활동을 전문적인 개입 활동인 사회복지실천으로 볼 수 있는지에 대한 '개념적 정의'와 관련된 고민이 컸었다. 기독교사회봉사, 사회선교, 사회복지선교, 기독교사회복지, 기독교사회복지실천, 교회사회복지실천, 교회사회사업, 기독교사회참여 등의 다양한 용어들이 혼재해 있는 상황에서 '교회사회복지실천'의 개념과 범위를 어느 정도로 해야 할 지를 결정하기가 만만치 않았다. 고심 끝에 스승이신 박종삼 교수님의 견해(박종삼, 2000)와 내가 평소 생각해왔던 입장(이준우, 2014)을 종합하여 한국교회가 수행하고 있는 사회봉사 활동 가운데에 다음과 같은 개념에 부합하는 경우 교회사회복지실천으로 설정하였다.

구체적으로 설명하면, 교회사회복지실천이란 "**교회의 자원을 기초로 하여** 기독교 신앙의 핵심인 **사랑 실천의 의지**와 성경의 가르침과 하나님을 믿어 구원을 얻게 해야 한다는 **선교 의지**, **이 두 가지 요인이 동기가 되어 교회가 사회복지실천의 주체가 되어 사회복지 자원동원에 대한 일차적 책임**을 지며, '사회복지적인 관점을 가진 목회자, 교회사회복지실천가, 기독교적 가치관에 입각해 일하는 사회복지사'와 교회의 자원봉사 인력을 활용하여 공식적인 종교복지법인 시설 혹은 기관, 교회 시설 또는 학교와 병원 등을 포함한 지역사회의 다양한 복지자원들을 연계하면서 지역주민의 복지욕구 충족과 복지 증진을 위해 사회적 문제해결을 사회복지의 대상으로 삼아 실시되는 일련의 복지활동"이라고 정의하였다.

이와 같은 교회사회복지실천을 세부적인 하위개념들이 통합된 개념으로 재구성해 보면(이준우, 2014: 126-127), 교회사회복지실천은 인간을 구원하고, 하나님의 뜻에 따라 그 사회구조를 변혁시키려는 사회참여와 사회봉사의 차원뿐만 아니라, 인간의 생명과 그 생명을 둘러싸고 있는 사회 및 자연환경 살리기를 포괄하는 통전적인 생명 회복운동을 의미하는 **'복지선교'**와 지속적인 돌봄과 양육의 활동인 **'복지목회'**가 **창조적으로 융합된 성경적 사회복지실천** 개입[7])이라고도 할 수 있다. 다시 말하면 교회사회복지실천은 "**성경적 관점 하에서 교회 공동체의 영적·물적·인적 자원을 기반으로 수행하는 영성적**

사회복지실천이며 이는 복지선교와 복지목회를 통해 구체적으로 실현되는 전문적인 교회 사역인 것"이다. 이를 수학적 등식으로 표현해보면, 교회사회복지실천(=영성적 사회복지실천) = '복지선교' + '복지목회'이며 이를 세분화하면 다음과 같다.

'복지선교' = 복음전도 + 사회봉사 및 사회참여
'복지목회' = 지속적인 돌봄(care) + 양육

그렇다면 왜 이렇게까지 개념 정리를 해야 하는지에 대한 의문이 들 것이다. 그 이유는 교회의 사회복지실천이 정부의 지원 없이 순수한 교회의 자부담으로 이루어지면서 복음전도까지 당당하게 하는 경우와 교회가 수행하는 사회복지실천이 정부 보조금으로 진행되는 경우를 구분할 필요가 있기 때문이다. 만약 교회나 기독교사회복지법인(기독교 NGO 포함)이 정부 보조금 혹은 각종 지원을 받으면서 사회복지실천을 수행할 때는

---

7) 복지선교는 교회가 사회를 향해 선포하는 그리스도의 복음과 사회 속에서 교회와 성도들의 실천적 행위를 포함하는 사회복지실천의 결합을 의미한다. 그리스도의 복음이 세상을 향해 하나님의 생명을 선포하는 사건이라면, 교회의 복지선교는 세상을 구속하시는 하나님의 구속 사역에 참여하는 교회의 대 사회적인 봉사로서의 전문화된 '사회복지실천'인 것이다. 이와 같이 그리스도의 복음과 사회복지실천의 결합과 합류인 복지선교는 교회가 사회를 향한 실제적인 '실천(프락시스:praxis)'임과 동시에 대 사회 관계에서 복음의 실천적 구현, 복음과 문화와의 교통, 사회 환경 및 자연생태계의 다양한 조건들의 성찰에 의하여 인간생명과 자연생명을 동시에 살리는 '생명 살리기'를 지역사회에서 실현하는 운동인 것이다. 한편 복지목회는 하나님의 백성인 사람들의 생명을 살리고 유지하는 일에 관련된 문제들을 해결하는 데 도움을 주는 경영 활동이다. 복지목회는 복지선교를 통해 발굴된 '사역'과 '대상자들'을 돌보고(care) 양육함으로써 '복지적인 상태'가 교회 공동체를 통해서 지역사회와 '대상자들' 가운데에 지속적으로 실현되게끔 하는 것이다. 특히 복지목회는 기독교가 강조하는 '영생'을 보장하는 신앙을 토대로 하여 사람들로 하여금 이 세상만이 아니라 저 천국까지 보게끔 해 주어야 한다. 또한 복지목회는 서로 사랑하고 더불어 살라는 도덕성을 실천하게끔 해야 한다. 나아가 복지목회는 하나님 중심의 세계관을 확립하고 삶의 의미를 되찾게 해야 한다. 인생의 한계와 허무함을 재인식하게 하고 세상의 주인이 하나님이심을 깨닫게 함으로써 겸손한 신앙인으로 양육하는 사역이어야 한다. 이를 통해 복지목회의 대상자들은 자유로운 공존, 정의로운 협동, 평화로운 동참을 실현해 나가야 한다(이준우, 2014).

직접적인 복음전도를 드러내놓고 해서는 안 된다. 이는 자칫 교회가 사회복지를 이용한다는 비판에 직면하게 한다.

그러므로 정부와 함께 사회복지실천을 감당하는 경우에는 철저하게 사랑과 섬김, 헌신과 희생의 기독교정신으로 일반 사회복지실천을 해야 한다. 직접적인 종교행위에 근거하거나 직접적인 복음전도를 하지 않아야 하는 것이다. 교회나 혹은 기독교사회복지법인의 이와 같은 활동을 나는 '기독교사회복지' 혹은 '기독교사회복지실천'이라고 개념 정리를 하려고 한다. 반면 앞서 언급한 대로 교회가 정부의 지원을 받지 않고 독자적인 자원 개발을 토대로 사회복지실천을 하게 될 경우를 교회사회복지실천이라고 정의한다. 이를 요약 정리하면, 다음과 같다.

*기독교사회복지실천 = 정부 보조금 혹은 지원을 받아(예: 정부로부터 시설이나 사업 혹은 프로그램 등을 위탁 받아) 교회 혹은 기독교사회복지법인, 기독교 NGO 단체가 지역사회에서 사회복지실천을 수행하는 경우

*교회사회복지실천 = 정부의 지원 없이 교회가 주체가 되어 교회의 인적·물적 자원을 자부담하면서 부가적으로 다양한 사회자원을 활용하여 지역사회에서 사회복지실천을 수행하는 경우

이러한 맥락에서 보면, 교회든 기독교사회복지법인이든 만약 정부 지원금이 투입되는 사회복지사업을 위탁받아 운영할 경우에는 공적 자금을 통한 공공적 사회복지서비스의 성격도 배제할 수 없기 때문에 특정 종교, 즉 기독교신앙을 서비스대상자들에게 요구할 수는 없는 것이다.

그렇지만 나는 기독교사회복지실천이든 교회사회복지실천이든 기독교 정신에 근거하여 이루어지는 사회복지실천이라면 모두 다 예수 그리스도의 정신에 기초한 실천

개입을 해야 한다고 본다. 이는 종교적 행위를 강요한다는 의미가 결코 아니다. 일반적인 통념에 의하면 기독교적 가치관이란 기독교의 교리적·문화적·전통적·집합적 체계로 형성되는 종교적 신념으로 생각하는 경향이 있으나 보다 명확하게 정의하자면 기독교가 지향하는 절대자와 맺어진 진정한 관계, 또는 경험 안에서 형성된 깨우침과 확신이라고 보아야 한다. 종교적 신념은 자칫 편협하고 고집스러우며 세속적 가치를 지향하면서 냉담하고 권력과 폭력까지도 수단으로 사용한다. 반면 참된 기독교 신앙은 관대하고 유연하며 따듯할 뿐 아니라 자기희생적이다.

그런 의미에서 **교회사회복지실천은 교회의 자원, 즉, 사람과 돈, 시설, 힘과 지위, 조직 등으로 진행되는 종교적 성향의 사회복지실천이라기 보다는 그리스도의 사랑과 마음으로 표현되는 십자가 정신, 인격적이면서 진정성 있는 인간관계와 삶의 모범, 그 속에서 나타나는 헌신과 희생으로 진행되는 영성적 사회복지실천 활동으로 지향되는 것이어야 한다.** 그러므로 교회사회복지실천에서는 예수 그리스도의 정신이 중요하며 바로 그 정신이 실천 개입의 전면에 드러나야 하는 것이다. 실제로 기독교사회복지법인 혹은 교회의 사회복지실천은 실천가(사회복지를 전공한 목회자 혹은 사회복지사)의 영성에 뿌리를 두고 이루어진다. 기독교는 개인의 가치관을 형성하는 바탕이고, 사회복지실천은 다른 어떤 영역보다 가치 지향적이므로 실천가의 영성, 그 영성에 바탕을 둔 가치관이 실천을 좌우하게 된다.

그래서 나는 한국교회의 사회복지실천은 가급적이면 복음의 정체성을 분명하게 나타내는 방향으로 이루어져야 한다고 본다. 이러한 내 생각을 나 못지않게 분명하게 제시해 주는 유장춘(2018: 28-29)의 주장은 다음과 같다.

"진리는 보편적인 것이다. '우리'에게 옳은 것이 '그들' 또는 '저들'에게도 옳아야 한다. 그래야 보편적인 것이고 그래야 진리이기 때문이다. 기독교의 복음은 진리이기 때문에 보편적인 것이다. … 중략 … 복음은 세속적인 타당성을 갖고 있다. 기독교 신앙의 진리를 기독교인만을 위한 진리로 제한하거나 오해받게 해서는 안 된다. 복음을 기독교만의 진리로 만들 때 기독교는 편협하고 완고하며 독선적인 종교의 자리로 추락한다. 보편적 진리로서 복음은 사회복지 영역에서도 역시 진리다. 다시 말하면 가장 이상적인 사회복지는 복음과 일치될 때 가능하다는 말이다. 사회복지가 본질을 잃어버리고 목적이 왜곡된 수단으로 사용될 때 인간의 복지를 해치고 오히려 인권과 자유와 인간존엄성을 해치는 폭력적 도구로 변질된다. 오늘의 사회복지가 인간의 복지에 기여하는 바가 큰 것은 사실이지만 동시에 인간에게 고통을 주고 불행하게 만드는 것도 사실이다. 사회복지가 본질을 회복하고 인간의 복지를 지향하게 하는 진정한 복지정신과 실천방법은 무엇일까? 그것은 성경의 진리를 실현하는 것이다. 이는 사회과학의 관점에서 볼 때도 부정할 수 없는 사실이기도 하다. … 중략 … 기독교사회복지는 사실 '기독교'의 영역에만 머무르는 것이 아니라 '일반적' 또는 '보편적' 영역의 사회복지의 표준이 될 수 있다."

이상과 같은 유장춘(2018)의 견해에 동의하면서 보다 적극적으로 나는 교회사회복지실천이 단지 일반 사회복지실천에서 제공하는 서비스나 프로그램의 수준에 머물러서는 안 된다고 생각한다. 왜냐하면 교회의 궁극적인 사명은 하나님나라를 각 개인과 그들이 살아가는 사회에 구현해내는 데에 있기 때문이다. 즉, 하나님나라가 눈물과 탄식과 고통이 가득한 이 땅에 온전히 구현되게 하는 것, 이것이 바로 메시아로 이 땅에 오신 예수님의 핵심 사명이며 교회의 본질적 사역이기 때문이다.

예수님께서 선포하셨던 하나님나라는 죄와 사탄의 통치 세력이 무너지고, 공의와 사랑과 평화가 구현되는 하나님의 왕적 통치가 이루어지는 영향권을 의미하였다. 그리고 그 영향권이 확대되어가는 활동이 바로 하나님나라 운동이라 할 수 있다. 그러므로 진정한 하나님나라는 하나님의 샬롬(평화)으로 구현된 그 하나님의 사랑으로 하여금 하나님나라 구성원들의 삶을 소망으로 연결시킨다. 인간은 그 소망 안에서 사회적 고립을 극복하여 장애인과 비장애인, 건강한 자와 병든 자, 젊은이와 노인, 남자와 여자들 간의 진정으로 하나 된 생활 공동체를 이룰 수 있는 근거가 된다. 다시 말해서 하나님나라에 대한 소망이야말로 인간적인 공동체를 새롭게 갱신하는 근거가 되는 것이다. 실제로 복음이 전파되는 곳에 회복과 평화의 현실이 가시화되었고, 복음을 통해 우리는 구원받은 하나님나라의 구성원이 된다. 예수님을 통해 이미 도래하였고, 주님이 다시 오실 그 때, 완전하게 이루어질 그 하나님나라의 백성이 되는 것이다. 이 때 거듭난 하나님나라의 백성으로서의 삶을 사는 사람들은 영적 구원뿐만 아니라 세상에서의 행복한 삶을 위해서도 구체적인 노력을 기울일 수 있게 된다(이준우, 2014).

그러나 사회복지를 사회제도로만 보고, 그 제도를 관리 운영하는 일에만 집중하게 되면 기능적이며 방법론적인 접근이 보편화되고, 그런 와중에 정작 존중 받고 스스로 변화해 가야 할 기회를 부여 받아야 되는 서비스대상자의 주체성은 사라질 때가 빈번해진다. 오히려 사회복지가 서비스대상자의 비인간화와 낙인화를 가속시키는 경우가 발생하고 있는 것이다. 그 결과 사회복지 제도와 정책은 늘어나고 사회복지서비스 총량도 크게 증가하는 데 반해, 서비스대상자는 행복해 보이지 않고, 사회복지실천을 수행하는 사회복지사는 서비스대상자 앞에서는 분명 전문가로 보이는 데, 정작 관 앞에서는 을의 모습으로 마치 '하급(?) 관료화' 되어 가는 형국도 나타나고 있다.

교회의 역할은 복음을 전하고 예수 그리스도의 제자를 양성할 뿐만 아니라 이 세상을 하나님나라가 되게 하며 이 세상이 하나님나라의 언약 속에 들어와 있다고 알려주는 일을 하는 데에 있다. 교회는 자신이 누군지도 모르는 '자기'라는 존재가 '자기' 보다 더 큰 무엇이 '자기' 자신을 활짝 열게 하면서 삶의 성숙을 도모하게끔 '자기'를 성장시키고 있음을 고백하는 기도를 하게 해야 한다. 인간이 '자기' 보다 더 큰 존재인 하나님과 그 하나님의 나라 속에 참여하게 하는 것이 교회의 사명이어야 한다. 더욱이 4차 산업혁명의 시대에 접어들었고, 곧 닥치게 될 '포스트휴먼(post human: 인간을 뛰어넘는 초인들이 도래하는 상황)' 시대까지 예상하고 있는 지금과 같은 급격한 문명 변화의 때에 교회의 역할은 우리 시대 사람들에게 꿈을 줘야 하고, 기존의 가치 기준에서 '가치 절하된 존재'로 밀려나는 사회적 취약계층의 사람들이 자신의 역량을 발휘할 수 있도록 돕는 데에 있을 것이다. 존재의 가장자리로 밀려나는 사람들과 하나님나라를 공유할 수 있는 교회가 될 때, 그 교회는 진정한 교회가 될 수 있을 것이다. 교회가 돕는 사람들이 단지 도움을 받는 존재로서만 머무는 것이 아니라 교회 공동체 속에서 당당하게 한 구성원으로 참여하여 함께 예배하고, 함께 기도하며, 함께 찬양할 수 있어야 하는 것이다. 그리고 그 신앙의 힘으로 세상을 바꿀 수 있어야 한다. 세상의 제도, 정책과 법, 사업과 서비스, 프로그램을 변혁시킬 수 있어야 하는 것이다.

교회사회복지실천은 이 모든 일을 가능케 하는 활동이어야 한다.

그러므로 교회사회복지실천이 무조건 정부 보조금을 받지 않아야 된다거나 정부와 협력하는 일이 부정적이라는 의미는 결코 아니다. 어떤 면에서는 정부와 함께 힘을 모아 지역사회의 현안들을 해결해 나가야 할 필요가 있다. 교회의 자원과 역량을 아무런 조건 없이 지역사회를 향해 나누면서 정부나 지자체 등과 같은 공공의 영역과 연계하여 지속적이면서 힘 있는 사회복지실천을 실현하는 일이야말로 매우 중요한 교회의 대 사회적 사명이라고 할 수 있다. 그럼에도 이렇게 정부와 협업을 하게 될 때는 교회 혹은 기독교사회복지법인이 기독교적 가치관을 지향한다는 것을 분명히 밝히고, 그러한 전제 하에 사업을 하는 경우(예: 위탁 받은 경우), 그러한 가치관을 공유할 수 있는 종사자(기독교인으로 제한하지는 않더라도 기독교에 대해 열린 자세를 가진 사람)를 고용하고, 고용된 종사자들이 그러한 가치관을 바탕으로 성장할 수 있도록 격려하는 문화를 조성해 나가는 것이 필요하다. 동시에 정부로부터도 그와 같은 기독교적 정체성에 대한 인정을 받는 것이 요구된다.

---

8) 교회의 사회복지실천 활동 유형에 따른 ABC 모델은 이준우(2014)가 쓴 〈교회사회복지실천의 새 지평: 복지선교와 복지목회〉, pp. 160-166의 내용을 발췌 요약하였음을 밝힌다.

3. 교회의 사회복지실천 활동 유형에 따른 ABC 모델[8]

박종삼(2000)은 다음의 3가지 모델로 나누어 교회가 수행하는 사회복지실천의 활동 유형을 구체적으로 정리하였다. 이 3가지 모델은 한국교회가 지역사회에서 사회복지실천을 통해 어떻게 구체적으로 일해 왔는지를 연구하는데 가장 기본적인 준거 틀이 될 수 있다.

<u>첫째 모형(모델 A)</u>: 교회가 독립적으로 사회복지재단을 설립하여 시설을 갖고, 지역사회 내에서 사회복지실천을 전개하는 모형이다.

<u>둘째 모형(모델 B)</u>: 교회 자체 내 여러 형태의 자원들(시설 자원, 인적 자원, 재정, 조직 등)을 이용하여 사회복지실천을 수행하는 모형이다.

<u>셋째 모형(모델 C)</u>: 교회가 직접 사회복지시설이나 프로그램을 갖지 않고, 교인들이 지역사회 내에서 자원봉사활동으로 대 사회적 책임과 사회에 기여하는 사명을 다하도록 동기화하고, 훈련시키며, 봉사할 기회를 창출하여 제시해 주는 모형이다.

교회가 수행하는 이 세 가지 사회복지실천의 모형들은 지역사회의 실정과 교회의 사정에 따라서 '선택적' 또는 '조합적'으로 활용될 수 있다. 즉, 각 모형들이 배합되어 다양한 형태로 한국교회에서 나타난다. 바로 "A-B, B-C, C-A, A-B-C" 등으로 조합되어 나타나고 있다. 이 뿐만 아니라 A 모형 내에서도 교회가 독립적으로 사회복지재단을 설립하여 시설을 가지고 지역사회 내에서 사회복지실천을 전개하는 별도 독립된 사회복지법인 운영 모형(A-가)과 정부나 지방자치단체가 설립한 사회복지기관을 위탁 운영하는 별도 위탁운영 모형(A-나), 그리고 앞서 말한 'A-가' 모형과 'A-나' 모형이 통합되어 별도 독립된 사회복지법인을 운영하면서 동시에 위탁 운영하는 별도 위탁운영 모형을

모두 갖고 활동하는 (A-가)+(A-나) 모형이 있다. 향후에는 모델 B와 모델 C에 대한 세부적인 정리도 필요할 것으로 본다. 즉, 앞으로 모델 B와 모델 C도 보다 구체적으로 세분화될 것으로 생각된다. 이에 관한 연구와 논의는 지속적으로 이루어져야 할 것이다. 한국교회의 사회복지실천 모형에 따른 복지 참여 형태를 간단히 살펴보면, 아래의 〈표 1〉과 같다.

〈표 1〉 한국교회의 사회복지실천 모형에 따른 복지 참여 형태

구분	모델 A형			모델 B형	모델 C형
운영 모형	A-가 별도 독립법인 운영	A-나 별도 위탁운영	A-가 + A-나	자체 설치 운영	봉사동기고취 운영
운영 주체	교회가 직접 투자하여 독립법인 설립	정부 또는 지방자치단체가 설립하여 교회에 위탁 관리	교회의 별도 독립법인을 운영하면서 동시에 별도 위탁 운영도 하는 경우	교회 프로그램의 일환으로 특별위원회에서 운영 위임	교회 내 사회봉사부 사업으로 교육, 훈련 및 파견 운영
주요 프로그램	사회복지시설의 전형적인 프로그램	사회복지관 프로그램	전문 사회복지 프로그램	아동, 노인, 장애인, 빈민 지원 프로그램	사회봉사 교육, 훈련
장점	운영의 자율권 확보, 정부의 재정지원	재정 부담이 없음. 정부의 재정지원	정부의 재정지원, 다양한 사회복지 사업 가능	운영 자율권 확보, 자원동원 원활	재정 부담 없음
단점	재정 부담, 정부 간섭	정부 간섭	재정 부담, 정부 간섭	수혜 대상의 범위 제한 가능성	교육과 선교 치중 가능성, 사회복지 참여 의심

❝ 소망의 하나님이 모든 기쁨과 평강을 믿음 안에서 너희에게 충만하게 하사 성령의 능력으로 소망이 넘치게 하시기를 원하노라. (로마서 15장 13절) ❞

제2장
:
역사적 변천과정 살펴보기

Korean Church
Social Welfare Practice,

Inside
and Out

[제2장]
역사적 변천과정 살펴보기

오늘날 새로운 '사회복지 패러다임'에서는 복지가 소비적인 것이 아니라 사회적 가치를 창출하고, 이를 선 순환시켜 더 큰 미래의 사회적 가치로 확산된다는 인식의 전환이 이루어지고 있다. 이에 따라 과거, 규모의 확장을 최고 목적으로 했던 성장 중심의 사회복지 사업에서 서비스의 질과 내실 있는 성장을 추구해나가는 방향으로 사회복지실천이 급선회하고 있다. 뿐만 아니라 서비스 실천개입 자체가 지역사회를 복지 친화적으로 만들고, 그 결과로 서비스 대상자가 보다 생산적인 시민으로 성장하게끔 지원해나가는 데에 사회복지의 궁극적인 사명이 있는 것으로 사회 구성원들에게 받아들여지고 있다.

이제 우리 사회에서 사회복지는 정치권에서도 크게 주목할 만큼 국민의 삶의 질을 담보하는 가장 핵심적인 요건이 되었다. 이에 사회복지서비스를 전달하는 사회복지 기관 및 시설들은 복지자원을 효율적이고 효과적으로 사용하여 질 높은 복지 서비스를 복지 수요자들에게 전달해 나가고자 애쓰고 있다. 또한 지역사회와 상생의 연계망을 촘촘히 형성하고 이를 기반으로 서비스 대상자들이 사회복지에 의존하기보다는 복지를 누리고 활용하며 지역사회 주민이 스스로 복지 공동체를 형성해나가도록 지원하는 노력이 요구되고 있다.

이런 가운데에서 한국교회는 대단히 유용한 사회복지실천의 주체이자 자원으로 인식될 필요가 있다. 실제로 지역사회는 지역에 있는 교회들을 향해 보다 더 구체적으로 지역사회의 문제들을 해결하는 데에 필요로 하는 물·인적 자원들을 내어놓기를 요청하고 있다. 교회가 사랑의 공동체라고 외치는 만큼 사랑의 실천을 지역사회 내에서 구체적으로 구현해내기를 기대하고 있다.

그런데 이미 한국교회는 사회복지실천을 수행했었고, 이와 같은 교회를 기초로 하여 수행된 사회복지실천은 근대 우리나라의 사회복지실천을 낳는 산파역할을 했다. 또 그 초창기부터 사회복지 기관과 단체의 사회복지 사업을 양육시켜 계속 성장하게 하는 발판 역할을 담당해 왔다. 가족과 친족, 지역공동체가 복지의 가장 중요한 주체가 되고 있었던 구한말 시기에 여러 가지 사회적 혼란으로 발생되는 사회문제에 대하여 전통적 종교는 실질적으로 복지와 관련하여 의미 있는 기능을 수행하지 못했었다. 초기 선교사들은 자신들이 축적해 놓은 사회선교적인 차원의 근대적 사회복지 이론에 입각하여 기독교적인 교회사회복지실천의 모델을 제시하였고, 이것이 우리나라 초기 선교의 주된 모델이자 방법이 되었다. 이렇듯 한국교회의 사회복지실천은 우리나라의 역사에서 의미 있는 큰 비중을 차지하고 있고, 기독교가 민족 종교로 발돋음 할 수 있는 터전을 마련하였다.

특히 초창기 한국교회 사회복지실천의 특징은 사회변혁적인 복음전도와 고난 속에 처한 민족과 소외된 이웃을 향한 사랑의 실천 그리고 영적인 부흥을 통한 치유에 있었다. 이는 한국교회가 복음전도 그 자체에 민족과 이웃을 향한 섬김과 사랑의 나눔을 내포하고 있었음을 의미한다. YMCA, YWCA, 보이스카우트, 걸스카우트 사업 등은 청소년 복지 활동의 선구적 역할을 하였고, 고아원, 양로원, 인보관(사회복지관) 등 사회복지실천을 강력히 진행하면서 기독교는 사회의 공신력을 얻기 시작하였다[9](이준우, 2010).

---

[9] '제2장 역사적 변천과정 살펴보기'는 이준우(2016), "한국기독교사회복지실천의 역사적 변천과정과 성과연구." 한국기독사회복지학회 · 한국교회사회사업학회 2016년도 춘계 공동학술대회 자료집의 내용을 중심으로 정리하였다.

더욱이 한국 전쟁으로 인해 발생된 여러 가지 엄청난 사회적인 문제들을 해결하려는 사회복지실천을 한국교회와 기독교 단체에서 거의 대부분 담당했다고 해도 과언이 아니다. 그 역사적 흐름 가운데에서 오늘날에 이르기까지 그리스도인들에 의해 사회복지시설이 기독교 정신에 기초하여 상당수가 운영되고 있다. 비록 처음에는 물적 복지자원이 주로 외국의 원조에 의존되어 시작되었다고 하더라도 이후 선구적인 그리스도인들이 주체가 되어 한국교회는 다양한 사회적 자원을 동원하여 한국의 사회복지실천에 막대한 공헌을 하였다(이준우 외, 2012).

1. 전통과 변혁, 그 사이에서의 한국교회 사회복지실천

한국교회를 통해 수행되었던 사회복지실천의 역사는 한국교회의 역사와 함께 한다. 비록 현대적 의미의 전문적인 사회복지실천이 이루어졌느냐에 대해서는 심도 있는 논의가 요구될 수도 있겠지만 사회복지실천의 기초이자 출발이라고 할 수 있는 기독교의 구제사업과 의료사업, 교육사업, 사회운동 등은 사회취약 계층과 지역주민들을 대상으로 시대마다 항상 있어왔다. 사회를 향해 기독교 정신으로 펼쳐져 왔던 한국교회의 이와 같은 실질적이면서도 다양한 활동은 사회복지실천으로 충분히 볼 수 있는 것들이었다.

1) 선교초기와 '3·1운동' 이전까지의 시기

(1) 구한말 선교 초기의 한국교회 사회복지실천

조선 말기 우리나라의 정치적 상황은 철저한 가문 중심의 세도 정치로 대변된다. 이와 같은 세도 정치는 가문의 이기주의가 극대화될 수밖에 없었고 이로 인해 조선은 극도의 혼란을 경험하게 되었다. 세도 정치는 매관매직을 성행하게 했고, 세력화한 가문에 충성한 계파가 되는 사람에게 관직이 주어졌다. 자연스레 관직이 자본화되었고, 그 결과 관직을 산 사람은 자기가 쓴 만큼 백성을 수탈했다. 당연히 먹이사슬처럼 연결되어 있었던 집권 세력은 이를 눈감아 주었다(김용복, 1988).

어느덧 나라는 일본에 의해 합병(1910) 되었고, 이후 조선에서 대한제국으로 그 이름이 바뀌진 우리나라에는 국민들이 정신적으로나 사회적으로 믿고 의지할 만한 조직과 집단, 사회적 기구들이 부재했다. 이런 상황에서 한국에 들어온 기독교는 나라 잃은 백성들의 위로가 되어 주었다. 그래서 한국의 기독교는 민족운동 단체들과 함께 활동하면서 외래 종교가 아닌 한국 종교로 매우 빨리 자리 잡게 되었다. 특히 대표적인 기독교 단체로는 상동청년회와 신민회를 들 수 있다(백낙준, 1989).

상동청년회의 전덕기 목사(감리교)는 을사늑약이 있을 당시에 구국기도회를 주도했고, 이를 통해 대한문 앞에서 기독교를 모르는 지식인들에게 나라를 사랑하는 종교로서의 기독교를 강력하게 각인시켰다. 전덕기 목사는 또한 1907년 헤이그밀사 사건 당시 중요한 역할을 하기도 했다. 무엇보다도 상동청년회는 민족운동을 위해 신자와 비신자가 함께 활동했던 애국애족의 터전이었을 뿐만 아니라 청년들과 우국지사들의 든든한 버팀목이 되어 주었으며 일본 경찰을 막는 울타리가 되어 주었다. 한편 신민회는 애국계몽운동의 일환으로 조직된 비밀결사단체였다. 신민회는 1907년에 안창호가 미국 샌프란시스코에서 최초로 결성했고, 1908년 안창호의 귀국 이후 서북지방 기독교 신자들과 애국인사를 중심으로 조직을 확대해 나갔다. 특히 신민회의 신념과 이념을 제공하는데 핵심 역할을 했던 인물이 안창호였고, 신민회는 부국강병과 실력양성을 주된 목적으로 하는 조직이었다. 나아가 학교설립, 교사교육, 도서보급 등 교육 분야에서 열정적인 활동을 경주하였다.

이렇게 구한말 한국의 기독교와 교회는 나라를 사랑하고 백성을 품는 사랑의 종교로서 다가왔다. 사람을 귀하게 여길 뿐만 아니라 모든 사람이 다 하나님 앞에서 평등한 가치가 있는 존재임을 천명하는 놀라운 메시지를 전하는 기독교 정신에 많은 사람들이 매료되는 것은 지극히 당연한 일이었다. 하나님 앞에서는 양반도 상놈도 없으며 목사와 평신도의 구분도 필요 없고 남녀노소, 빈부귀천도 따질 수 없다는 만인형제사상을 중심으로 한, 한국교회의 초기 선교 활동의 이념은 사람 사는 냄새가 나는 아름다운 공동체성을 지역사회에 구현하는 데에 크게 기여하였다. 특히 초대 서양 선교사들과 한국교회 교인들은 의료 사업과 교육 사업, 사회봉사 활동 등을 적극적으로 시작하였으며 이를 통해 소외되고 고통당하는 사람들에 대한 치료와 교육, 복지에 앞장서는 종교로서 기독교가 국민의 가슴에 인식되도록 하였다(이준우, 2014).

사실 복음이 한국에 처음 전파될 당시 전통적인 종교는 이미 그 한계를 드러내고 있었다. 유교는 조선왕조를 통하여 당쟁과 양반 우월의 계급주의적 사고, 그리고 형식주의로 인해 백성과 거리감을 좁히지 못했다. 그리고 불교는 조선왕조의 억불숭유(抑佛崇儒) 정책을 따라 쇠퇴의 길을 걸어왔으며, 도교는 풍수도참(風水圖讖)화하여 민간 토속 신앙으로 변질되었다. 결국 전통적인 종교들은 한국의 근세 역사에 능동적인 역할을 다하지 못했다. 기독교가 기존의 유교, 불교, 도교와 같은 전통 종교들을 대신하여 민중에게 받아들여진 것은 복음이 갖는 사회·역사적인 변혁적 메시지에 기인하는 것이었다. 곧 전통적인 유교, 불교, 도교, 그리고 민간 무속신앙이 갖지 못했던 새로운 사회를 향한 가치관을 소유했기 때문이었다(이준우 외, 2012; 이준우, 2014).

특히 재래의 토착적 가치와 종교적 혼합 현상이 존재하고 있었음에도 불구하고 조선 사회는 오랜 세월에 걸쳐서 유교적 가치와 신념에 의하여 철저하게 지배되고 제도화되었다(박영신, 1989). 조선 후기 유교는 조선왕조의 정치적 지배이념이었다. 조선의 유교는 권위주의적이며 전제적인 왕권을 옹호하는 절대적인 윤리도덕적인 질서를 강조하는 것이었다. 왕의 권위 앞에 복종하는 것이 국민의 기본적인 도리임이 사회적 가치로 뚜렷하게 자리 잡았다.

하지만 이렇게 왕권, 즉 지배 권력을 윤리적 질서 위에서 이해하는 것은 정치권력의 현실주의적 차원을 은폐하는 결과를 가져왔다. 왕과 지배 권력이 무능해도, 그로 인해 국민이 고통 받아도 지배 권력은 힘과 폭력, 세력을 배경으로 정권을 장악하고 유지할 수 있었다. 국민은 숙명적으로 받아들이고 여전히 고통 속에서 살아갈 수밖에 없었다. 더욱이 윤리적인 권위주의는 왕으로 상징되는 지배계층은 덕스러우나 사회 하층은 교육과 도덕이 낮아 "짐승과 같다."고 인식하게 되어 국민에 대하여 자연스레 초법적 발상을 가지게 되며 이것을 왕의 윤리적 위치에서 정당화 할 수 있었다. 이를 테면 국민에게 법적으로 형벌을 주는 것도, 무자비한 고문과 형벌도 국민을 위한 왕의 덕스러운 훈계로 인식될 수 있었다. 따라서 권력자의 횡포를 제어하는 기능을 발휘할 수 없었다(김용복, 1988).

그렇다고 해서 유교에 근거한 지배질서 확립으로 구축해 놓은 사회적 안정을 조선 사회가 지속적으로 유지해 나갔던 것도 아니었다. 급변하는 구한말 주변 국가들의 모습 속에서 사회적인 이상과 목표에 도달하는 통로와 수단의 합법성과 개방성 여부, 사회적 역할 수행과 이에 따르는 보상 문제 그리고 역할 갈등 등 서로 다른 이해관계 사이의 충돌과 갈등 그리고 이로 인한 압박감과 해체 현상이 존재할 수밖에 없었다. 예를 들면 양반신분 계층 안에서부터 다양한 분화와 해체 현상이 일어나고 있었던 것을 말할 수 있다. 국가 재정이 주로 토지에 의존하고 있었던 조선 사회는 황폐한 농촌의 전답과 인구 감소에 따른 노동력의 부족 등으로 심각한 타격을 받고 있었으며 이 극심한 국가 재정상의 문제는 불가불 모든 계층으로 파급되어 경제적인 곤란을 빚었다. 이러한 상황 아래서 경제적·정치적 특권을 누리는 소수의 양반 계층을 제외한 그 밖의 양반층은 경제적으로 빈궁하여 영세화되고 정치적으로 세력을 잃고 몰락하는 추세가 심화하였다. 이와 병행하여 국가 행정기구가 법규에 따라 정상적으로 기능하고 기강을 세울 수 없는 허점이 드러나고 있을 때, 평민과 천민 가운데는 이전의 신분을 감추고 호적을 고치기까지 하면서 특권과 명예를 얻기 위하여 양반 신분을 사칭하는 등 갖가지 비리가 난무하였다(박영신, 1984).

이렇게 유교적 조선 사회의 제도적 근간을 이루고 있었던 신분 질서의 난맥상은 사회 질서 자체에 결정적인 타격을 주었으며, 그러한 현상은 유교적 신분 질서에 따라 양반의 특권이 가치적으로 정당화되었던 조건 아래에서 충분히 이해될 수 있었다. 이와 같은 구조적 긴장의 맥락에서, 비로소 문학, 사상, 종교 등 여러 형태로 표출되기 시작한 새로운 사회적인 움직임을 이해할 수 있다. "홍길동전", "춘향전", "양반전" 등과 같은 서민들의 사랑을 받았던 소설과 기타 가면극 등에서 볼 수 있는 당대의 사회적 혼란, 갈등과 불만의 깊이를 재 볼 수 있고, 나아가 분노하고 익살스러우면서도 냉철한 사회비평적인 주제가 신속하게 피지배층으로 확대 유포되어 억압적인 부패 지배층에 대한 잠재적 적대 세력으로 형성되고 있었다. 관직에 임용되지 않았거나 소외된 양반층 가운데서 정치세력들 간의 갈등과 과거제도의 모순, 관리의 불법 행위, 국가 재원의 비효율적 할당 등과 같은 사회적 병폐를 혁파하기 위하여 유교 사상의 보다 실용적인 교훈에 눈을 돌린, 이른바 실학사상도 조선 사회의 구조적 긴장 상태에 대한 반응이었다(박영신, 1989).

이런 가운데서 한국교회는 시민의 권리라는 개념을 확립하는 데에도 결정적인 기여를 하였다. 사람의 권리에 대한 인식은 한국사회에 새로운 각성을 일으키며 낡은 관습과 가치관을 변혁시키는 원동력이 되었다. 복음은 단순히 서양문화를 소개하는 것 이상의 의미를 지니고 있었다. 기독교는 불교나 유교 같은 전통적 종교들에서 발견할 수 없었던 새로운 가치관으로 역사와 민족의 삶에 희망을 제시했던 것이다. 인간의 평등, 남녀동등권, 교육의 혁신, 과학의 발달, 그리고 역사의식의 대전환 등 이루 말할 수 없는 대변혁이 복음의 전파를 통해 이루어졌던 것이다(이준우, 2010).

더욱이 열정과 헌신으로 이루어졌던 초기 서양 선교사들의 '행함 있는' 믿음의 행보는 가히 혁명적이었고 파격적이었다.

1884년 미국 북장로회가 파송한 의료 선교사 알렌(Horace N. Allen, 安運)은 제물포에 상륙하여 직접적인 복음 선교뿐만 아니라 간접적인 의료선교를 통해 살아있는 그리스도의 사랑을 전파하였다. 알렌은 고종 임금의 신임을 얻어 1885년 2월에 정식으로 광혜원이라는 병원을 개원했다. 이 병원이 우리나라 최초의 국립병원이다. 또한 1894년 여선교사 홀(Rosetta Sherwood Hall)이 평양에서 여자 시각장애인들을 데리고 복음 전도와 의료선교, 구제사업을 실시하였다. 그 당시 우리나라는 모든 미신이 복술 맹

(시각장애)인들에 의하여 만들어진 것이기에 이들 시각장애인들에게 복음을 전하여주고, 복술 위주에서 침구, 안마 등으로 전환시켜주었던 것은 당시로서는 획기적인 일이었다(최무열, 2008). 그리고 1909년에는 부산 나환자 수용소가 설립되는 등 교육사업, 의료사업, 농촌사업 등이 선교 초기부터 시작되었다. 이것은 엄밀한 의미에서 복음이 그리스도인들로 하여금 이웃과 사회에 대한 그리스도의 사랑을 표출하게 하였고, 사회를 향한 복음의 자연스러운 표현이었다(박종삼, 2000).

또한 초기 선교사들의 선교 사역은 매우 건전하고 복음적이었다. 그럼에도 대체로 선교사들의 설교나 가르침은 이원론적인 요소를 보였으며, 율법주의적인 요소도 많았다. 그런데도 그들의 헌신적인 삶의 모습과 이웃을 향한 섬김의 자세는 많은 한국인들에게 깊은 인상을 주었고 결과적으로 복음이 대 사회적 영향력을 크게 발휘하는데에 결정적인 역할을 했다(이준우, 2010). 따라서 초기 한국교회의 선교와 목회는 그 자체에 사회복지적인 성격을 내포하고 있었고, '사회변혁' 적이면서 동시에 '문화변혁' 적이었다(이준우, 2014).

(2) '3·1운동' 이전 한국교회의 사회적 기능과 사회복지실천

앞서 언급한 바와 같이 구한말 무능하고 부패한 정치 질서의 몰락과 봉건주의 경제 질서의 붕괴, 그리고 가치 갈등과 계급 갈등으로 인한 사회적 혼란과 '무규범' 이 한국사회를 위기상황으로 몰아가고 있을 때, 즉 무지와 미신, 빈곤과 질병, 계급차별과 성차별이 만연하고 있을 바로 그 때에 한국에 들어온 기독교(개신교)는 한국사회를 변동시키는 강력한 힘이 되었다(이만열, 1987).

당시 조선인들의 눈에 선교사들은 종종 서구의 계몽주의자로 보였고, 가난과 억압에 찌든 백성들은 교회의 보호 아래서 고통이 치유되거나 경감되는 경험을 했다. 그때부터 기독교, 특히 개신교는 한반도의 정치와 교육 현대화 운동 및 사회복지실천에 큰 영향을 발휘하였다. 더욱이 1909년 "백만 영혼을 그리스도에게"라는 기치 아래 시작된 평양 대

부흥 운동과 같은 복음주의적인 전도 운동은 많은 이들을 기독교로 귀의시켰다. 1910년에 이르러 조선인의 1퍼센트가 개신교인이 되었다. 그 결과 기독교인들은 교회 안의 일을 넘어 민족 전체의 일에 대해서도 영향력을 행사하기에 이른다(이만열, 1987). 일례로 1912년 '105인 사건'을 통해 일본 총독 데라우치 마사타케를 살해한 혐의로 체포된 124명의 민족 지도자 가운데 남강 이승훈(1864~1930)을 포함한 98명이 기독교인이었다는 사실은 기독교의 사회・정치적 영향이 어느 정도였는지를 말해 준다. 일본 식민 정권 또한 조선 기독교인들을 식민 정책을 저해하고 위협하는 가장 위험한 집단으로 인식했다(백낙준, 1989).

그럼에도 일본은 그들을 쉽사리 탄압할 수 없었다. 미국 선교사들과 견고한 유대관계로 결속되어 있는 조선의 기독교인들을 잘못 건드려 미국을 비롯한 국제사회와의 관계를 악화시키고 싶지 않았기 때문이다. 그러므로 조선인에게 기독교인, 즉 그리스도인이 된다는 것은 어느 정도 일본의 간섭에서 벗어날 수 있다는 것이었고, 일본식 교육 대신 미국식 교육을 교회 조직을 통해서나마 받을 수 있다는 것을 의미했다. 일부의 경우에는 교회의 교육이나 사회복지 프로그램을 위해 일함으로써 일본 정권의 간섭으로부터 웬만큼 자주권을 행사하는 특전도 누릴 수 있었다. 그런 한편, 서양의 선교사들은 종종 조선인의 입장을 국제사회에 대변해 주는 역할을 했다. 이와 같은 조건이 뒷받침되면서 기독교는 조선 민족주의 운동의 선봉에 설 수 있었다(서정민, 2002).

20세기 초 조선의 기독교는 단순히 종교적 믿음의 대상만이 아니라 사회・정치적 계몽 운동의 표상이자 문화적 모범, 민족 발전의 상징으로 받아들여졌다. 당시의 교회는 실제로 낙관주의의 상징이었고 상심에 젖은 조선인들에게 희망을 주는 곳이었다. 교회는 종교 지도자뿐 아니라 사회개혁가, 교육가, 사회복지실천가들을 배출하였고 이들은 조선의 현대화를 위한 새로운 추진세력이 되었다(백낙준, 1973).

이렇게 한국교회는 선교초기 민족의식을 고취시키고, 독립운동을 전개하여 사람들의 사회의식과 역사의식을 일깨워준 개화와 계몽의 중심지가 되었다. 근대화를 향한 한국 사회의 변화, 청교도적인 윤리를 통한 도덕성 회복, 근대적 사회복지 이념과 방법을 통한 기독교사회복지실천의 실시 등 긍정적인 사회적 기능을 한국교회가 치열하게 감당했던 것이다.

2) '3·1운동'과 그 이후 시기

기독교가 한국에 처음 들어왔을 때, 이것을 받아들인 사람들은 서로 상반되는 계층 곧 지식계층과 민중계층이었다. 하나는 유교의 배경을 가지고 있었으나 유교 정신으로는 조국의 근대화가 불가능하다고 생각했던 개혁파 지식 계층이었고, 또 하나는 당시 사회적으로 억압받던 농민, 천민, 부녀자 계층인 소위 민중계층이었다(이덕주, 2011). 계층이 다른 만큼 복음을 받아들인 동기도 달랐다. 전자는 기독교 신앙 자체보다는 기독교와 함께 들어온 서구 문물과 기독교적 사회이념에 사로잡혀 개종을 했고, 후자는 억압으로부터의 해방, 박탈감으로부터의 보상, 고통으로부터의 위로라는 동기에서 복음을 받아들였던 것이다(이원규, 1996).

따라서 엘리트 계층은 기독교를 개화의 수단으로, 기독교를 힘입어 한국사회를 개화하려고 했고, 실제로 한국사회의 변혁운동에 앞장섰던 것도 사실이다. 그들에 의해 기독교는 사회운동적인 성격을 갖게 되었고, 점차 사회개혁 뿐만 아니라 민족운동, 그리고는 일제의 수탈가운데서도 독립운동에 그들이 주도적인 역할을 했다(박영신, 2001). 한편 하류계층 사람들에게는 기독교 신앙이 삶 자체에 있어서 유일한 희망이 되었고, 따라서 뜨겁고 열광적인 태도로 이것을 받아들였던 것이다. 이리하여 엘리트 계층은 물론 하류층에 있어서도 초기 한국교회에서는 민족의식이 신앙의식과 병행할 수 있었고, 이것은 3·1운동에 있어서 기독교가 주도적인 역할을 한 것에서 나타났다.

그러나 3·1운동 이후 일제의 압제는 교회에 집중되기 시작했고, 그것은 특히, 사회운동, 민족운동, 독립운동을 주도했던 엘리트 기독교인들의 경우 더욱 그러했다. 이로써 독립운동을 주도했던 엘리트 기독교인들은 해외로 망명하거나, 지하로 숨어버리거나 혹은 변절함으로써 그 근거가 거의 상실하다시피 했다. 하류층의 경우에는 사회의식을 일깨워주던 지도층과 구심점을 상실한 채 점차 내면화되는 신앙에 집착하게 된 것이다. 그리하여 한국교회는 '종말론 지향'적, '말세지향'적, '내세지향'적인 성격을 지니면서 교회는 일종의 도피처나 안식처로 바뀌고, 신비주의적 색채가 두드러지게 되었다(지명관, 1981).

더욱이 3·1운동이 일어나고 실패함으로써 한국의 기독교는 커다란 전환점을 맞이하게 되었다. 사실 일제 강점 이후 거의 모든 정치·사회 조직이 강제 해산되거나 일본의 손아귀에 들어간 3·1운동 당시의 시점에서는 오직 기독교만이 전국적으로 활성화된 조직망을 갖추고 있었고, 교회의 모든 조직망과 시설은 3·1운동을 위해 총동원 되었다. 1919년에 한반도의 학생 수는 13만 3천 557명이었고, 그 중 약 10퍼센트인 1만 1천 333명이 3·1운동에 참가하였다. 3·1운동이 끝난 직후 일제는 3·1운동이 근본적으로 기독교인에 의해 주도되고 확산된 것으로 간주했다. 실제로 일제하 기독교, 특히 개신교인의 사회참여는 3·1운동에서 그 절정을 이루었다고 할 수 있다(전대련·노종호 편, 1986; 윤경로, 2011).

가령 3·1운동 참가로 검거된 사람들의 종교적 구성에 대한 일본 경찰의 통계에 따르면 3천 373명이 기독교인이었고, 2천 283명이 천도교인, 346명은 유교인, 229명은 불교인이었다. 33인의 민족 지도자 중에서는 남강 이승훈을 포함하여 16명이 기독교인, 의암 손병희를 비롯한 15명은 천도교인, 그리고 만해 한용운을 포함해서 2명은 불교인이었다. 또한 경찰에 구금된 한국인들 중에서 21.89퍼센트가 개신교인(장로교인 15.91%, 감리교인 4.83%)으로 다른 종교인들에 비해 가장 높은 비율을 차지한다(신용하, 1984; 2001).

그래서 3·1운동의 주도적 세력으로 민족의 독립에 적극적으로 참여했던 한국교회가 3·1운동의 실패를 받아들이기란 쉬운 일이 아니었다. 3·1운동의 실패는 초기 한국교회의 '사회변혁'적이며 '사회복지'적인 성격을 개인주의적이며 내세지향적인 방향으로 변화시킨 커다란 계기가 되었던 것이다. 다시 말해 3·1운동의 실패는 민족독립의 소망을 빼앗고, 세상나라에 대한 절망을 안겨 주기에 충분했다. 그 결과 교회의 복음전도와 교육, 그 외 여러 사역들이 점차 '내세지향' 적으로 바뀔 수밖에 없었던 것이다. 이런 경향은 특히 목회자들의 설교를 통해서 나타나는 세상에 대한 인식에서 극명하게 드러난다. 정성구(2000)에 의하면 세상 나라는 소망이 없기 때문에 영원한 하나님의 나라만이 민족의 소망이라고 외쳤던 김익두 목사의 설교는 영원한 하나님의 나라를 말하면서도 차세적인 관심과 민족구원을 힘차게 외친 길선주 목사의 설교와는 대조를 이룬다고 평가되었다.

  3·1운동 이후 대다수 한국교회는 복음적이고 보수적인 선교사들의 신학을 주된 유산으로 이어받아 대체로 영혼구원을 사회참여보다 상대적으로 귀중하게 여기게 되었다. 이는 한국교회 성장에 크게 이바지하는 결과를 갖게 했다. 반면 개인의 삶의 터전이 되는 사회의 구조적 현실을 복음화 하는 데에는 다소 침체했던 경향을 띠게 하는 원인이 되기도 했다. 이렇게 3·1운동 이후 내세적인 교회의 사역은 병들고 상한 영혼을 위로하고 싸매기도 했으나 '현세도피'적이란 점에서 많은 그리스도인들에게 사회참여적이며 사회봉사적인 관심으로부터 멀어지게 하였다. 그 결과 민족 구원의 희망을 갖고 교회로 들어온 사람들이 교회를 떠났으며 일부는 사회주의 운동으로 전환하였다(이준우, 2010).

  또 다른 한편 한국교회는 3·1운동을 계기로 민족적 자의식에 눈을 뜬 그리스도인들이 앞장서서 고아원과 양로원을 개설하여 운영하기 시작했다. 그리고 3·1운동은 일본의 무단 정치를 문치(文治)로 바꾸었다. 이는 조선사회를 개방하여 또 다른 사상적 격류에 휩쓸리게 했다. 그 격류는 공산주의와 세속주의였다. 이로써 교회는 기독교를 통해 소개받은 서구문명보다 큰 사상적 도전에 직면하게 되었다(이준우 외, 2012). 특히 공산주의는 일본을 통한 지식인이나, 혹은 만주나 시베리아에 갔던 이들의 왕래나 귀향을 통하여 국내로 반입되었다. 뿐만 아니라 공산주의자들은 문서 탁송이 비교적 자유로웠던 선교기관을 통하여 공산주의 서적을 국내에 유입하였다. 사회주의 사상이 국내로 활발하게 유입됨으로 인해 이제 교회는 사회주의 운동과 구별해야 할 시점을 맞이했다(이덕주, 2011).

  이렇듯 일제시대 한국교회의 사회복지실천은 민족교회와 교회 지도자들의 출현, 일제의 탄압, 그로 인해 일관되지 못한 선교 정책과 정치와 종교의 분리 등 다양한 사회적 여건으로 인하여 상당히 혼란스러운 모습이었다(민경배, 1980). 그럼에도 구한말에 시작된 의료, 교육, 사회복지실천 활동은 일제의 탄압 하에서도 우리 민족의 삶에 뿌리를 내려 뻗어가게 되었다. 한국교회는 꾸준히 사회복지실천을 소규모나마 지속적으로 실시했고, 이 가운데서 선구적인 교계 지도자들은 복음전파와 사회복지실천이 분리될 수 없다는 사실을 깨닫게 되었다.

일부에서는 적극적이고 조직적인 사회행동 내지 사회운동적인 차원에서 사회복지실천을 수행한 사례들도 있었다.

사회복지실천 영역에서 우리나라 최초의 기독교사회운동으로는 최흥종 목사의 활동을 들 수 있다. 최흥종은 1911년 광주 선교부 진료소로 몰려오는 한센환자를 돌보기 시작하면서 그들과 생활을 같이 했다. 이후 평양신학교를 졸업하여 목회자가 된 최흥종은 1921년 북문밖교회 목사로 임직받아 활동하다 1924년 금정교회 담임을 맡게 되었다. 이 무렵 그는 광주에 YMCA를 창립하고 사회구제적인 성격의 기독교사회복지실천에 전념했다. 1925년 우월순과 함께 봉선동 한센환자촌에 신학 교육기관을 설립하고, 1926년 9월 여수 율촌에 한센환자를 위한 병원인 애양원을 설립했다(박선홍, 1994). 애양원을 운영하던 중 너무도 열악한 한센환자들의 처우 개선을 위해 최흥종은 1933년에 한센환자 대행진을 주도했다. 일제 치하에서 이루어진 대행진이었기에 일각에서는 다소 부정적인 인식을 갖고 있기도 하나 이 행진이야말로 한센환자 스스로 얻은 인권 운동이며 조선에서의 최초의 시민운동이었다.

최흥종은 광주에서 한센환자 150여명을 모아 출발했다. 오쟁이[10]를 짊어진 환자들을 인솔하고 정읍과 대전을 거쳐 11일이나 걸려 올라가는 동안 여러 명이 죽기도 했다.

---

[10] 물건을 정돈하거나 담아 두기 위하여 짚을 엮어서 만든 작은 섬(가마)을 뜻한다.

서울 총독부에 도착했을 때는 전국에서 500여명이 넘었다. 그들은 병들고 아픈 한센인과 걷고 또 걸으며 아픔을 함께 했다. 총독부 경내에서 연좌시위를 벌이자 7시간 만에 총독이 면담을 허락했다. 최흥종은 총독과의 면담을 통해 소록도 전체를 한센 환자를 위한 수용소로 만들고, 치료시설과 문화시설을 확충해 치료된 사람들이 재활해 갱생의 길을 걸을 수 있도록 지원해 줄 것을 제안했다. 총독이 제안을 받아들이자 그는 환자들과 만세를 불렀다. 총독은 무사히 돌아갈 수 있도록 열차까지 배려해 주었다. 이를 계기로 1939년 11월 소록도의 나환자 갱생원 시설이 대폭 확장되고, 전국에 있는 한센 환자들을 모두 수용할 수 있게 되었다(양국주·제임스리, 2012).

또한 1918년 3월에 설립된 '조선야소교 장로교·감리교 연합회'는 1924년 "예수교 연합공의회"로 변경되었다. 이 연합공의회에서 1925년에 사회부를 설치하기로 가결한 일이 있으며, 1930년에는 농촌부를 설치하기도 했다. 연합공의회는 1932년 "사회신조"를 채택했다. 그 내용으로는 "정신질환자의 보호원, 고아들의 양육원, 걸아의 실업 교육, 연로자나 지체장애인·시각장애인을 위한 시설, 양로원, 쇠약자나 여자의 구호원, 한센병과 폐병환자를 위한 병원설립, 그리고 가난한 자들과 함께 공장에서 일하며 그들을 심방하고, 여자 노동자를 위한 간호부 확보, 노동자를 위한 복지시설 및 전도 사업을 위한 공장의 설비 등을 제안"하는 것이었다(민경배, 1980). 이렇게 사회신조가 기독교에서 채택되었다는 사실 자체는 놀랍지만 안타깝게도 그것이 사회적으로는 크게 영향을 주지 못했던 것으로 평가된다(이덕주, 2011). 왜냐하면 일제의 조직적인 방해와 해체 노력으로 인해서였다. 교회의 '사회변혁'적인 활동이 국민에게 연결되지 못하도록 교회와 지역사회가 단절되도록 했기 때문이었다. 결국 1937년 예수교 연합공의회가 해체되고, 사회신조도 폐지되었다. 1938년 농촌부, 사회부의 운동도 종결되었다. 이리하여 1929년에 조선교회가 농촌문제에 관해 가장 활발한 의식화와 그 운동을 진행했으나 불과 10년 이내에 일제의 압력으로 폐쇄되었다.

사회복지실천과 사회운동이라는 양 측면의 균형 잡힌 초기 한국의 '사회변혁' 적이며 '문화변혁' 적이었던 교회사회복지실천의 성격이 사회운동의 약화라는 현실 앞에서 점차 미시적인 대인서비스 중심으로 몰입되어가기 시작했던 것이다. 심지어 한국교회 '사회운동' 의 쇠퇴 과정은 당시의 정치·사회적 요건들뿐만 아니라 교회자체 안에서 교회의 사회운동에 대한 강력한 비판으로도 가속화되었다. 한 예로 기독교장로회의 실질상의 신학적 선구자였던 송창근 목사(1933)는 "교회는 결코 사회문제, 노동문제, 국제문제를 논하는 것이 아니다. 복음 즉 예수 그리스도의 복음, 중생의 복음이 우리 교회의 중심이다."라고 말했다(송창근, 1933; 박종삼, 2000 재인용).

이와 같은 상황은 1940년대와 해방 후 남북분단 및 한국전쟁에 이르기까지 계속되었다. 지속적으로 발생했던 분단과 전쟁이라는 민족적 고통과 위기 앞에서 그리스도인들은 낙심할 수밖에 없었다. 극심한 좌절 의식은 말세 신앙과 신비주의를 낳게 했고, 무력감과 패배 의식은 예수의 재림과 종말만을 기대하게 만들었다. 한국교회의 '현실도피' 적, '현세부정' 적 성격이 고착화되어 갔던 것이다. 당연히 사회변동을 주도하거나 예언자적 통찰력으로 혁신을 추구하기보다는 현상을 유지하고 개인구원이나 개 교회주의라는 지엽적인 주제에 온 정력을 쏟을 수밖에 없었던 것이다.

3) 한국전쟁과 1960년대

(1) 분단과 한국전쟁 시기의 한국교회 사회복지실천

한국교회는 해방을 맞이하면서 허물어졌던 교회를 다시 세우고, 해방과 분단으로 인한 '민족 대 이동' 의 와중에서 그 정체성을 다시 찾아야 하는 상황에 처하게 되었다. 더욱이 한국교회는 북쪽에서 반기독교적인 공산정권에 의해 핍박을 받으며 교회 재건의 기회마저 상실했고, 남쪽에서는 자유주의의 물결 속에서 교회의 신학과 정체감을 찾는 데 어려움이 있게 되었다. 북쪽에서 남하한 그리스도인들과 외국 망명에서 돌아온 지도자들, 그리고 원래부터 남쪽에서 활동했던 교회 지도자들 사이에서는 심한 신학적·인간적 갈등이 일어나기도 했다. 그러면서도 교회재건을 모색하는 일에는 하나가 되었다(최무열, 1999).

그러나 6.25 한국전쟁은 분단의 고통과는 비교가 안 될 정도로 한국교회에 엄청난 시련을 가져왔다. 전쟁으로 인하여 생긴 피난민, 고아, 과부, 전쟁 상이용사 등 극심한 사회문제를 수용할 수 있는 기관들은 많지 않았고, 교회가 지역사회에서 떠맡아야 했다(박종삼, 2000). 많은 목회자들과 교회들이 민족의 아픔에 동참하면서 고통을 나누었다. 하지만 전쟁이 끝난 후 이런 구호사업 형태의 한국교회 사회복지실천은 서서히 교회 밖의 특별한 시설들로 이동하게 되었다. 교회는 교회 재건이라는 시급한 과제 때문에 사회복지실천의 기능을 전적으로 담당할 수 없었고, 이로써 어떤 특정한 목회자나 장로, 권사 등 사회복지실천에 대한 의식을 갖고 있는 교회의 지도자들이 교회의 도움을 받으며 별도의 사회복지실천을 시설 내지 기관 중심으로 전개하기에 이르렀다.

(2) 외원 의존 시기의 한국교회 사회복지실천

한국전쟁 이후 가장 중요한 사회문제는 전쟁고아 문제였다. 고아는 부모와 사별했다는 문자적인 의미에서의 고아만이 아니라 붕괴되고 해체된 가정 밖으로 내몰린 모든 아동과 청소년을 포괄하는 용어였다. 당시 기독교 신앙으로 한국에 들어왔던 외원단체(외국의 민간 원조단체)의 원조와 구호 활동은 국가적 차원의 사회복지가 거의 없던 당시로서는 거의 유일한 사회복지실천이었다. 즉, 고아 구제를 위해 활동한 기독교 외원단체는 한국전쟁 이후 한국사회의 유일한 사회복지실천의 공급 주체였다고 해도 과언이 아니다(최성균·이준우 2017). 이렇게 한국전쟁 직후부터 1960년대의 한국교회 사회복지실천은 외원에 주로 의존하는 시대였다고 볼 수 있다.

그런데 이 시기 외원단체는 구호 대상 아동과 청소년을 고아로 명명함으로써 이들을 보호와 선도의 대상이자 원조의 대상으로 한국사회 내에 강력하게 부각시켰다. 한편 외원단체는 선교단체의 성격이 강했고 자연스럽게 미국 교회의 물자와 현금이 외원단체를 통해 도입되었다. 한국전쟁 이후 열악한 경제 상황은 한국 정부로부터의 지원을 전혀 기대할 수 없는 현실을 만들었고, 그 결과 미국 교회의 지원에 대한 의존이 더 커졌다. 이렇게 외원단체에서 제공되었던 구호물자들을 받아 살아가야 했던 우리 국민들은 고마워하면서도 도움을 받는 자신들을 철저히 복지수혜자로만 인식하게 되었고 이는 점차 사회적 통념으로 형성되었다.

아울러 이와 같은 외원단체에 의한 시혜적이며 자선적인 구호 중심의 사회복지실천은 향후 한국교회와 사회복지가 유기적 결합 관계를 이룰 가능성을 원천적으로 차단하는 결과를 낳았다. 외원단체는 자신들이 지원하며 세운 아동과 청소년 복지시설들과 한국교회 사이에서 재원 구조나 실천개입 활동의 유기적인 결합을 모색하지 않았다. 그래서 외원단체가 떠난 이후 한국교회와 교단에 무관한 조직으로 남겨지는 결과를 초래했던 것이다. 외원단체는 특정한 절기에만 사회복지시설에 구호품을 전달하는 관행만 한국교회에 전통적인 유산으로 남겼으며 교회의 본질적인 사명으로 사회복지실천을 하게끔 기독교 사회복지 체계에 대한 구상으로 이어지게끔 하지는 못했다.

결국 1960년대 중반 이후 외원이 감소되었을 때 급속한 신도 증가를 경험하던 한국교회는 예배당 신축 등 교회의 유지와 확장에만 몰입하면서 교회와 사회복지실천의 관계는 소원해지고 말았다. 즉 한국교회는 사회복지 신학을 정립하고 제도화하며 실행할 수 있었던 기회를 상실했다. 지역사회 전체의 복지욕구를 대상으로 사회복지실천을 다룰 수 있는 거시적인 사회적 책임의 안목도 갖지 못하게 되었다. 결과적으로 교회성장에 지나치게 치우친 나머지 사회복지실천은 복음의 핵심이 아닌 것으로 보는 경향이 고착되었다(박종삼, 2000).

4) 1970년대와 그 이후 시기

(1) 1970년대와 그 이후 한국교회의 사회적 기능

1970년대와 그 이후의 한국사회에서 한국교회의 사회적 기능 양태를 고찰하기 위해서는 먼저 어떤 사회문제들이 심화되어 왔는지 진단할 필요가 있다. 그리고 그런 사회문제를 한국교회는 어떤 시각에서 평가할 것인가도 중요한 과제가 아닐 수 없다. 진정한 복지사회라면 당연히 추구해야 하는 가치로는 정치적 민주화, 경제적 평등화, 사회제도적 복지화, 문화적 성숙화 등을 들 수 있다. 이러한 가치는 성경적인, 그리고 기독교적인 가치이기도 하다(박종삼, 2000). 성경은 인간을 하나님의 형상으로 지음 받은 존재라고 천명하고 있다(창세기 1: 26-27; 5: 1-2; 9: 6). 그 결과 인간은 소중한 존재이며 인간의 문제는 하나님의 문제가 된다.

그러므로 성경적인 교회사회복지실천은 인간 존재에 대한 궁극적인 관점에서 이해하고 출발해야 한다. 교회사회복지실천은 먼저 하나님에 의해 창조된 인간 존재의 본질을 파악하고 그 인간이 어떠한 문제를 가지고 있는가를 생각하는 것으로부터 시작되어야 하는 것이다. 즉, 인간은 하나님에 의해 하나님의 형상으로 창조되었고, 하나님은 인간의 타락으로 파괴된 이 세상을 구원하기 위해 아들을 보내셔서 죄와 죽음에서 인간을 해방시키며 하나님과의 관계를 회복시키시는 분이시다. 이런 맥락에서 인간을 하나님의 형상대로 회복시키시는 하나님의 자기 활동에 상응하는 일이 바로 교회사회복지실천인 것이다. 이러한 교회사회복지실천을 통해 고통 받고 소외된 사람들의 삶 속에 정치적 민주화, 경제적 평등화, 사회제도적 복지화, 문화적 성숙화 등과 같은 새로운 소망이 현실화될 수 있게 된다. 바로 이것을 추구하는 것이 교회사회복지실천이어야 한다.

하지만 이 시기의 한국사회를 이원규(1992, 1996)는 다음과 같이 요약하면서 한국교회는 이런 문제들에 대하여 신앙공동체로서 책임 있는 역할을 수행하지 못했다고 지적하고 있다.

정치적 민주화의 과제에 있어서 정치적으로는 아직 낙후되어 있을 뿐만 아니라 민주화와는 거리가 먼 권위주의의 팽배로 인하여 인권이 유린되고 자유가 제한되었으며, 정치인들의 '저질성', '수구성'으로 인해 정치적 민주화는커녕 사회의 불안과 갈등이 지속되었다는 것이다. 경제적 평등화의 문제에 있어서, 경제적으로는 정경유착으로 인한 그리고 경제성장 제일주의로 인한 빈부 격차가 심해졌을 뿐만 아니라 도농 간, 노사 간, 계층 간, 지역 간 불평등이 심각한 사회갈등과 긴장의 요인이 되고 말았다.

한편 사회제도적 복지화의 측면에서 볼 때 급격한 산업화와 도시화는 농촌의 피폐화를 초래했을 뿐 아니라 도시에서의 많은 문제들, 범죄 문제, 가족해체 문제, 공동체 상실과 정체성의 위기 문제들을 야기시켰다. 이에 대한 사회복지적인 대응책이 크게 낙후되어 불만과 불안의 상황이 심화되었다. 문화적 성숙화의 측면에서 볼 때 문화적으로는 저질적인 물질주의 가치관이 팽배하여 요령과 편법을 일삼게 하여, 천민적 오락주의를 확산시켰고 사치와 퇴폐, 낭비풍조를 조장했다.

이런 사회문제가 대두되고 축적되었던 지난 역사 속에서 한국교회는 예언자적 통찰력으로 사회혁신을 추구하거나 주도하기보다는 현상을 유지하고 부패되어 가는 정치, 사회 질서를 암암리에 정당화하며 사회의 기존 가치와 규범을 방관시해 왔다고 볼 수 있다. 특히 4·19 혁명 이후 교회가 독재정권을 비호했다는 사회적 비판을 받게 되기도 했다. 한편에서는 사회정의에 무관심했던 자기반성이 있게 되면서 한국교회 안에 사회적 책임을 인식하고 사회의 빛과 소금이 되려고 하는 움직임이 생겨나게 된 것도 사실이나 한국교회의 지배적인 경향은 개인구원, 개교회주의, 교회의 양적성장에 치우치는 경향이 컸다.

여기에서 한국교계에서 나타난 소위 보수집단과 진보집단의 사회적 역기능에 대하여 고찰할 필요가 있다. 예를 들어서 사회제도적 복지화의 문제에 있어서 보수나 진보할 것 없이 한국의 사회복지에 의미 있는 공헌을 한 것이 별로 없어 보인다. 물론 보수집단은 애당초 사회문제에 관심이 없어서 그렇다 하더라도, 진보집단에게서도 이 영역이 소홀히 된 것은 그들의 모든 노력과 관심이 정치적 문제가 해결되면 저절로 사회복지 문제가 해결될 것이라는 오류를 범했기 때문이다. 반면 보수집단에서는 개인들이 구원을 받으면 사회는 저절로 구원받게 될 것이라는 착각을 했다고 평가할 수 있다.

물론 이 시기 한국교회의 사회적 기능으로 보수집단의 사제적인 기능, 이를 테면 사회적 안정, 사회적 현상 유지, 사회통합, 사회통제 등과 같은 기능과 진보집단의 예언자적 기능, 즉, 사회개혁, 사회정의 등의 순기능이 있지만 그 기능들이 극단적으로 표현될 때 사회적 역기능이 돌출됨을 보게 된다. 문제는 예언자적 기능을 수행하되 사회적 불안을 조성하지 않으며, 사제적인 기능을 수행하되 현 질서에 대한 맹목적 동조를 하지 않는 온건 개혁주의, 창조적 진보주의의 입장을 표방하는 교회가 이 시기에는 드물었다는 사실이다.

(2) 1970년대의 한국교회 사회복지실천

외원은 1960년대 중반을 분기점으로 점차 줄어들고, 국가에 의한 복지가 조금씩 늘어나는 추세가 나타나게 되었다. 군사 쿠데타를 통해 집권한 정권은 통치의 안정을 위해 군인, 공무원 등의 연금제도를 도입하게 되고, 이를 계기로 일련의 사회보장제도를 확립해 나가게 된다. 그래서 1970년대에 이르면 경제성장의 결과로 절대 빈곤의 문제가 어느 정도 해결되는 듯한 추세를 보였지만 빈익빈 부익부 현상은 오히려 크게 증가시켰다(박종삼, 2000).

이 과정을 통하여 정부는 민간 사회복지 단체의 법인화 작업과 아울러 공공재원에 의한 사회복지 사업을 펼쳐나감으로써 교회와 연관된 사회복지실천은 더욱 교회에서 멀어져가고 세속화에 이르게 되었다. 그 결과 한국교회는 사회복지실천의 본질적 의미를 찾지 못하고 방관하게 되었다. 더욱이 경제성장 중심의 자본주의 사고가 한국교회에 공격적으로 침투해 들어오면서 지역주민의 고통과 좌절을 보듬어 안고 가기보다는 개교회의 양적 성장에 집중해 나갔다(최무열, 1999).

교회의 수는 '우후죽순'으로 증가해 갔고, 개 교회들은 예배당 건축과 양적 성장이라는 과제를 적극 수행하면서 선교의 내용에서 전도를 강조하고, 사회복지실천을 소홀히 하는 경향이 뚜렷해지게 되었다. 교회의 건물이 웅장해지고, 교인들의 수가 많아지면서 교회는 자체의 조직과 운영에 전력을 쏟아야만 했다. 그에 따라 일반사회에서 재벌의 부가 축적되듯이 교회도 부의 축적이 이루어지고 있는 것이라는 의심과 비판을 받게 되었다. 결국 교회의 성장은 자본주의 체제에서의 경제발전 형태와 유사한 점이 있었는지 질문이 생기게 되었다(박종삼, 2000).

특히 한국의 일반적인 다수의 도시 신자들은 신앙과 구원이라는 거룩한 가치에 몰두했다. 이들 도시 신자들이 꿈꾸었던 풍요로운 삶을 향한 욕망을 신앙적 욕망으로 한국교회는 절묘하게 전환시켰다. 그 결과 심리적 만족감과 주관적 안녕감을 충족시킬 수 있었다. 이 당시 교회는 도시 사회에서 새롭게 형성된 연결망을 매개로 사회자본의 축적과 확장이 일어나면서 도시인들에게 교회는 신기루와 같은 역할을 하였다. 국가가 주도하는 발전주의적인 거대 정부 사업에 동원되고 있으면서 그 발전의 성과에 대해 합당한 대가를 받지 못하며 살아가는 대중들에게 분출구가 필요했고, 이러한 분출구를 교회에서 주최한 대중 전도 집회와 부흥 집회로 충족했다.

이 시기 집회의 메시지는 물질적 차원에서 상대적 박탈감을 느끼는 사람들을 위로하고 성공의 욕망을 부추겼으며 적극적 사고, 성공의 복음, 번영 신학 등의 사조가 한국교회 내에 굳게 자리 잡게 했다. 교회는 이들의 삶의 욕망을 긍정하고 국가적 기치에 반하지 않으면서 신앙적 열심과 연결지었다. 이후 교회는 교인 간의 친목을 다지는 서비스 즉, 인맥으로 불리는 촘촘히 연결된 인간 관계망을 제공해주는 곳으로 변모했다. 정기적인 심방과 기도회, 구역(목장 혹은 셀) 예배와 기타 모임 등을 통해 교인 간의 강한 유대를 형성했고, 이러한 모임은 공공성을 담보하기보다는 사적이면서 비공식적 차원으로 고착되었다.

그럼에도 또 다른 한편의 시각으로는 교회성장의 동기와 과정이 어떠하든지 간에 교회는 조직을 강화시켰고, 시설과 인력 면에서 한국교회 사회복지실천의 능력을 축적했다는 긍정적인 의미도 찾을 수 있다. 이 때부터 한국교회를 외원이나 선교사의 도움 없이도 그 자체만으로 사회복지실천을 실시할 수 있는 능력을 갖추도록 하나님께서 키우시는 기간은 아니었는지 긍정적인 질문도 제기할 수 있다. 더욱이 이 기간 중 한국

신학계와 교회 내에서는 복음의 사회적 책임에 관한 활발한 논의가 시작되었고, 교회 사회복지실천의 신학 정립을 위한 일련의 노력이 전개되었다. 또한 개 교회주의에 입각한 사회복지실천을 수행할 때에 '교회 연합적인 노력'의 필요성을 강조하게 되었으며, 각 교단 사회부에서의 사회선교에 대한 비전 제시와 교회 지도자들의 훈련도 시도되기 시작했다.

(3) 1980년대의 한국교회 사회복지실천

1980년대에 들어오면서 국민들의 사회복지 욕구는 최고조에 달하게 되었다. 사회개발을 희생하면서 경제개발에만 몰두하던 정부의 경제발전 정책이 국민의 정의로운 경제 배분이라는 저항에 부닥치게 되었다. 1980년 중반에 고조된 민주화의 물결과 노동 운동은 재벌 독점의 경제발전 모형에 관한 질문이 쏟아지게 하였다. 교회는 이 시기에 어느 정도 자립의 기반을 이루고, 교회 개척과 해외 선교에 열의를 올리고 있었으나 정작 사회복지실천에 대한 열의는 강하지 못하였다(박종삼, 2000).

특히 1984년은 한국 개신교회가 선교 100주년을 기념하면서 교회의 성장과 외연 확대를 자축했던 해였다. 실제로 1984년 12월을 기준으로 천주교 성당 2,360개와 불교 사원 5,680개에 비해 26,044개로 개신교회는 급성장한 것으로 나타났다(노치준, 1986). 이렇게 한국교회가 가톨릭과 불교의 역사에 비해 훨씬 짧은 역사 가운데서도 엄청난 양적 성장을 거둔 것은 선교 초기부터 한국전쟁과 그 직후인 1950년대까지 순교적인 각오로 한국사회의 어려움을 극복하도록 교회가 지역사회 문제 해결에 적극 참여해왔던 열매이기도 했다. 이와 같은 초창기 한국교회의 사회참여적인 활동은 기독교 정신에 기초한 헌신적인 사회복지실천과 사회변혁적인 기독교 사회운동이라는 두 축에 의해 이루어져 왔으며 이는 다시 두 개의 차원으로 해석될 수 있다.

첫째는 사회변혁의 매개체로서의 역할을 수행한 한국교회와 기독교에 대한 민경배 교수의 사회개혁적인 접근이다.

민경배 교수에 의하면(민경배, 1987) "명성황후 시해사건", "춘생문 사건[11]"을 거치면서 한국 기독교는 민족의 정신을 구현하는 정치적 매개체가 되었다는 것이다. 특히 토지가 수탈되는 억압적 상황 속에서 한국교회는 이 민족 속에 "항일저항"과 "사회정의" 그리고 "민족주의"를 심어간 '정치적 혁명가' 로서의 역할을 했다고 평가해야 한다는 것이다. 나아가 한국교회는 초기선교의 과정을 통해 사회개혁의 기수로서의 기능을 톡톡히 해냈다는 것이다. "가정 윤리와 사회 신분의 신장", "인간 존엄과 여성의 지위 향상"을 통하여 사회구조의 가치를 전환하게끔 한국사회를 자극했으며 아울러 초기 한국교회는 "주초(술과 담배) 금지" 운동에 앞장서서 절제 운동의 중심이 되었다고 해석한다.

이와 같은 민경배 교수의 사회변혁에 기초한 사회개혁론은 "우상과 미신의 타파"를 통한 허구 의식의 변화를 포함했으며 능동적으로는 "의료선교"와 "인간다운 삶을 추구하는 의식개혁운동" 등과 같은 사업으로 교회가 가난하고 소외된 대중과 함께 고통을 나누는 인간애를 실천했던 사회참여적인 교회였음을 증언한다. 그리고 인간애의 표현은 백정과 노비의 해방, 형정(교정)의 개혁, 가령 죄 없는 사람을 감금한다든지, 아무런 이유 없이 재판을 연기하는 일 등 다양한 사회개혁적인 접근으로 이어져갔다. 105인

---

[11] 1895년 10월에 발생된 을미사변 이후, '명성황후 계'였던 친미 및 친러파 관리와 군인들이 친일 정권에 포위되어 불안과 공포에 떨고 있던 국왕 고종을 궁 밖으로 나오게 하여 친일 정권을 타도하고 새 정권을 수립하려고 했던 사건이었다. 언더우드(Underwood, H. G.)·에비슨(Avison, O. R.)·헐버트(Hulbert, H. B.)·다이(Dye, W. Mc) 등 미국인 선교사와 교사 및 교관, 그리고 미국 공사관 서기관 알렌(Allen, H. N.), 러시아 공사 베베르(Veber, K. I.)와 같은 구미 외교관도 이 사건에 직접·간접으로 관련되어 있었다. 1895년 11월 28일 새벽에 남만리와 이규홍 등의 중대장은 800명의 군인을 인솔, 안국동을 경유해 건춘문(建春門)에 이르러 입궐을 기도하였다. 뜻대로 안 되자 삼청동으로 올라가 춘생문에 이르러 담을 넘어 입궐하려 하였다. 그런데 이 계획에 협력하기로 약속했던 친위대 대대장 이진호(李軫鎬)가 배신해 미리 서리 군부대신 어윤중(魚允中)에게 밀고하였다. 그리하여 쿠데타군이 춘생문에 나타나자 궁성 내의 친위부대가 즉각 반격을 가하고 또 어윤중이 직접 현장에 달려와 선제적으로 공격함으로써 일부 쿠데타군이 체포되고 나머지는 도주하였다.

사건, 3·1운동 참여, 농촌 개혁운동, 그리고 기독교교육 사업 등을 통한 사회참여는 이 당시 사회개혁과 변혁을 향한 교회의 의지를 표출한 것이었다고 풀이한다. 그러므로 초기 한국교회의 사역은 사회변혁의 기수로서의 유산이었다고 보아야 한다는 것이다.

둘째는 문화변혁적인 접근이다. 이는 이만열 교수의 견해(1987)인데, 그에 의하면 한국교회야말로 "반봉건 의식의 고취", "구습 타파", "부패 근절", "전통과 한글의 재발견" 등 한국 문화의 전반에 걸친 문화적 변혁을 가져온 매개체로서 그 역할과 사명을 충실히 수행했다고 볼 수 있다. 이런 맥락에서 초기 한국교회는 한국사회와 역사의 핵과 방향을 보다 창조적이고 인간적이며 문화적으로 변화시켜 온 원동력이었다. 이는 니버(H. Richard Niebuhr)의 "문화를 변화시키는 그리스도(Christ, the transfer of culture)"의 신학적 범주에 상응한다고 볼 수 있다.

그러므로 앞서 언급한 바와 같이 1980년대까지의 한국교회의 양적 성장은 초기 한국교회의 '사회변혁'적이며 '문화변혁'적인 사회참여와 교회사회복지실천의 성과이자 열매라고 보아야 한다. 하지만 한국교회는 양적 성장에 취해 있었고, 사회를 향한 교회의 본질적 사명, 즉 교회사회복지실천에 대한 적극성을 띠지 못했다.

(4) 1990년대와 그 이후의 한국교회 사회복지실천

불행하게도 1990년대에 들어가며 교회성장의 속도는 둔화되기 시작하였고, 일부 기독교 사회학자들 사이에서는 얼마 안 가서 한국교회가 '마이너스 성장'을 할 가능성이 있다는 예측을 하기 시작했다(이원규, 1992; 1996). 그리고 1990년대 초기에 이러한 경향은 서서히 나타나기 시작했고, 2018년에는 실제 눈앞의 현실이 되었다. 교인 수는 급격히 줄고 있다. 더욱이 '저출산 고령화' 현상으로 학령기 및 청년기 인구가 국가적으로 줄어든 데다 한국교회에 대한 젊은 세대의 반감 등이 겹치면서 교인 수 급감 문제만이 아니라 교회의 고령화까지 고민해야 할 시점이 되었다.

그러나 이런 대세 속에서도 일부 교회들은 지역사회를 위한 지속적이고 체계적인 사회복지실천을 통해 오히려 교회가 양적 · 질적으로 성장해 나가기도 했다.

대표적인 사례를 말하면 1997년부터 2012년까지 남서울은혜교회(이 시기 담임목사 홍정길)는 사회복지법인 밀알복지재단과 협력하여 장애인복지선교를 적극적으로 수행했고, 그 결과 교회성장과 성숙을 동시에 달성하는 모범적인 목회 모델을 한국사회에 제시하였다(이준우, 2015).

또한 분당우리교회(담임목사 이찬수)는 예배당 건축 대신 지역에 있는 고등학교를 주일마다 빌려 사용하고, 성남시 분당구의 요지에 건축한 교육관을 향후 지역사회에 환원하기 위해 건축 직후부터 그 건물을 지역사회를 위해 개방적으로 활용하고 있다.

뿐만 아니라 지구촌교회(원로목사 이동원, 담임목사 진재혁)는 교회 내에 '사회복지부'를 공식적인 교회 부서로 두고, 사회봉사팀, 평생교육팀, 아름학교(발달장애인 신앙교육부서)팀, 문화사역(문화 및 예술활동 지원부서)팀, 호스피스팀, 경조사역팀을 통해 교회 내외의 가장 취약한 사회계층을 적극적으로 섬기고 있다.

특히 분당우리교회와 지구촌교회는 교회 내에 사회복지법인을 별도로 설립하여 정부 및 지자체로부터 사회복지시설을 위탁받아 운영하고 있으며 독자적인 교회사회복지실천의 경우 자부담하여 수행하고 있다.

이 3개의 사례를 통해서 보더라도 선교와 사회복지실천을 겸한 건전한 목회가 지속적인 교회 성장과 교회의 지역사회를 향한 영향력을 극대화할 수 있음을 보게 된다.

이외에도 여러 한국교회들이 교회 내에 사회봉사관(사회복지관, 사회선교관, 사회봉사 센터 등) 등 다양한 형태의 시설과 프로그램을 갖고, 아동, 노인, 여성, 장애인 등을 위한 사회복지실천을 전개하였다. 1990년대를 거쳐 2018년 현재에 이르면서 전부는 아니지만 그래도 많은 한국교회들이 비로소 1980년대까지 한국교회를 움직였던 교회성장 제일주의의 선교 정책 일변도에 대한 자기반성적 성찰을 하게 되었고, 지역사회를 대상으로 하는 교회사회복지실천과 정부와 협력하여 수행하는 기독교사회복지실천을 적극적으로 펼치는 노력을 하게 되었다.

2. 근대사회문제에 대응했던 한국교회 사회복지실천 사업과 프로그램

근대사회문제에 대응했던 선각자들은 대부분 기독교 신앙을 전파하고자 애썼던 그리스도인들이었다. 많은 그리스도인들이 믿음으로 살아가기 위해 사회복지실천을 감당했다.[12]

1) 유진 벨(Engene Bell) 선교사의 사회복지실천

초창기 한국교회 사회복지 실천가들 가운데 조선에 사회복지의 씨앗을 뿌린 '유진 벨(Engene Bell)' 선교사가 있다. 그의 한국이름은 '배유지(裵裕祉)'였고, 미국 남장로교 선교사였다. 1895년 당시 27세의 나이로 입국한 배유지 선교사는 고종 황제의 요청에 따라 진료소를 설치하고, 콜레라 퇴치에 적극 참여했다(안영로, 1998). 또한 배유지 선교사는 1897년 목포에 목포지역 최초로 교회를 설립했다. 1898년 11월 '오웬(Clement C. Owen)' 목사, 한국이름은 '오원' 또는 '오기원'이었던 선교사가 목포에 도착했고, 진료소 건물이 없는 상태에서 배유지 목사의 집에서 간판만 걸고 환자들을 진료하였다. 여기에는 의료적 진료와 치료뿐만 아니라 환자들이 경험하는 삶의 어려운 문제들을 해결하기 위해 상담과 실제적인 지원을 도모하는 사역들이 종합적으로 이루어졌다. 의료선교와 사회복지가 융합된 의료사회복지실천이 시작된 것이다. 이후 배유지 선교사는

---

[12] 본 장의 내용은 이준우 외(2014)의 "태화 기독교사회복지실천의 역사적 의미와 과제"를 재구성한 내용을 토대로 하되, 부가적으로 새롭게 발굴한 문헌자료들을 보충하여 서술하였음을 밝힌다.

여러 선교사들과 협력하면서 1903년 영흥학교와 이 지역 최초의 여성교육기관인 정명여학교 등을 설립해서 운영하였다. 1907년에는 숭일학교를 설립하였고, 1909년에는 숭일학교에 재학하고 있던 여학생들을 중심으로 수피아여학교를 개교하였다. 이들 학교들은 일본인들의 학교보다 사상적으로 자유로웠다. 그래서 이들 학교의 학생들이 3·1운동 당시 만세운동을 주도하였다(이용교, 2013).

2) 우월순 선교사의 사회복지실천

'로버트 맨턴 윌슨(Robert Manton Wilson)' 한국이름 우월순(禹越淳) 혹은 우일선(禹一善)은 미국에서 의대와 신학교를 졸업하고, 1908년 28살의 나이에 한국에 와서 68살에 미국으로 돌아가기까지 근 40년 동안 이국땅에서 희생과 봉사의 삶을 실천했다. 1908년 한국으로 부임한 우월순은 당시 열악했던 의료 환경 속에서도 열정적으로 애쓰고 수고했다. 1909년부터는 여성 한센인 환자의 치료를 계기로 본격적인 한센병에 대한 치료 사역을 시작하였다. 가족으로부터 버림받고 사회로부터 냉대와 멸시 그리고 소외되었던 한센인들을 모아 최흥종이 기부한 봉선리 터에 한센병 전문병원인 광주나병원을 건축함으로써 한센병 환자들을 위한 공식적인 노력이 가능하게 되었다. 한센병은 당시 대부분의 사람들이 접촉조차 꺼려하며 가까이 하기를 무척이나 두려워했던 혐오스러운 병이었다. 그러나 우월순의 정성과 노력으로 한센병을 앓는 환자들은 비로소 안식할 수 있는 쉼터를 마련할 수 있게 되었다. 일제는 광주 시내에 위치하여 많은 민원을 야기시켰던 나병원에 대해 1926년 이주 결정을 내렸다. 어쩔 수 없이 우월순은 1926년에 새로운 나환자 정착촌을 건설하게 되었는데 이곳이 바로 '여수 애양원'이었다. 이후 최흥종 목사 등 신실한 일꾼들이 함께 해서 애양원을 통해 우리나라 한센병 환자들의 치료와 복지가 본격화되었다.

3) 곽안련 선교사의 사회복지실천[13]

곽안련 선교사(Charles Allen Clark, 1878-1961)는 미국 북장로회 파송선교사로 조선 왕조의 국운이 쇠락해진 1902년에 내한하여 일제 말 1941년까지 활동하였다. 그는 이 땅에 150여 곳의 예배 처소와 교회를 설립하였으며 승동교회 담임목사도 역임하였다. 그는 50권 이상의 책을 저술하였고, 평양장로회신학교 교수로 헌신하는 등 신학자이며 목회자로서 일제 암흑기 한국교회에 많은 기여를 하였다.

특히 그가 집필한 '사회사업(원 제목은 샤회사업)'은 현재의 시각에서도 매우 유용한 통찰들을 담고 있다. 사실 이 당시 조선에 '샤회사업'이란 단어는 매우 낯선 용어였는데, 이 책은 목회자들을 위한 교육교재로 집필한 것으로 보인다. 국권 침탈의 암울한 시기에 곤궁과 좌절에 빠져 있었던 대중을 교회가 어떻게 지도해야 하는지 심도 있게 설명했다는 점에서 이 책은 높이 평가받아야 할 것으로 판단된다. 이 책은 11개 영역의 사회적 이슈와 이에 대한 교회의 책임을 설명하고 있다. 민중의 경제생활, 자선사업, 빈민, 고아와 양로, 환자, 교도소 재소자, 공창, 금주, 흡연과 마약, 동물 학대 금지, 여가 등의 이슈를 다루었다. 그 중 가장 많은 지면을 할애한 것은 금주인 것으로 보아 당시 조선에 음주가 얼마나 심각한 문제였는지 짐작할 수 있다.

또한 빈민에 관한 그의 접근은 매우 구체적이면서도 현실적인 대안이 될 만한 내용들이었다. 예를 들면 "구걸로 살아가는 사람은 사회의 기생물이 될 수 있으니 걸인의 형편을 헤아려 구제에 신중해야 한다. 걸인을 대할 때 빈곤하게 된 원인과 생활형편을 진찰해야 유익하게 도울 수 있다. 구제받을 대상자가 음주, 문란한 성생활, 도박 등의 낭비를 하는지 지혜롭게 살펴야 한다. 빈곤이 꼭 비참한 것만은 아니다. 노동의 동기를 부여하기 때문에 빈곤이 사회발전의 원동력이 되기도 한다."고 썼다. 당시 조선에서 활동하던 선교사들은 경건주의와 청교도 정신으로 강하게 무장되어 복음의 열정을 가지고 선교하

---

[13] 곽안련 선교사의 사회복지실천은 김동배(2018)의 책 pp. 45-47에서 가져와서 요약 정리하였음을 밝힌다.

였으나 시대적으로 교회의 사회복지실천을 추진할 여건이 되지 못하였는데 곽안련 선교사는 놀랍게도 "사회사업은 교회의 사회적 책임이다."라고 주장하였다.

4) 태화사회관의 사회복지실천

우리나라 최초의 기독교사회복지관이라 할 수 있는 '태화사회관'의 사역은 그 어떤 활동들보다도 가장 기독교 정신에 입각한 사회복지실천의 모범 모델로 볼 수 있다. 1921년에 설립된 '태화'는 고통스러웠던 민족의 현실 속에서 태어났고, 이 땅 구석구석에서 소외된 이웃을 위한 사랑을 실천하며 우리나라 사회복지의 역사를 만들어 내었다. 이는 적극적인 사회참여를 통해 복된 사회를 이루어 하나님의 뜻을 실현한다는 감리교 정신을 실천하는 하나님나라 운동이었다. 선교 초기부터 감리교회를 중심으로 하는 사회선교는 한반도에서 활발하게 펼쳐지고 있었다. 그 어떤 교파나 교단보다도 감리교회는 사회선교에 대한 지속적인 관심을 표명하면서 암울한 1920년대 상황 속에서 사회구원에 대한 교회의 책임을 감수하려는 노력을 기울였다. 그것은 웨슬리로부터 발견되는 감리교회의 사회선교 전통[14]을 한국 감리교회가 계승하고 있다는 점을 확인시켜 주는 예이다(이덕주, 1993).

사실 감리교회는 그 창시자인 웨슬리 때부터 복음과 사회현실 간의 균형 있는 신앙을 강조하였다. 칭의와 성화로 표현되는 그리스도인의 구원은 개인적인 체험으로 끝나는 것이 아니라 공동체적인 체험으로 발전되어야 하며 그것이 그리스도인들의 구체적 사회개혁운동으로 나타났던 것이다. 그리하여 사회현실 참여 및 사회선교라는 측면에서 다

---

[14] 민족운동과 여성운동에 개척자적인 자세를 견지해 온 한국 감리교회는 사회선교를 통한 사회구원, 나아가 민족구원과 해방이라는 선교적 과제를 자각하고 있었다. 1920년대 다른 어떤 교파에서도 생각하지 못했던 종합적 사회선교기관으로 태화여자관을 설립할 수 있었던 감리교회의 신앙적·신학적 근거가 여기에 있었다.

른 어떤 교회보다도 적극적인 입장을 취하는 감리교회의 신앙적·신학적 전통이 수립된 것이다. 이러한 전통은 미국감리교회에 의해 추진된 한국 선교 역사에서도 그대로 반영되고 있다. 이를 테면 미국의 경우, 20세기 초 기독교와 사회주의를 접목시킨 신학운동으로 사회복음(Social Gospel) 신학이 유행하면서 여성해방, 아동교육, 도시 노동자 인권문제, 향락풍조와 퇴폐문화, 인종차별 문제 등 다양한 사회 현실적 문제들에 대한 교회의 적극적인 대응을 모색하게 되었다. 미국 감리교회는 이러한 사회복음 신학을 적극 수용하여 교회 신앙과 행정에 반영하였다. 그렇게 해서 나타난 것이 감리교의 사회신경(Social Creed)이다(이덕주, 1993).

감리교 사회신경에는 평등, 인권, 경제정의에 대한 교회의 입장을 담고 있다. 특히 여성과 아동의 노동을 금한 것과 사용자와 노동자 사이의 단체협약, 가급적이면 노동자의 편에서 인권을 옹호하려는 교회의 입장을 보여주고 있는 점이 특기할 만하였다. 나아가 주류판매, 아편제조, 공창제도 등 사회악의 구조적 문제해결에 대한 관심도 계속 보이고 있다. 물론 감리교의 사회신경이 과연 그 내용대로 교회와 교인들의 신앙고백이 되어 실천에 옮겨졌느냐 하는 점에 대해선 논란의 여지가 있지만 한국 감리교회가 이미 1920년대부터 사회신경을 채택하였다는 점 하나만으로도 역사적 의미는 적지 않다고 하겠다. 교단 차원에서 사회신경을 채택한 경우는 한국 감리교회가 처음이었으며, 일제시대에서는 유일한 경우였기 때문이다(이덕주, 1993).

또한 한국 감리교회의 사회선교로 인한 가장 큰 업적의 하나는 여성해방이었다. 봉건적 가부장 제도와 질서 속에서 여성은 남성의 종속물로 인식되어 인격과 인권을 무시당했다. 이러한 봉건주의 의식이 팽배했던 19세기말 상황에 기독교 복음을 들고 감리교회가 노력했던 사회선교야말로 조선 여성의 인격과 인권을 되찾게 하는 것으로 가부장적 억압구조로부터 여성해방을 가능케 하였다(이덕주, 1991). 당시 자신의 이름조차 가질 수 없었던 여성들이 세례를 받으면서 이름을 갖게 되었고, 남성과 동등한 입장에서 예배에 참석하게 되었으며 교육과 의료의 혜택을 받으면서 여성의 자의식이 깨쳐지게 되었다. 기독교 복음은 상하 신분구별과 차등구조를 무너뜨리고 만민평등의 새로운 사회질서를 만들었을 뿐만 아니라 가정과 사회질서 안에서 남녀평등의 새로운 공동체 개념을 만들어냈다. 복음이 시대를 불문하고 억압받고 소외당한 민중에게 새로운 해방과 구원의 은혜를 갖다 주듯이, 19세기말 봉건적 사회체제 안에서 억압받고 소외당했던 여성들에게 해방과 구원의 체험을 갖다 주었던 것이다(이만열, 1987). 그리고 그 해방과 구원을 체험한 여성들이 그 체험을 확산시킬 목적으로 만든 것이 곧 '여선교회'였다(이덕주, 1991). 여선교회는 이후 태화여자관 설립과 성장 과정에 밀접한 관계를 맺으며 우리나라 여성운동과 선교의 구심점이 되었다(이덕주, 1993).15)

---

15) '여선교회'는 1897년 10월 31일에 '조이스회'라는 이름으로 최초로 조직되어 주로 개교회 혹은 성경학원 단위로 운영되었는데, 이후 보다 효율적인 활동을 위해 1918년에 지방 단위 조직으로 발전하였다. 그러던 중 3.1 운동으로 잠시 주춤하다가 1920년 12월 6일 서울 종교교회에서 '조선 남감리회 여선교대회'가 조직되었다. 초대 회장에는 개성지방 '전도 부인(Bible Woman)'으로 활약하고 있던 최나오미, 부회장에는 어윤희가 각각 선출되었고 총무와 회계에는 선교사인 마이어스(M. D. Myers)와 올리버(B. Oliver)가 각각 선출되었다. 이들 중 마이어스와 올리버는 태화여자관 창설 과정에서 주도적인 역할을 담당했을 뿐 아니라 관장으로 재직하면서 태화여자관 발전에 크게 공헌한 인물들이다(이덕주, 1993). 태화여자관의 창설 과정에는 여선교회 지도자들이 주도적인 역할을 하였을 뿐 아니라 태화여자관에 참여한 초기 기독교사회복지실천가들은 여선교회 임원들이 대부분이었다. 즉 남감리회 여선교대회 초대 총무로 있던 마이어스가 바로 태화여자관 설립을 주도했고, 초대 관장으로 태화의 기초를 닦았으며, 마이어스와 함께 태화 개척자로 활약한 이숙정, 박정화도 남감리회 여선교회 임원으로 활약하던 인물들이었다. 그리고 초창기 태화의 한국인 사역자로 활약했던 장귀련은 남감리회 여선교회 회장을 역임했고 태화여학교 교사였던 최활란, 이효덕 등도 여선교회 임원으로 활약했던 감리교 여성 지도자들이었다.

16) 지금은 '태화기독교사회복지관'으로 통일된 명칭을 쓰고 있지만, 처음 개관할 당시에는 여러 명칭이 혼용되었다. 가장 보편적으로 사용된 명칭은 '태화여자관'이었으나, 그 외에 '태화사회관', '태화여자사회관' 등으로 불렸고 아예 줄여서 '태화관'이라고도 했다. 이렇게 한글 명칭에는 '태화'가 빠지지 않았다. 그런데 영어 명칭에서는 '태화'가 등장하지 않았다. 선교사들 사이에 보편적으로 사용된 명칭은 'Seoul Social Evangelistic Center'였다. 직역한다면, '서울 사회복음 센터'인 셈이다. 이 영어 명칭 속에 태화 기독교사회복지관의 창립 이념과 사업 내용 및 범위가 담겨져 있다(이덕주,

이렇게 한국 감리교회는 교회의 사회선교 관심과 참여적인 신앙 전통을 이어받아 우리 민족이 처한 사회·정치적 현실을 외면하지 않고, 그 속에서 모순과 갈등을 극복함으로써 "하나님의 뜻이 실현된 인류사회"를 만들어 나가는 사회선교 전통을 세우게 되었는데 태화여자관이 바로 그 전통의 맥을 이은 것이다(이덕주, 1993). 즉 태화여자관[16] 이야말로 한국 감리교회가 선교 초기부터 확인하였던 여성들의 민족운동 전통과 교회의 사회선교 전통을 계승[17]하여 3·1운동 직후 변화된 사회생활 속에서 '여성 전문 종합 사회선교기관'으로 출현된 것이다.

1993). 첫째, 이 기관은 '복음 센터(Evangelistic Center)'였다. 설립의 기본 이념은 '복음선교'에 있었다. 그리스도의 복음을 사회 속에서 구현하고자 노력한 것이다. 둘째, 이 기관은 '사회 센터(Social Center)'였다. 사업의 내용은 '사회선교'였다. 사회현실 속에서 파생되는 구조적 문제점들을 해결하려는 시도와 노력이 있었다. 이곳을 통해 서구의 전문적인 사회복지실천이 우리나라에 시도되고 정착되었다. 셋째, 이 기관은 '서울 센터(Seoul Center)'였다. 사업의 장소 범위가 서울지역으로 제한되어 있다는 점에서 '서울 센터'이기도 하지만 자리 잡은 곳이 '서울의 중심'이라는 점에서 이 기관은 서울에 거주하는 여성 교인들의 활동 구심점이 되었다.

[17] 3.1 운동은 우리 민족사에 부정적인 영향만 준 것이 아니라 중요한 전기를 마련해 주기도 하였다. 민족의 자주독립이라는 시대적 과제를 다시 한 번 확인시켜 주었고, 이 문제를 해결하기 위해, 지역, 계층, 종파, 교파를 초월한 연대 활동의 가능성을 보여 주었다. 특히 기독교 여성계가 3.1 운동을 통해 얻은 것도 적지 않았다. 무엇보다 여성들도 남성에 뒤지지 않는 때로는 남성을 능가하는 민족운동의 역량을 지니고 있다는 사실을 확인한 것이 가장 큰 소득이었다. 이덕주(1993)는 3.1 운동으로 한국교회가 받은 영향이 적지 않았던 것처럼, 기독교 여성계도 상당한 영향을 받았다고 주장하면서 그 영향을 세 가지 형태로 제시하였다. 첫째, 여성 운동 세력의 조직화가 이루어졌다는 것이다. 감리교회 여선교회 조직은 3.1 운동 직후 지방 및 전국조직을 갖추게 되었다. 개교회 중심의 선교활동이 전국 조직으로 확산되었으며 그만큼 여성 선교의 역량이 조직화되었다. 둘째, 여성 운동 세력이 교파와 이념을 초월해 연대할 수 있게 되었다는 것이다. 미감리회와 남감리회 여선교회가 교육, 선교 등 각 분야에서 연합하여 활동을 전개하였을 뿐 아니라 장로교 등 다른 교파 여성 및 일반 사회 여성 세력들과도 연대하는 양상을 보여 주었다. 셋째, 민족 및 사회문제에 대한 여성들의 적극적인 관심과 참여가 이루어지게 되었다는 것이다. 한말에 이미 표출된 교회 여성들의 민족의식은 3.1 운동을

또한 태화여자관은 기독교 기관이면서도 교회만이 아닌 그 사업의 궁극적인 목표를 사회에 두고 있었다. 즉, 사회를 '복음화' 하는 것이 태화여자관의 설립 이념[18])이었고, 사업의 목적이었다. 그렇기 때문에 태화여자관은 교회와 사회, 복음과 민족을 연결시키는 매개체로 그 역할을 수행하고자 노력하였다. 그래서 태화여자관의 출현은 '조선 여성계의 희망이었고 그 자체가 복음' 이었다. 가물어진 땅에 비처럼, 굶주린 영혼에 풍성한 열매처럼 태화여자관은 한국 여성사회에 새로운 시대를 열어 주었다. 나아가 태화여자관에 대한 관심과 기대, 성원은 교회 안에서만이 아니라 교회 밖, 일반 사회에서도 대단했다. 그랬기 때문에 태화여자관은 한결 수월하고 효과적으로 사업을 추진해 나갈 수 있었다. 태화여자관이 개관했을 때, 불우한 환경의 여인들이 우선적으로 찾아왔다. 이어서 양반 고위층 남성들이 들어왔다. 그리고 그 남성들의 소개로 상류층 여성들도 들어왔다. 오래지 않아 모든 계층, 모든 부류 사람들에게 태화는 활짝 열려지게 되었다. 그만큼 태화여자관의 정신과 사업은 그 당시 우리나라의 상황에서 백성들이 원하는 욕구를 충족시킬 수 있었던 획기적인 활동이었다(이덕주, 1993).

　국가적으로 무능하고, 정치적으로 파산에 이르렀으며, 사회적으로 무지하였고, 경제

겪으면서 과감하고 희생적인 양상을 보였으며, 3.1 운동 이후 변화된 사회상황 속에서 민족 및 사회 현실 문제를 해결하려는 적극적인 참여로 발전되었다. 이렇게 3.1 운동을 거치면서 의식의 변화를 체험했던 이 땅의 여성들은 보다 구체적으로 자신들의 삶의 문제해결을 위한 욕구들을 갖기 시작했다. 그야말로 새로운 시대적 변환기를 맞이하게 된 것이다. 이로 인해 무언가 새로운 여성 사회선교의 장이 마련되어야 했다. 비록 그 기간은 짧지만 30년 여성 선교의 역량을 비축한 한국 감리교회는 1920년대 사회상황 속에서 복음전도와 사회선교를 종합적으로 추진할 수 있는 새로운 장을 마침내 마련하게 된다. 그 현장이 바로 '태화여자관' 이었다.

18) 누가복음 4장 18절과 19절의 내용이 태화의 이념을 뒷받침하는 성경적 근거였다. 즉, 예수님께서 갈릴리에서 복음 사역을 처음 시작하시면서 읽어 선포하셨던 말씀이다. '가난한 자에게 복음을', '포로된 자에게 자유를', '눈먼 자에게 다시 보게 함을', '눌린 자를 자유하게 하고 주의 은혜의 해를 전파하게 하심' 이 곧 태화의 정신이고 이념이며 목적이었다.

적으로 가난하였기에 어디서부터 개혁하고 어떤 방법으로 새 출발을 할 수 있는지에 대해서 아무도 책임 있게 말할 수 있는 사람이 없었던 절망 그 자체였던 상황에서 태화는 1921년 마이어스(M. D. Myers) 선교사에 의해 태화여자관이라는 모습으로 이 민족의 소망으로 우뚝 서게 된 것이다. 이렇게 우리나라 최초로 여성을 주된 대상으로 하는 사회복지실천 전문기관으로 1921년 4월 4일에 공식적인 사업을 시작한 태화여자관은 1920년대 사회가 요구하는 다양한 사업들을 개척함으로써 창설 초기부터 지역사회로부터 주목받는 유명한 기관[19]으로 자리매김 하였다.

  이렇듯 태화여자관을 중심으로 펼쳐진 초창기 태화 사역은 그 자체가 지역사회의 반향을 불러일으킬만한 것이었다. 여성의 권리를 세워가기 위해 애썼던 태화의 초창기 사역은 결과적으로 여성이 바로 서야 아이들과 가정이 건강해진다는 사실을 사회복지실천을 통해서 실증적으로 보여주었다. 즉, 초창기 태화 사역은 당시 가장 취약한 사회계층이었던 여성과 아동에 대한 적극적인 교회사회복지실천이었음을 알 수 있다. 기독교적 가치관에 근거하여 여성의 권리를 신장시키기 위한 '교육·계몽·문화' 복지의 성격을 담고 있었던 혁신적인 교회사회복지실천이었다. 아울러 아동보육과 보건복지를 구현하고자 했던 능동적인 사회복지 활동이자 사회운동이기도 하였다. 이 모든 태화의 초기 사역은 당시의 상황에서 볼 때, 파격 그 자체였으며 사회변혁적이며 문화변혁적인 사회복지 운동이었다.

---

19) 태화여자관이 문을 열자마자 구경꾼과 학생들이 몰려들었다. 원래 태화관은 고급 요정이었다. 마이어스 선교사의 증언에 따르면 고급 요정인 관계로 상류층 여인들의 출입이 제한되었던 태화관을 개관 이틀 전인 1921년 4월 1일부터 2일까지 이틀간 개방하였더니 놀랍게도 무려 3~400여명이 구경하였다고 한다. 이렇다 보니 여성을 위한 기독교 사업체로서 아름답고 진기한 풍경으로 꾸며진 태화관은 복지 사업을 시작하자마자 여성들에게 큰 인기를 끌게 되었다. 태화여자관은 개관한 첫 해를 숨 돌릴 사이 없이 일하는 것으로 보내야 했다.

5) 로버트 윌라드 피어스(Robert Willard Pierce)의 사회복지실천[20]

한국교회 사회복지실천의 또 한 사람의 선각자와 그의 사역을 말하면, 미국인 침례교 목사인 로버트 윌라드 피어스(Robert Willard Pierce, 1914~1978)가 아동 구호 사업을 위해 만든 월드비전을 들 수 있다.

피어스 목사가 한국에 왔을 때, 처음으로 만난 한국 사람은 남대문교회에서 목회하고 있던 김치선 목사였다. 이때 김치선 목사는 피어스 목사가 열정적이고 헌신적인 복음전도자임을 알고는 당시 한국교회가 전개하고 있던 '삼백만 구령운동'에 참여시켰다. 피어스 목사는 기쁜 마음으로 '삼백만 구령운동'에 함께 하였다. 피어스 목사는 한국교회 지도자들과 동역하면서 복음전도 집회 때마다 열정적으로 예수 그리스도를 전했다. 특히 1950년 3월 27일부터 한 달 동안 서울, 부산, 대구, 광주에서 복음전도 집회의 강사로 활약했던 수고는 성령님의 놀라운 역사를 이루어내는 계기가 되었다. 무엇보다도 이 즈음에 피어스 목사는 한국교회의 위대한 목회자인 한경직 목사를 종로에서 만나게 된다. 한경직 목사는 피어스 목사를 영락교회 예배에 초청해서 설교를 하게 했는데 이것을 계기로 한경직 목사는 피어스 목사의 사회복지실천 사역에서 가장 중요한 파트너가 되어서 월드비전의 출생과정과 초기의 구호 및 복음전도 집회에서 지대한 역할을 하게 되었다.

이렇게 활발하게 사역을 감당하고 있던 중 한국전쟁이 발발했다. 대부분의 선교사들이 본국으로 귀환하는 중에도 피어스 목사는 전쟁으로 고통당하고 있는 한국 사람들을 내버려 둘 수가 없었다. 그리하여 우선 피어스 목사는 귀국하여 1950년 9월 22일 미국에 "World Vision"이란 기구를 등록했다. 그리고는 1950년 10월, 피어스 목사는 한국전쟁으로 어려움을 겪고 있는 한국 사람들과 함께 하기 위해 종군기자로 한국에 돌아왔다.

피어스 목사는 기도하며 행동하는 실천적 신앙인이었다. 그는 거제도 포로수용소를

---

[20] 피어스 목사와 월드비전과 관련한 내용은 김희수(2016)가 쓴 "실천사례발표2 예수 그리스도를 따라서 가난으로 억압된 사람들과 함께"에서 인용하였음을 밝힌다.

방문하여 포로들에게 복음을 전했으며 전쟁의 참화 속에서 고통 받는 한국 사람들에게 구호물자들을 전달하였고, 아동들과 청소년들을 돌보는 적극적인 활동을 감당하였다. 무엇보다도 피어스 목사는 가난의 문제를 해결하려는 적극적인 노력을 기울였다. 그가 실천했던 사역의 정신은 오늘날의 월드비전에도 면면히 계승되고 있다.

월드비전은 세계전역을 통한 선교의 개념이나 세계를 새로운 눈길로, 도움을 주어야 하는 사람들의 눈으로 바라보는 것으로 그 개념이 요약된다(민경배, 2001). 월드비전의 활동에는 전쟁미망인, 전쟁고아 구호와 한센병 환자 및 장애인 구호, 북한 돕기 등이 포함된다. 가장 주목할 만한 성과는 세계 사역화의 과정으로 국제사회에서 구호 사업을 시작한 것이다. 해외 지원의 첫 번째 대상국이 방글라데시, 라오스, 베트남, 캄보디아, 소말리아, 수단, 에티오피아 등이었는데, 이러한 활동의 근간에는 복음과 사회복지실천이 한 몸이라는 피어스 목사가 지향했던 믿음의 정신이 있었다.

6) 한경직의 사회복지실천

한경직 목사(1902~2000)는 한국교회의 어느 목회자보다도 먼저 교회가 사회복지실천의 책임을 다해야 한다는 것을 인식한 목회자였다. 그는 교회의 사명이 가난한 자, 병든 자, 나그네를 돕는 것임을 강조했다. 한경직 목사는 예수 그리스도의 십자가 사랑은 상부상조의 생활로 나타난다고 확신하고 있었다. 그래서 그는 가난한 자와 병자를 섬기는 일은 주님을 섬기는 것으로 이해했다. 특히 한경직 목사는 은혜를 서로 나누고 경험을 나누고 물질을 서로 나누는 것이 교회의 본질이라고 여겼다. 그는 교회가 절대 잊지 말아야 할 것으로 소외되고 가난한 이들을 잘 돌보아야 한다고 했다(조용선, 2017: 200).

그래서 한경직 목사는 1937년 신의주 제2교회에서 목회할 때부터 장애를 입은 고아를 돌보기 시작했고, 이후 1939년 5월에는 홀로된 노인과 아동을 함께 돌보는 복합적인 시설을 교회의 자부담으로 설립하여 운영했다. 1945년 해방 후 북한에서 월남한 사람들을 중심으로 영락교회를 세운 후 교회의 적극적인 뒷받침 하에 한경직 목사는 청지기의식의 기본정신을 가지고 사회복지실천을 열정적으로 전개하였다.[21] 우리나라에 사회복지가 정착되기도 전인 1950년대에 각계각층이 참여하는 후원회를 조직하여 사회복지시설을 설립하고 소외된 사람들의 고통을 분담하는 행복한 나눔공동체를 구축하였다. 1957년 10월에는 사회복지사업을 보다 체계적이고 전문적으로 관리 보호하기 위하여 재단법인 영락원(현 사회복지법인 영락사회복지재단)을 설립하였다.

한경직 목사의 사회복지 사상은 긍휼사상, 상부상조사상, 평등사상, 자립사상에 기초하고 있으며 특히 복지는 시혜가 아닌 사회적 약자로서 받을 당연한 권리라는 인식이 강조된다. 한경직 목사의 정신을 계승한 영락사회복지재단은 2018년 현재 아동, 장애인, 노인, 모자, 영유아보육 사업에서 12개의 시설을 운영해오고 있다.

> 내가 주는 물을 마시는 자는 영원히 목마르지 아니하리니 내가 주는 물은 그 속에서 영생하도록 솟아나는 샘물이 되리라.
> (요한복음 4장 14절)

---

[21] 1939년 한경직 목사가 설립한 신의주 보린원이 이후 1947년부터는 영락보린원으로 발전하였다. 1941년 남신의주에 노인관을 설립하였으며 1951년에 부산다비다모자원, 1952년에는 영락경로원을 설립 운영하였다(허준수, 2014).

제3장

:

공공신학과 연구방법

Korean Church
Social Welfare Practice,

Inside
and
Out

[제3장]
공공신학과 연구방법

1. 하나님의 선교와 공공신학

전통적인 선교[22]와는 달리 '하나님의 선교(Missio Dei)'라는 개념은 교회나 인간 대행자가 선교의 주체나 수행자가 아니라는 사실을 명백하게 밝혀준다. 하나님의 선교에 의하면 선교는 먼저 그리고 궁극적으로 창조주, 구세주, 거룩하게 하시는 주이신 삼위일체 하나님께서 세상을 위하여 하시는 일이다. 교회는 이 일에 참여하는 특권을 누리는 것이다(김병길·장훈태 역, 2010)[23]. 즉, 선교는 먼저 교회의 활동이 아니라 하나님의 속성이다. 하나님은 선교의 하나님이시다. 그러므로 하나님의 선교 관점에서 보면 교회가 수행해야 하는 선교란 하나님의 선교에 참여하며 그것을 섬기는 사역이라 할 수 있다

---

[22] 전통적으로 '선교(mission)'라는 용어는 지리적 확장(geographical expansion)을 의미한다. 선교의 의미가 이렇게 지리적 영역에 한정되면 선교는 해외에 나가서 아직 복음을 접하지 못한 사람들에게 복음을 전하는 활동으로 이해된다. 통상 이러한 선교는 일방적인 성격을 띠게 된다. 가령 서구에서 세계의 다른 지역들로 퍼져가는 복음전도 활동으로 인식되는 것을 들 수 있다. 여기서 선교사는 복음 확장의 대행자(agent)가 된다.

[23] 이 부분에 대해 보다 더 자세한 내용은 David J. Bosch(1991)의 Transforming Mission: Paradigm Shifts in Theology of Mission. 김병길·장훈태 역(2010), 『변화하고 있는 선교: 선교신학의 패러다임 전환』 기독교문서선교회, pp. 69-71을 통해 파악할 수 있을 것이다.

(박보경, 2008).

그 결과 선교는 교회 개척이나 영혼 구원과 같은 교회 중심적 목적들에 제한될 수 없다. 다시 말해 하나님의 선교로서 인류와 우주의 온전한 복지를 지향하여야 한다. 그 궁극적인 목적은 하나님나라를 실현해 가는 것이다. 하나님나라는 하나님의 주권적 통치가 이루어지고 그럼으로써 하나님께 대한 충성과 헌신이 나타나는 나라를 말한다(강아람, 2014). 이미 하나님의 나라는 임했으나 아직 완성되지는 못했다. 그래서 모든 피조물, 모든 민족, 모든 인간의 삶을 포괄하는 모든 세상에 대한 하나님의 통치의 회복이 일어나야 한다. 하나님의 선교는 모든 피조물, 인류와 자연을 회복시키는 것이다. 하나님의 선교는 바로 그 하나님나라를 회복시켜 나가는 활동인 것이다(정옥배·한화룡 역, 2010: 32-36). 이것이 바로 하나님의 선교이며 동시에 교회가 감당해야 할 선교의 지향점이다.

따라서 하나님의 선교는 교회 중심적인 관점이 아니라 하나님 중심적인 관점으로 선교를 바라보는 것이다. 교회는 선교의 주체가 아니라는 것이다. 즉, 교회는 선교의 목적이 아니다. 해외에 나가서 교회를 세우는 것만이 선교가 아니다. 그것은 선교의 결과인 것이다. 교회를 세우기 위해서 선교하는 것이 아니며 교회를 세우는 것이 선교의 목적이 아니라는 것이다(정승현, 2012). 교회는 선교의 주체가 아니라 선교는 하나님이 하시는 것이며 보내시는 것은 교회가 보내는 것이 아니라 하나님이 보내시는 것이라는 관점을 의미한다. 선교는 하나님의 보내심에 참여하는 것[24]이다. 선교의 주권이 하나님께 달려 있다는 것이다(정승현, 2007).

---

[24] Rosin(1972)에 의하면 선교는 단순히 개인의 회심, 주님의 말씀에 대한 순종이나 교회를 세우라는 책무에 국한되는 것이 아니다. 선교는 모든 구속된 피조물에 대한 그리스도의 통치를 세우려는 포괄적인 목적을 가지고 아들을 보내시는 하나님의 선교에 참여하는 것이다. 그래서 선교의 가장 높은 신비는 아버지께서 아들을 보내시고, 아버지와 아들께서 성령을 보내신다는 것이다. 여기서 하나님은 보내시는 분일뿐만 아니라 동시에 보내시는 내용이다. 그래서 선교와 더불어 교회는 바로 하나님 자신의 역사가 된다(이형기, 2009 재인용: 51-62).

하지만 이와 같은 하나님의 선교 개념은 한국적인 상황 속에서 예기치 못한 문제들을 야기하였다. 개교회 중심적인 보수신학의 경향이 강한 한국에서 하나님의 선교는 교회의 선교적인 열정을 오히려 축소시키는 현상을 초래하면서 하나님의 선교 안에서 교회의 선교적인 역할을 창의적으로 정립해서 실천하는 데에 미흡한 모습을 나타내었다. 그래서 하나님의 선교는 독재정권을 물리치고, 가난을 해결하며, 민주화를 달성하는 운동으로만 각인되어 결과적으로 역동적인 하나님의 선교가 지향하는 본질은 사라지고, 하나님의 선교를 실천한 후에 드러나는 현상들이 하나님의 선교로 왜곡되고 그 잘못된 이미지[25]는 철저히 박제화되고 말았다. 안타깝게도 보수적인 한국교회 진영에서는 교회의 복음적인 사명이 아니라 사회행동 내지 사회운동 나아가 사회복음을 연상케 하는 이미지로 하나님의 선교 개념이 고착되었다.

그런데 오늘날 세상은 급변하고 있다. 아울러 다양한 영역에서 수많은 욕구와 요구 등이 분출하고 있다. 각 개인의 성향과 집단 및 지역사회가 추구하는 가치 등이 셀 수 없을 정도로 펼쳐지고 있다. 아울러 개인적인 차원만으로는 해결이 불가능한 거시적 차원의 문제들이 산적해 있는 것이 현실이다. 전 지구적인 자원 고갈, 사회적 불평등, 사회경제적 양극화, 환경 파괴 등과 같은 다양한 사회적 문제들이 빈번하게 대두되고 있다. 그에 따라 사회적 책임에 대한 고민이 깊어지게 되었다(손의성, 2014: 311).

사회적 책임이란 사회적인 불평등과 환경을 파괴하는 경제활동에 대한 책임을 인식하고 이 사회가 지속적으로 발전하고 행복한 공동체로 성숙해 가도록 노력하는 제반 활동이라 할 수 있다. 물론 무엇이 행복이며 무엇이 진정한 회복인지에 대한 견해도 다양하게 나타난다. 이렇게 변화무쌍한 현대사회를 주관하는 존재가 하나님이시라고 할 때, 교회의 선교가 감당해야 하는 사회적 책임이 무엇인지에 대한 고민이 커지고 있다. 더

---

[25] 하나님의 선교가 본래 의도했던 내용들이 제대로 펼쳐지지 못했던 것이다. 하나님께서 선교를 위해서 교회를 세우셨고, 교회는 하나님의 선교에 참여함으로 교회는 선교 공동체라는 단순하고도 분명한 선교적인 정체성이 한국의 기독교와 교회에 널리 알려지지 않았다고 판단된다.

이상 개인구원이니 사회구원이니 하는 이분법적인 접근은 효용 가치를 갖기 어렵게 되었다. 전통적인 교회 중심의 선교는 이미 그 수명을 다해가고 있다.26) 오히려 하나님의 선교 개념이 다시금 주목받아야 할 때가 된 것으로 보인다.

그러나 하나님의 선교는 비록 지역사회에서 살아가고 있는 사람들에 대해 초점을 맞추게 하는 면이 있음에도 21세기 현대사회에서 급속하게 확장되고 있는 '무엇이 사회적 책임'이며 '무엇이 진정한 시민의식'인지, 도대체 공공성(Publicness)과 공공선(Common Good)을 왜 실현해야 하는지 등과 같은 난제에 대한 대응을 하기에는 한계가 있다(이형기, 2009).27) 그런 면에서 '지금-여기'라고 지칭되는 바로 오늘 우리 시대 삶의 상황들을 포괄하는 교회 공동체의 사명을 감당해 나가도록 뒷받침하는 신학적 토대가 요구된다.

이와 같은 입장에서 공공성과 공공선을 살펴보면, 공공성이란 공적 영역에서 교회가 의미 있는 종교조직이라는 것을 세상에 설득하는 것으로 정리할 수 있다. 교회도 사실 사회적 제도이다. 사회적 제도가 세상을 향해 의미 있는 가치를 생산하는 구조를 갖추지 못하면 도태될 수밖에 없다. 그런 면에서 교회도 마찬가지라 할 수 있다. 사회적 제도로

---

26) 전통적인 선교 방식은 주로 서구(혹은 한국과 같은 신흥 선교 수행 국가)에 의한 기관, 교단, 선교단체 중심의 형태로 비서구 사회의 복음이 증거되지 않은 지역에서 기관의 확장과 생존에 초점을 두었다. 그런데 그와 같은 접근이 정보화된 과학기술 문명 현실에서 그 효용성과 적절성에 문제 제기가 일어나고 있을 뿐만 아니라 크게 비판받고 있다. 일례로, 과연 그와 같은 선교 방식이 복음의 대상자와 그 지역사회를 위한 것인지, 아니면 선교를 수행하는 기관이나 교단, 선교단체 등에서 일하는 선교사들을 먹여 살리는 선교사들의 밥벌이를 위한 것인지를 도전적으로 질문하는 것이다.

27) 이형기(2009)에 의하면 빌링겐 IMC(Willingen Conference of International Missionary)에서 하나님의 선교 개념이 정립되었고, '하나님의 선교(missio Dei)라는 단어는 Hartenstein이 컨퍼런스 보고서에 처음 이 용어를 사용하였음을 알 수 있다. 이렇게 볼 때, 하나님의 선교 개념은 20세기 중반의 시대적 상황 속에서 그 당시의 사회적인 문제들과 선교적인 과제들에 대한 대응에서 비롯된 것이라 할 수 있다.

서의 역할과 기능을 교회가 하지 않으면 교회도 세상 속에서 존재할 수 없다는 것이다. 또한 공공선이란 내가 좋은 것만 아니고, 네가 좋은 것만도 아니고, 우리가 다 좋아하는 것을 뜻한다. 교회가 말하는 것이 세상에게도 좋다는 것을 보여줄 수 있어야 하는 것이다. 더 나아가면 교회가 피해나 혹은 손해를 보더라도 세상에게 정말 좋은 조직이라는 것을 분명하게 보여줄 수 있어야 하는데 바로 그것이 공공선인 것이다. 이와 같은 교회의 공공성과 공공선에 대한 진지한 탐구, 즉 '신학의 공공성' 모색의 일환으로 '공공신학'이 등장하게 되었다. 공공신학은 현대사회 속에서 기독교와 교회가 개교회주의, 기득권화, 물질주의를 극복하고 진정한 발전과 성숙이 지속적으로 가능한 사회를 위한 공공성을 회복함으로써 사회적 책임을 감당해 나갈 준거 틀을 제공해주고 있다(손의성, 2014: 312-313).

2. 공공신학과 교회사회복지실천과의 관계

교회는 건물이 아니라 말하고 행동하는, 하나님으로부터 부름 받은 '한 사람 한 사람' 이며 동시에 그들의 모임일 뿐만 아니라 어떤 경우에는 고통당하는 하나님의 백성이기도 하다. 이런 의미에서 교회는 하나님과 하나님나라를 향해 가장 뚜렷하게 초점을 맞추는 '현장' 이다(Newbigin, 1989: 222-233). 이와 같은 개념은 교회를 신앙공동체로서 보게 한다. 기독교 신앙공동체인 교회는 그 존재 이유 자체가 모든 곳에 있는 사람들을 위해, 동시에 하나님의 백성이 거주하는 이 세상 속에서 그들을 위한 일을 감당하기 위해 공공신학에 토대를 두고 활동해야 한다. 또한 공공신학은 기독교 신앙을 사적인 일로 제한하지 않고, 공적인 영역에서 선한 영향력을 행사하게 한다. 그렇게 해야 하는 이유로 공공신학은 하나님이 신앙인과 교회만의 하나님이 아니라 우주의 창조주이시기 때문임을 천명한다. 공공신학에서 하나님의 관심사는 단지 교회 공동체만이 아니라 모든 것을 포괄한다. 모든 자연 만물과 이 세상 모든 사람들까지 다 포괄한다(Hainsworth

& Paeth eds., 2010: 17-23).

그러므로 공공신학은 특정한 신조나 신앙고백에만 매몰되지 않고, 이 세상 모든 사람들이 가지는 공동의 관심사를 다루는 신학이다. 구체적으로 공공신학은 개별 그리스도인과 교회 나아가 사회 전반에 걸쳐서 교회 공동체의 신앙을 나타내고자 할 때 활용할 수 있는 형식과 수단을 고민한다(Newbigin, 1989: 182-183). 결과적으로 공공신학은 무엇보다도 신앙을 '사사화(私事化)'하여 개인 구원의 문제로 국한시키는 경향을 경계한다. 교회는 구원받았다고 스스로 인식하는 개인들로만 이루어진 집단이 아니라 하나님의 백성을 발굴하고 성숙시켜 가려는 하나님의 구원 계획이 실현되는 현장이다. 뿐만 아니라 삶의 모든 영역을 하나님의 나라로 만들어 가기 위해 사용하시는 거점이기도 하다.

이런 맥락에서 공공신학은 그리스도인으로 하여금 주일과 가정의 사생활에만 적용되는 제자로서의 삶과 주일을 제외한 날에 학교, 직장에 적용되는 시민으로서의 삶을 분리하지 않기 위해 이원론적 사고를 피하게 도와준다. 그렇게 함으로써 공공신학은 그리스도인들이 그들의 신앙을 삶으로 실천하기 위해 공적 세상, 즉 학교와 기업, 병원, 극장, 식당, 공장 등으로 나아가도록 해 준다(Stackhouse, 1988: 111). 또한 공공신학은 어떻게 그리스도인들이 이 세상에서 복음을 증언할 것인가에 대해 비판적으로 성찰한다. 삶은 제외된 채, 구호로만 외치는 복음 전도는 아무런 사회적 반향도 불러 올 수 없고, 오히려 복음에 대한 반감만 증폭시킬 것이다. 여기에서 공공신학은 그리스도인들이 다른 신앙인이나 신앙이 전혀 없는 이들과도 사회문제의 해결을 위해 공동의 노력을 할 수 있어야 함을 강조한다. 나아가 공공신학은 협업을 할 때, 어느 정도까지 해야 하는 지를 구체적으로 정리한다(Hainsworth & Paeth eds., 2010: ix).

그래서 공공신학은 교회가 좋은 삶의 구현이신 예수 그리스도를 공적으로 증언하는 것에 관한 문제를 다루기도 한다. 하나님 앞에서 다시 말해서, 그리스도 안에서 새로워지고 있는 창조 질서의 경향을 따라 잘 사는 것이 바로 공공신학의 주제가 된다. 기독교 교리는 사랑과 정의, 인간됨의 의미와 실천에 관한 구체적 내용을 제공한다(Volf, 2011:

xvi). 이는 기독교적 가치관과 교리에 근거한 그리스도인의 삶이 곧 '복음의 표현 양식' 임을 전제한다. 같은 맥락에서 교회가 삼위일체 하나님의 역사하심의 표현이 되는 것은 바로 교회가 복음의 표현이기 때문이다. 왜냐하면 교회가 하나님의 백성으로 살아가는 삶은 예수 그리스도의 삶이자 그리스도의 인격과 사역으로 가능해진, 성령을 통해 성자 안에서 누리는 하나님과의 사귐이기 때문이다. 그러므로 삼위일체 신앙은 사적 견해가 아니라 공적 진리이다. 삼위일체 교리는 성부께서 성자와 성령을 통해 가족처럼 친밀한 관계를, 전에는 그분의 백성이 아니었던 사람들에게 확장시킨다는 점을 강조한다 (Newbigin, 1995: 8).

하나님의 뜻을 실현하거나 하나님의 사랑을 실천하는 삶에 관하여 우리가 하는 모든 일과 우리가 받은 소명은 대단히 '공적' 인 사명이 된다. 하나님의 백성 그 자체이자 백성들의 모임인 교회 공동체는 그리스도가 드러나고, 그리스도가 기억되며, 그리스도가 기념될 뿐만 아니라 그리스도가 탐구되는 공적인 현장이다. 그러므로 교회 공동체가 수행하는 교회사회복지실천도 공공성을 갖고 있어야 하고, 그렇기 때문에 공공신학은 교회사회복지실천의 기본 원리들 가운데에 핵심이 된다. 특히 박종삼(2016)[28]은 '복음' 은 진리이며, 그것도 '공적 진리' 라는 뉴비긴(Newbigin, 1995)[29]의 견해를 전적으로 수용하면서 공적 진리로서의 복음에 대한 확신을 갖고, 교회사회복지실천의 신학적 자리매김을 모색해야 한다고 강조했다. 그렇게 하지 않으면 자칫 교회는 '가난한 이웃을 향한 사회복지실천' 과 교회가 운영하는 사회복지시설을 전도의 도구로만 삼을 가능성이 크다는 것이다.

---

28) 박종삼(2016)의 "한국사회의 변화에 대응하는 기독교사회복지실천." 2016년도 춘계 공동학술대회 자료집, 한국기독사회복지학회·한국교회사회사업학회, pp. 8-33을 참조하길 바란다.

29) Newbigin, Lesslie(1995). Truth to Tell: The Gospel as Public Truth. Grand Rapids: Eerdman, p. 8을 참조하길 바란다.

이런 의미에서 공공신학은 교회사회복지실천의 핵심적인 신학 관점으로 삼을 수 있다. 왜냐하면 공공신학은 지역사회를 포함하여 전 지구촌이 하나님나라가 이루어질 선교의 대상으로 보기 때문이다. 그 결과 공공신학에 의하면 교회는 사회 속에서 복음을 전파하고, 모든 사회 현장에서 신학이 적용되게끔 한다. 이러한 공공신학적인 접근은 가난하고 소외된 이웃을 위한 교회사회복지실천을 위해 교회의 직접적인 복지선교 자원과 교회가 동원할 수 있는 다양한 사회자본도 하나님의 복지 자원으로 활용되고 연결되게끔 한다.

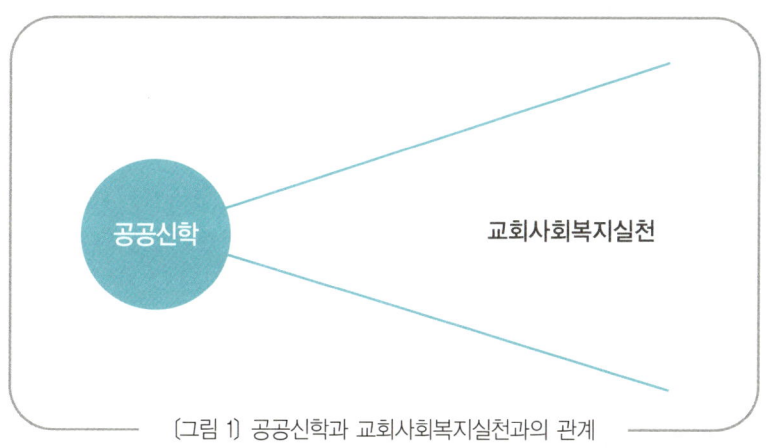

〔그림 1〕 공공신학과 교회사회복지실천과의 관계

3. 연구방법

1) 공공신학 관점의 연구 분석 틀

이상의 공공신학 관점을 토대로 이 책에서는 다음과 같이 4개의 차원으로 연구 '분석 틀'을 설정하면서 각 차원에 따라 구체적인 질문을 도출하였다. 이들 차원들과 질문들을 통해 앞서 정리한 공공신학 관점을 '공공성'과 '공공선'의 개념으로 정리하여 실제적인 연구 분석에 적용될 수 있게끔 했다.

'공공성'은 "공적 영역에서 교회가 의미 있는 종교조직이라는 것을 세상에 설득하는 것", "공적 영역에서 드러나는 교회의 긍정적인 사회적 존재감이 어떠한지"로, '공공선'은 "내가 좋은 것만 아니고, 네가 좋은 것만도 아니고, 우리가 다 좋아하는 것", "교회 사역이 교인 이외의 지역사회와 주민들에게 인식되는 유용한 정도"로 조작적 정의를 하였다. 이렇게 함으로써 공공신학 관점이 무엇인지를 구체화할 수 있었다. 그러나 실제 분석의 과정에서는 두 개념을 통합적으로 적용할 수밖에 없었다. 왜냐하면 개념적으로 구분될 수 있으나 실제 현실에서는 교회의 사회적 존재감과 지역주민들의 긍정적인 평판 등을 '두부 모 자르듯' 구분하기가 어렵기 때문이었다.

〈표 2〉 연구 분석 틀

첫 번째 차원 : 사업의 배경 혹은 필요성
사업이 추진된 배경 혹은 필요성이 '공공성(교회의 본질적인 사명을 실천하기 위함)'과 '공공선(지역사회와 주민들의 욕구에 부응하기 위함)'을 달성하기 위함인가?
두 번째 차원 : 사업의 목표
사업의 목표는 '공공성'과 '공공선'을 지향하면서 지역사회의 문제를 지역사회와 함께 해결하기 위한 것인가?
세 번째 차원 : 사업의 내용과 수행 과정
'공공성'과 '공공선'을 위해 사업 내용이 형성되고, 수행 과정이 진행되었는가?
네 번째 차원 : 사업 결과에 대한 평가
사업을 수행한 후, '공공성'과 '공공선'이 달성되었는지를 평가하였으며 평가 결과를 제대로 반영하였는가?

이와 같은 연구 분석 틀을 통해 한국교회가 수행하는 사회복지실천과 실제 운영하는 사회복지시설의 다양한 사업들이 갖고 있는 성격과 향후 해결해야 할 과제를 파악하고자 한다. 그런 다음 이를 바탕으로 한국교회의 사회복지실천에 대한 구체적인 전망을 제시해 볼 것이다.

2) 분석 방법

이 책은 한국교회의 사회복지실천과 관련된 각종 문헌자료들을 분석하고 활용하는 연구방법으로 집필되었다. 즉, 다양한 자료들을 검색하고 취합한 후, 취합한 자료들을 교단별, 법인별, 교회별로 묶어 각각의 단위 사례로 설정하였다. 그런 다음 이를 주제별로 목록화해서 그 내용을 면밀하게 분석하였다. 그런 후에 분석된 내용들을 중심으로 구체적인 서술을 하였다.

이 책의 연구 분석 대상과 범위는 3개의 상위 영역으로 설정하였다.
첫째는 교단 차원의 사회복지실천 사례들을 1개의 상위 영역으로 묶어내고자 했고, 이는 하위 2개의 영역으로 세분화되었다. 즉, 하나는 각 교단별 사회복지실천의 정책에 관련된 내용이었고, 다음은 그에 따른 실제 사업 내용이었다.
둘째는 기독교사회복지법인 차원의 사회복지실천 사례들이었다. 여기에서도 하위 2개의 영역으로 나눠졌다. 하나는 단체, 즉 NGO 중심의 기독교사회복지법인의 사업이었고, 두 번째는 개 교회가 설립한 기독교사회복지법인의 사업이었다.
셋째는 '사단법인 기독교윤리실천운동 사회복지위원회(이하 기윤실)'에서 총 10회에 걸쳐 발간한 〈지역사회와 함께 하는 교회상 시상식 자료집〉에 기술된 사례들[30]과 월간

---

30) '기윤실' 홈페이지에 탑재되어 있는 '기윤실'로부터 수상 받은 교회들이 제출한 '사역 보고서'의 내용을 분석 대상 사례로 삼아 진행하였다. 그런 후에 106개 교회를 2018년 4월부터 5월까지 추후

'목회와 신학'에서 기사로 소개된 교회 사례들[31]이었다.

그런데 교단 및 기독교 사회복지법인의 사례들 가운데에서 '기윤실' 및 '목회와 신학' 사례와 중복이 되는 경우가 일부 있었는데 이럴 때는 이들 사례들에 관한 내용은 '기윤실' 및 '목회와 신학' 사례에서 다루었다. 그 결과 '기윤실' 및 '목회와 신학' 사례들이 집중적인 조사 분석 대상이 되었다. 왜냐하면 첫째와 둘째에 속한 사례들인 교단 및 기독교 사회복지법인의 사업들은 고지된 관련 홈페이지 자료들의 내용들이 제 각각 천차만별이어서 심도 있는 분석을 하기에는 한계가 있었다는 것이다.

따라서 체계적인 사례 분석은 '기윤실' 및 '목회와 신학' 자료를 대상으로 하였다. '기윤실' 및 '목회와 신학' 자료로 한정할 수밖에 없었던 이유로는 앞서 언급한 내용을 통해서도 이미 유추할 수 있으리라 본다. 즉 실제 수행되었던 한국교회의 사회복지실천 사례들 가운데에서 객관적인 자료로 인정할 수 있고, 동시에 수집 가능한 경우가 거의 없었기 때문이다. 한국교회의 사회복지실천과 관련된 객관적인 자료를 찾기 어려운 여건에서 '기윤실' 및 '목회와 신학' 기사 자료는 매우 높은 신뢰성과 타당성을 갖고 있는 것으로 판단된다.

특히 '기윤실'의 자료는 무엇보다도 '시상'을 위해 주최 측에서 제시한 표준화된 형태의 문서로 공모에 응하는 절차를 거쳤다는 장점이 있다. 그런 후, 전문가들에 의한 객관적이고 공정한 선발 과정을 통해 선정된 모범 사례들이었다. 더욱이 '기윤실' 자료의

점검하였다. 그 결과 87개 교회가 지속적으로 수상 받은 사업들을 시행하거나 보다 더 발전적인 모습으로 확대해 나가고 있었다. 그럼에도 이 책에서는 조사 대상 교회 사례의 현재 상황은 제외하고, 공개된 '기윤실' 자료를 분석하는 것으로 한정하였다. 그래서 사업이 종료되었거나 축소된 경우를 담아내지 못했을 가능성이 한계가 된다.

[31] 2014년 1월호부터 2017년 12월호까지 월간 '목회와 신학'에서는 모범적인 국내외 교회들을 기사로 다루었는데 그와 같은 교회들 가운데에서 한국교회의 사회복지실천으로 볼 수 있는 사례들을 조사 분석의 대상으로 선정하였다.

특성은 주최 측에서 제시한 형식에 맞춰 각 개별 교회들이 실행하고 있는 교회사회복지실천들을 사업의 배경(필요성), 목표, 내용, 결과(평가) 등을 담아 기술하게 되어 있어서 제출된 각각의 단위사업들을 비교하여 살펴보고자 할 때 매우 편리하였다. 실제로 '기윤실'의 자료는 조사 분석을 수행하는 데에 매우 용이하였다. 또한 '목회와 신학' 기사 자료는 가장 최근의 교회사회복지실천의 내용을 담고 있었으며 아울러 기사화된 자료를 확인할 수 있는 홈페이지나 인터넷 블로그, 신문 및 미디어 자료 등을 부가적으로 활용할 수 있었다. 그래서 '기윤실' 및 '목회와 신학' 자료들을 검색하고 취합한 후, 이를 주제별로 목록화해서 그 내용을 면밀하게 분석하였다. 그런 다음 분석한 결과들을 토대로 시사점들을 찾아내고자 했다.

> 온갖 좋은 은사와 온전한 선물이 다 위로부터 빛들의 아버지께로부터 내려오나니 그는 변함도 없으시고 회전하는 그림자도 없으시니라. (야고보서 1장 17절)

제4장

들여다보기
한국교회 사회복지실천 사례 분석 결과

Korean Church
Social Welfare Practice,

Inside and Out

[제4장]

들여다보기

한국교회 사회복지실천 사례 분석 결과

1. 교단 차원의 사회복지실천 사례

한국교회의 사회복지실천에 대한 관심이 증대되면서 교단적인 차원에서 상설부서 및 산하 재단을 설립하여 운영하는 경우가 여러 교단을 통해 구체적으로 이루어지고 있었다. 총 12개 교단을 중심으로 살펴보았다.

1) 각 교단별 사회복지실천과 사회복지시설 운영 정책

각 교단의 사회복지실천과 사회복지시설 운영의 정책을 파악하기 위해서는 교단에서 천명하고 있는 신학선언과 지침서의 내용을 살펴볼 수 있다. 이를 통해서 분명하게 알 수 있는 것은 아래에 제시한 교단들의 경우 구체적이며 실제적인 교회사회복지실천의 이념을 나타내기 위해서 큰 노력을 경주하고 있다는 것이다. 그 내용을 구체적으로 살펴보면 다음 〈표 3〉과 같다.

〈표 3〉 각 교단별 설립목적과 사회복지정책 내용

순	교단명	설립년도	설립목적	사회복지정책 내용
1	구세군 대한본영	1908	'복음으로 세상을 변화시키는 군대'라는 구세군의 정체성에 따라 영혼구원, 민중계몽, 여성지위향상, 시대적 상황에 따른 사회구원	영적 복음과 물적 복음으로 표현되는 개인 구원과 사회구원을 목표로 ① 가난한 자의 구원사업, ② 지속적으로 기회와 능력을 공급받을 수 있도록 교육·훈련, ③ 스스로 정신적·육체적으로 자립해서 선교요원으로 재생산되도록 지원, ④ 소외된 계층과 공감을 통한 동행과 성장, ⑤ 지역사회 전문가들의 역량강화 및 전문성 향상을 도모한다.
2	기독교 대한감리회	1885	그리스도인의 복음 체험을 바탕으로 적극적인 사회참여를 통해 복된 사회를 이루어 하나님의 뜻이 실현된 인류사회 추구	사회신경 제6항 "복지사회 건설: 우리는 부를 독점하여 사회의 균형을 깨뜨리는 무간섭 자본주의를 거부하며 동시에 인간의 자유를 억압하는 전체주의적 사회주의도 배격한다. 우리는 온 국민이 사랑과 봉사의 정신으로 서로 도우며 사는 복지사회 건설에 매진한다."
3	기독교대한 성결교회	1907	국내외에 그리스도의 복음을 전파하여 모든 영혼들이 구원받고 성령세례를 전하여, 교회로 하여금 거룩하게 되기를 힘쓰기 위해 교회를 설립	성결의 복음은 '사회적 성결' 없이는 온전한 복음이 될 수 없어, 중생, 성결, 신유, 재림의 사중복음을 더욱 힘 있게 전하여 모든 사람을 중생하게 하며 교인들을 성결한 신앙생활로 인도하여 주의 재림의 날에 티나 주름 잡힘 없이 영화로운 교회로 서도록 돕는다. 교인의 복지사업, 수행사업, 구호사업, 교단 복지시설 운영 및 관리, 긴급재난구호단을 운영한다.
4	기독교 한국침례회	1889	캐나다 독립선교사 말콤 펜 윅(MALCOM C. FENWICK)의 선교사업으로 출발하여 전도와 선교를 지상목표로 신앙정신 구현	총회기관으로 침례신학대학교, 침례병원, 침례신문, 군경선교회, 교역자복지회, 해외선교회 등이 있으며, 재단법인 기독교한국침례회유지재단을 통해 사회사업을 수행하고 있다.

순	교단명	설립년도	설립목적	사회복지정책 내용
5	대한성공회	1889	예수 그리스도의 가르침을 따라 복음의 기쁜 소식을 세상과 모든 창조 질서에 선포하고 나눔과 섬김을 통한 사회참여 실천	교회의 근원되시는 예수 그리스도의 발자취를 따라 복음의 전파와 사랑의 실천이라는 사명을 가지고 가난한 사람들의 복음화에 기여하고 봉사하는데 그 목적을 둔다. 나눔과 섬김의 영성을 근거로 사회적 소수자와 가난한 사람들의 생성 배경과 사회경제적 조건을 타파하여 가난한 사람들과 함께 생활한다.
6	대한예수교 장로회 고신총회	1948	일제 강점기 신사참배 반대를 통해 한국교회의 재건 운동 실천	본 교단에 소속된 교역자와 국외 파송자 및 총회산하 기관에서 근무하는 교역자의 퇴직, 공무중 부상으로 인한 은퇴 후의 생활비 보조와 사망시 유족의 생활비 및 복리향상을 위해 미리 일정액을 적립해 두는 은급제도를 운영한다.
7	대한예수교 장로회 (통합)	1876	교회와 사회 사이에서 빛과 소금의 역할	사회선교지침 중 사회선교지표 "① 민주 발전과 참여의 증진, ② 정의구현과 약한 자에 대한 관심, ③ 통일의 모색과 세계 평화에의 기여, ④ 창조적 민족문화 발전에의 기여." ('거룩한 교회, 다시 세상 속으로'와 연관하여) 마을목회의 핵심인 '사회적 경제'를 중심으로 삼고 기존의 사업을 배치한다.
8	대한예수교 장로회총회 (백석대신)	2015	한국 교회의 부흥과 갱신을 위한 모범과 세계 선교를 위해 대신 교단과 백석 교단이 하나가 됨	봉사적 자세로서의 교회의 선교 사명 완수를 비전으로 함
9	대한예수교 장로회총회 (합동)	1912	그리스도의 복음을 전하는 사명 감당	교단 차원에서 한국교회의 대내외적인 섬김과 나눔의 사역에 동참하며, 도움의 손길이 필요한 곳곳 하나님의 사랑과 복음을 전하는 일에 최선을 다한다.

순	교단명	설립년도	설립목적	사회복지정책 내용
10	대한예수교 장로회 (합신)	1981	장로교 정치원리인 '양심의 자유'와 '교회의 자유'를 따라 바른 신학(딤전 6:3, 딤후 1:13), 바른 교회(딤전 3:15), 바른 생활(약 1:27)을 이념으로 하여 참신한 개혁주의적 신앙운동을 펴 나아가고자 설립	창립선언문에서 복음을 받던 교회에서 주는 교회(행 20:35)가 되길 천명함. 총회규칙에 따라 사회복지부를 두어 '각종 구제사업과 복지사업에 관한 일을 주장하며 순교자 유가족의 구제에 유의한다.'
11	예수교대한 성결교회	1907	미국인 C. E 카우만과 E. A 길보른이 예수를 믿고 구원의 확실한 체험을 받은 후, 구령에 불타는 심정으로 동양 모든 나라에 성결의 복음을 전하려는 사명을 가지고 설립	사회복지국은 헌장 제89조 7항에 의하여 ① 사회복지업무와 교회의 복지활동에 관한 사항, ② 복지법인 설립을 위한 업무에 관한 사항, ③ 후생복리를 위한 제반업무에 관한 사항, ④ 장학위원회, 사회복지위원회, 천사운동에 관한 사항의 방향으로 사업을 실천한다. 또한 목회자 최저생계비 해결, 은급재단 활성화, 사회복지법인 설립, 상담소 활성화에 초점을 둔다.
12	한국기독교 장로회	1879	가난하고 소외된 이웃을 위해 일하시는 예수 그리스도의 제자가 되어 지역사회를 변화시켜 모든 민족이 평화롭게, 함께 살아가는 대안공동사회 건설	기독교신앙에 기초하여 인간의 삶의 질을 높이고, 이를 위한 지역사회의 변화와 함께 사회구성원 개개인의 삶의 갱신을 동시에 추구하는 통전적인 복지를 실천한다. 사회선교정책 "① 정의와 평화공동체 선교, ② 민중 지향적 사회선교, ③ 사회이념의 선도, ④ 세계패권주의와 군사, 정치, 경제 지배체제의 극복, ⑤ 남북한 분단현실의 극복, ⑥ 폭력사용의 죄성과 신앙적 결단, ⑦ 교회의 정치적 발언과 정치참여"

　　각 교단의 사회복지실천과 사회복지시설 운영 정책을 정리해 본 결과, 크게 두 가지로 그 이념적 특징들이 나타났다.

첫째는 교회의 본질을 지켜가면서 동시에 그 본질을 적극적으로 드러내는 통로로서 사회복지실천과 교단 산하 사회복지시설들의 사업들을 수행하고자 노력하는 것으로 나타났다. 여기에서 교회의 본질은 예수의 삶을 지향하는 데에 있는 것으로 해석할 수 있다. 실제로 각 교단의 사회복지정책의 핵심은 예수님의 정신과 예수님의 삶이 만나도록 하는 데에 있었다. 즉 예수님의 삶을 따라가는 참된 교회는 '지금 여기(now & here)'에 예수님을 닮은 참 사람들이 모인 공동체로서 존재하여 사람들이 역사적 예수님을 인격적으로 만나는 통로가 되도록 해야 하며 그와 같은 일을 뒷받침하는 가장 중요한 접근이 교회사회복지실천이라고 강조되고 있었다.

둘째는 각 교단이 지향하는 사회복지정책은 일반 사회복지실천의 가치와 철학, 이념 등과는 달랐다. 행위의 결과로 나타나는 다양한 선한 열매는 동일하거나 유사할 수 있을지 모르나 근본이 되는 실천의 토대는 일반 사회복지실천과는 다르게 설정되어 있었다. 즉 일반 사회복지실천의 가치는 '인간에 대한 존엄성'과 분배적 차원의 '사회정의'를 실현 하는 것으로 요약할 수 있는 반면 각 교단의 사회복지정책은 예수 그리스도의 복음이 이 세상에 전파되고 하나님의 사랑과 공의가 실현되게끔 하는 데에 초점을 두고 있었다.

예수 그리스도의 복음은 십자가와 부활을 통해 나타난 하나님 사랑의 계시이며 인류 구원의 행동이다. 죄와 타락으로 말미암은 하나님과 인간 그리고 세상 사이의 관계성의 간격과 왜곡, 손상과 파괴는 그리스도의 대리 속죄와 화해의 사역을 통해 회복과 치유가 이루어지고 온전하게 된다. 바로 이 예수 그리스도의 복음이 이 땅에 현실화 되도록 하는 구체적인 활동이 교단들이 추구하는 교회사회복지실천임을 알 수 있었다.

또한 각 교단의 사회복지정책의 이념들에는 일반 사회복지실천에서 지향하는 '사회 정의'를 뛰어넘는 성서적 의미의 '샬롬'의 정신이 담겨져 있었다. '샬롬'은 온전함, 치유, 정의, 올바름, 평등, 연합, 자유 그리고 공동체를 의미한다. 그런데 사회적이며 경제적인 불평등, 정치적 억압과 갈등은 온 인류의 샬롬을 향한 하나님의 뜻을 대적하고 거역하는 것이다. 그러므로 샬롬의 정신으로 구현하고자 하는 정의와 평화는 개인적이며 사회적이며 영적이고 정치적이며 관습적이고 구조적인 삶의 모든 영역에 관련된다. 이런 맥락에서 각 교단의 사회복지정책의 이념들은 샬롬에 기초한 하나님나라를 이 땅에 실현하는 교회 공동체의 소명과 과제로 봐도 무방할 것이다.

2) 각 교단의 실제적인 사회복지실천과 사회복지시설의 운영 사례

각 교단의 사회복지실천과 사회복지시설의 운영을 살펴보면 사회적 취약계층의 어려움에 대한 대응과 긴급재난구호, 지역사회의 현안 등을 해결하기 위한 다양한 사업들이 수행되고 있음을 발견하게 된다. 그 내용을 구체적으로 살펴보면 다음 〈표 4〉와 같다.

〈표 4〉 각 교단별 사회복지사업 부서와 주요사업

순	교단명	사업부서	주요사업
1	구세군 대한본영	사회복지부	아동·청소년복지사업(후생원, 어린이집, 지역아동센터), 여성복지사업(여성의집, 그룹홈), 노인/장애인복지사업(복지관, 양로원, 요양원, 주간보호센터 등), 지역사회복지사업(복지관, 푸드뱅크), 노숙인/재활사업(자활센터), HIV/AIDS(공동체 운영), 재활용사업(희망나누미), 상담사업
2	기독교 대한감리회	기독교대한감리회 사회복지재단	10개의 보육시설, 7개의 여성복지시설, 10개의 종합사회복지관, 5개의 노인복지관을 비롯한 총 25개의 노인복지시설, 7개의 장애인복지시설, 3개의 지역자활센터, 기타 18개의 사회복지시설 운영
3	기독교대한 성결교회	기독교대한성결교회 유지재단	국내외 선교사업, 교육사업, 구호사업, 사회사업 및 복지사업 시행
4	기독교 한국침례회	재단법인 기독교 한국침례회유지재단	병원 및 극빈자 구제, 납골시설에 관한 사업, 어린이집, 지역아동센터, 노인복지시설, 재가복지시설, 복지관 등의 사회복지시설 운영 및 수탁사업 수행

순	교단명	사업부서	주요사업
5	대한성공회	사회선교국	각 나눔의집(총 9개)의 협의체인 나눔의집협의회와 전문복지시설(종합사회복지관, 장애인복지관, 노인복지관, 장애인직업재활시설, 장애인그룹홈, 이주노동자를 위한 샬롬의 집 등 총 70여개)로 구성되어 있는 사회복지시설협의회 운영
6	대한예수교 장로회 고신총회	재정복지부 사회복지위원회	육영사업, 의료구호사업, 복음전도사업, 사회복지사업, 사회복지세미나
7	대한예수교 장로회총회 (통합)	사회봉사부	경건절제환경/녹색교회운동, 환경선교정책협의회, 환경활동가양성사업, 사회복지선교현장개발활성화, 사회선교정책개발, 사회봉사 사회선교 훈련사업, 특별/국내외재해/긴급구호활동, 인권 및 사회문제 대응, 교회와 사회포럼, 독도 및 일본의 역사왜곡 대책
8	대한예수교 장로회총회 (백석대신)	사회복지부	총회 회관 마련, 농어촌 미자립교회 지원 활성화, 목회자 연금제도 도입 준비, 해외선교 활성화, 선교사 국민연금 가입
9	대한예수교 장로회총회 (합동)	총회 사회복지재단	총회 산하 교회와 각 기관의 사회복지시설 설치 및 운영 지원, 총회 사회복지(노인·여성·아동·청소년·장애인·지역사회복지) 네트워크 구축
10	대한예수교 장로회 (합신)	사회복지부 합신총회유지재단	1996년 총회헌법에 따라 재단법인 대한예수교장로회합신 총회유지재단을 설립하여 선교사업(선교사 파송, 교회개척, 선교정책연구, 선교세미나), 전도사업(전국복음화와 농어촌 미자립교회 지원), 사회복지사업(양로원, 고아원, 부랑인보호소, 복지원), 법인 및 각 소속 지교회 재산의 보호 관리, 기타 법인의 목적달성에 필요한 사업 수행
11	예수교대한 성결교회 총회	사회복지국	어린이집, 지역아동센터, 노인복지센터, 실버타운, 상담소 등 전국에 110여개의 기관 운영

순	교단명	사업부서	주요사업
12	한국기독교 장로회총회	복지선교부 (한기장복지재단)	8개의 종합사회복지관과 9개의 장애인복지관, 5개의 노인여가복지시설과 1개의 청소년시설 등을 비롯하여 지역사회 대상 위탁사업 및 지원사업, 교육사업 및 프로그램 컨설팅, 북한동포 및 해외지원사업, 물품배분사업, 기독교사회적 기업지원센터 사업 등을 시행

이상에서 보게 되는 각 교단별 사회복지사업 부서와 주요사업의 내용들은 대체로 일반 사회복지실천에서 수행하고 있는 사업들과 유사해 보인다. 선교 사업 혹은 복음전도 사업 등으로 따로 떼어낸 경우를 제외하고는 일반 사회복지실천과 차별화되어 보이지 않았다. 이런 현상은 각 교단의 주요사업들 가운데에 상당수가 중앙정부, 광역정부, 기초정부 등으로부터 수탁 받아 정부 보조금을 통해 사업 운영을 하고 있는 것으로 예측하게 한다. 이는 공공영역과의 유기적인 연계에 기초하여 지역사회의 다양한 문제들을 해결하기 위해 교단과 교회가 적극적으로 사회복지실천을 수행하는 것으로 평가된다.

그런데 모순되는 사항들이 발견된다. 앞서 살펴본 각 교단의 사회복지 정책의 내용은 '교회의 본질적인 사명인 복음전도와 하나님나라의 구현'을 추구하고 있는데, 정작 각 교단이 추진하는 사업들은 일반 사회복지실천에서 지향하는 모습과 크게 다를 바가 없어 보인다는 것은 깊게 생각해 볼 문제이다. 사실 20여 년 전까지만 해도 지역사회에서 정부의 지원을 받아 정부와 함께 사회복지실천을 수행하거나 사회복지시설을 운영할 만한 사회복지 조직이 부족했기 때문에 기존의 사업들을 전면적으로 부정하거나 폄하할 수는 없다.

더욱이 교회는 세상의 사회복지 제도나 프로그램이 하나님의 뜻에 맞게 실행되도록 최선의 노력을 해야 한다. 여기에서 사회개혁적인 교회의 역할과 책임이 요구된다. 아울러 교회가 도울 수 없는 가난한 이웃들에게 공공 사회복지 프로그램의 혜택을 받도록 연계 시켜 주어야 하는 것도 교회사회복지실천의 책무이다. 즉, 지역사회의 사회복지 사업과 프로그램에서 소외되는 가난한 이웃들을 찾아내어 그들에게 서비스에 적법한 수혜자의 권리를 부여해 주는 것은 중요한 업무이다. 그럼에도 정책적 이념과 방향이 실제 실행되는 사업들과의 논리적인 연결은 이루어져야 하겠다는 문제제기를 할 수 밖에 없다.

이제는 한국교회가 '왜 지역사회에서 사회복지실천을 해야 하는지', '사회복지시설을 운영하는 목적은 과연 무엇인가'에 대한 근본적인 성찰이 있어야 한다. 필요하니까 한다는 인식에서 왜 해야 하는지에 대한 분명한 자기성찰이 요구되는 것이다. 그렇지 않고서는 정부 보조금을 지원받아 사업을 하면서 교회가 지역사회에서 생색을 낸다는 지역사회의 오해를 지속적으로 방치하는 결과를 초래할 수 있다. 왜냐하면 아무리 실제로 한국교회가 자부담을 충실하게 할 뿐만 아니라 진정성 있게 사회복지실천을 한다고 하더라도 현재의 한국교회 이미지로는 순수하고 헌신된 모습을 지역사회에 긍정적으로 이해시키기가 쉽지 않아 보이기 때문이다.

그렇다면 냉정하게 현실을 파악하고 그에 따라 대응해야 한다. 주요사업들마다 일반 사회복지실천의 윤리적 수준을 크게 뛰어넘을 수 있는 가치경영의 토대 위에서 실천 개입이 진행되어야 한다. 즉 한국교회의 사회복지실천은 이용자의 욕구중심 서비스, 사회정의에 대한 통찰과 용기 있는 실천, 인간존엄성의 추구, 인간관계의 중요성 인지, 성실함을 동반해야 한다. 뿐만 아니라 사랑, 진실, 정의 등 일반 사회복지실천의 윤리적 통찰력과 투명성보다도 훨씬 앞서야 한다.

---

32) 예수님은 말씀이 육신으로 오신 분이시다. 그 중심 이념은 '내려가서 하나 되기'다. 그래서 지옥의 흑암이 아무리 깊을지라도 십자가의 빛이 뚫고 들어가지 못할 만큼 어둡지는 않다고 할 수 있다. 왜냐하면 예수님이 우리를 위해 하늘 보좌를 버리고 인간의 몸을 입고 이 세상에 내려 오셨기 때문이다. 그것으로 부족해서 우리의 모든 죄를 짊어지고 비참한 죄수의 자리에까지 내려 가셨기 때문이다. 우리를 위해 내려갈 수 있는 데까지 내려가셨기 때문이다(에베소서 3: 17-19).

나아가 성육신의 영성에 기초한 이용자 중심 사회복지실천의 현장성을 추구하는 실천 전략이 구체화되어야 하며 나아가 영성이 각 단위 사업의 목표에 녹아져서 실제 사업 수행으로 펼쳐져야 한다. 이러한 성육신의 영성은 사회복지실천의 가장 기본적인 태도인 이해(understanding)와 공감의 모범이 된다. 성육신의 영성32)에 기초한 교회의 사회복지실천과 사회복지시설 운영은 첫 사랑과 뜨거운 가슴을 유지한 채 가장 현장적인 활동으로 채워지게 된다. 어려운 사람들과 함께 울고 웃으며 성육신의 영성으로 복지대상자들과 함께 하는 사회복지실천으로 나타난다. 이렇게 영성이 주도하는 사회복지실천은 복지대상자(client) 중심, 복지대상자 우선, 그리고 복지대상자 참여의 사회복지실천 윤리와 가치의 기초를 견고히 하게 한다. 동시에 '지금-여기(now & here)'를 추구하는 사회복지실천의 현장성을 추구하게 한다.

2. 기독교 사회복지법인 차원의 사회복지실천 사례

사회복지사업을 전문화하고 특히 정부나 지방정부와의 파트너십을 갖기 위한 전제조건으로서의 사회복지법인 설립과 운영은 이제 기독교 및 교회의 사회복지실천에 있어서도 주요한 작업이 되었다.

국내 온라인 포털 네이버(Naver)에서 '교회, 기독교, NGO, 재단, 법인, 복지'를 검색어로 검색한 결과 3,701개의 웹사이트가 검색되었다. 그 중 기사자료를 제외하고 기독교 정신으로 설립되어 운영되고 있는 사회복지법인, 재단법인, 사단법인이 총 80개로 나타났다. 그 중 단체 중심의 법인 55개와 개 교회에서 설립한 법인 25개를 구분하여 분석하였다.

1) 단체 중심의 기독교 사회복지법인과 사업 운영 사례

단체는 주로 NGO를 의미하는데 이들 NGO 단체들이 설립한 기독교 사단법인 및 사회복지법인은 총 55개로 이들 법인에서 수행하고 있는 구체적인 사업 내용은 다음 〈표 5〉와 같다.

〈표 5〉 단체 중심의 주요 기독교 사회복지법인별 사회복지사업

순	재단명	설립년도	설립목적	주요사업
1	개척자들	2001	평화 실현을 위해 인류 사회가 겪고 있는 심각하고 위험한 현장에 가장 먼저 나가서 하나님나라의 공의와 평화와 기쁨을 전파할 그리스도의 군사들을 모집하고 훈련하여 파송	평화교육, 평화기행, 평화캠프 등 국내외 연대활동 추진 월드서비스, 긴급구호(로힝야, 인도네시아, 동티모르, 말레이시아, 파키스탄)
2	거제도 애광원	1952	한국전쟁 시기 피난민들이 내다 버린 영아 7명을 보살피기 시작해 영아보육시설로 확대, 1978년 지적장애인을 위한 시설로 전환하여 운영	지적장애인 거주시설 애광원, 장애인요양거주시설 민들레집, 장애인공동생활가정 성빈마을, 장애인직업재활시설 애빈, 거제애광학교, 옥수어린이집, 기타 부속시설 운영
3	국제 푸른나무	2010	인도적 대북지원단체로 출발, 우리의 형제인 북한과 사랑을 나누고, 청년 인재를 키워 미래를 준비하고, 한민족 디아스포라와 힘을 합하여 뉴코리아 건설	대북사업 : 대북 장애인 지원, 대북 어린이 지원, 보건복지 지원, 남북문화 교류, 장애인 예술·체육 지원 국내사업 : 통일리더캠프, 통일콘서트, 통일세대를 위한 포럼, 통일 전문가 양성사업
4	굿네이버스	1991	한국을 대표해 전 세계인에게 희망을 주는 역할을 감당하고자 설립	국내전문복지사업, 국제구호개발사업, 사회개발교육사업, 인도적 지원사업, 해외자원봉사사업, 대북지원사업
5	글로벌케어	1997	지구촌의 가난하고 소외된 이웃들에게 의료와 복지의 손길을 통해 사랑과 희망을 전하기 위해 설립	의료지원사업, 건강증진사업, 의료비 지원 사업, 회원병원(국내 무료이동진료, 국내외 긴급구호 자원봉사활동 및 대상자들을 위해 의료서비스 제공)

순	재단명	설립년도	설립목적	주요사업
6	기독교 세진회	1968	갇힌 자들이 변화되어 새롭게 세상을 향해 나아가는 것을 돕고자 설립	교정복지사업(수용자 지원, 출소자 지원, 교정사역자 지원), 수용자가족 돌봄사역(가족만남의 날 지원, 꿈나무 수련회, 수용자자녀 멘토링), 교육교화사역(자원봉사자 양육교육, 화해와 용서 프로그램), 홍보/기념사역(세진 음악회)
7	기독교 연합봉사회	1955	기독교정신을 바탕으로 사회복지사업법 규정에 의한 종합복지사업을 수행하여 지역사회발전과 사회복지증진에 기여하고자 설립	후생학원, 산내종합사회복지관, 재가복지봉사센터, 어린이회관, 행복한우리복지관, 용두어린이집, 부사어린이집, 예빛어린이집 운영
8	기독교윤리 실천운동	1987	하나님의 말씀인 성경과 정통적 기독교신앙을 기본 이념으로 복음에 합당한 윤리적 삶을 살아가는 정직한 그리스도인과 신뢰받는 교회가 되도록 섬기며 정의롭고 평화로운 사회를 만들고자 설립	자발적불편운동(교회와 함께하는 자발적불편운동, 자발적불편운동 캠페인), 교회신뢰운동(목회자 세상읽기 뉴스레터, 투명한 재정운동, 신뢰도 여론조사 다시보기, 교회세습반대운동, 교회재정건강성운동), 좋은사회운동(부채해방운동, 공명선거운동, 투명성운동), 바른가치운동(바른가치TF, 바른가치 세미나), 청년운동(청년TNA (TALK&ACTION) 7기, 청년월례포럼 '슬기로운 청년생활'), 기독교윤리연구소, 기윤실 사회복지위원회, 기윤실 교사모임 등의 자치운동과 여러 기독시민단체들과 협력운동 진행
9	기아대책	1989	예수 그리스도의 사랑을 나누기 위해 사람을 보내어 사람을 변화시키고 그가 속한 공동체를 변화시키고자 설립	8개의 복지사업센터와 8개의 복지관, 44개의 행복한 홈스쿨 등을 통해 생계주거지원, 교육지원, 문화정서지원, 건강의료지원 등을 하는 국내복지사업과 국제구호개발, 북한사업 등을 진행

순	재단명	설립년도	설립목적	주요사업
10	나눔과기쁨	2004	'소외된 사람이 없는 세상 만들기'를 추구하며 읍면동 단위에서 진행되는 민간사회안전망 운동 단체로 전국 작은 교회 목회자들의 참여로 출발	국내사업 : 풀뿌리민간복지육성, 반찬나눔운동, 발마사지봉사, 푸드뱅크, 복지개혁, 위기의전화, 미소금융, 나눔기자교육, 청소년사업 국제사업 : 국제구호사업, 국제개발사업, 북한동포직접돕기
11	나섬공동체	1996	외국인근로자들과 이주민들을 섬기는 사역으로 출발해 '나그네를 섬기고, 나눔으로 섬기고, 나아가서 섬기는' 사역으로 확대	서울외국인근로자선교회, 나섬교회, 재한몽골학교, 몽골울란바타르 문화진흥원, 나섬어린이집, 뉴라이프미션 동대문비전센터, 사랑나눔가게 운영
12	남북나눔	1992	민족의 화해와 평화통일에 기여하기 위해 설립된 국내 최초의 대북지원 민간단체	북한어린이돕기운동, 북한농촌시범마을조성사업, 긴급구호, 연해주 고려인 돕기, 베트남 가가호호 프로젝트
13	다니엘	1955	경천애인(敬天愛人)의 기독교정신으로 전쟁고아들을 위한 수용·보호시설로 설립되었으나 1972년부터 지적장애인 거주시설, 특수학교, 직업재활시설로 확대운영	다니엘복지원, 다니엘학교, 다니엘직업재활원, 다니엘주간보호센터, 다니엘단기보호센터, 방배주간보호센터, 다니엘의 집(1호~4호) 운영
14	다일공동체	1998	다일공동체의 화해와 일치, 섬김과 나눔의 정신에 입각해 설립	국내 무료급식(밥퍼나눔운동본부)과 무료병원(다일천사병원) 운영, 중국, 베트남, 탄자니아, 우간다, 캄보디아, 필리핀, 네팔, 미주 등지에서 NGO 활동 진행

순	재단명	설립년도	설립목적	주요사업
15	말아톤 복지재단	2005	중증장애인의 복지증진과 사회 통합을 도모하고 우리 실정에 맞는 복지모델 뿐만 아니라 세계에 모범이 되는 이상적인 복지모델을 구축하고자 설립	3곳의 장애인주간보호센터, 장애인직업재활 및 고용창출을 위한 '올커피앤티', 직업훈련 및 보호작업장 '사랑_ON', 그룹홈 '쉴만한 물가', 장애아동 및 청소년으로 구성된 '스윗하모니 오케스트라', 장애인 잡지, 장애인 인식 개선 사업 등을 운영
16	무지개동산 예가원	2001	기독교 정신을 바탕으로 충분한 재활사역을 통해 지적장애인들의 삶의 질을 높이고 정상화와 통합을 위한 복지발전에 기여하고자 설립	성인지적장애인 거주시설 예가원, 해오름의집, 무지개주간보호, 무지개그룹홈1호, 무지개그룹홈2호, 장애인희망의 학교, 무지개활동일터 운영을 통해 일반재활, 직업재활 등을 진행
17	밀알 복지재단	1990	한국밀알선교단을 모태로 설립, 이동의 어려움과 장애로 복음을 접하기 어려운 장애인과 이 땅의 소외된 이들을 지원	26개의 장애인복지사업, 8개의 노인복지사업, 6개의 지역사회복지사업, 7개의 아동보육사업, 장애인활동지원사업 등의 국내사업과 장애인재활복지사업, 아동지원사업, 보건의료사업, 사회적기업 개발, 긴급구호사업 등의 해외사업
18	밀알천사	2011	1995년 자폐성장애를 가진 천사들과 봉사자 짝꿍들이 매주 토요일 산을 오르던 봉사모임에서 출발해 자폐성장애인들의 자립을 지원하는 사단법인으로 성장	자폐성장애인 직업재활을 위한 사회적기업 래그랜느 운영, 밀알천사 정기산행, 자폐성장애인 자립지원, 장애인 인식개선 사업
19	밥상공동체 연탄은행	1998	기독교 신앙과 밥상공동체 설립자의 이타정신에 따라 어려운 이웃에게 하늘같은 밥과 사랑의 연탄을 나누고자 설립	밥상공동체종합사회복지관, 연탄은행, 지역아동센터, 노숙인자활시설, 연탄교회, 연탄은행전국협의회, 키르키즈스탄연탄은행, 통일한국 동북아연탄은행

순	재단명	설립년도	설립목적	주요사업
20	베데스다 복지재단	1976	베데스다선교회로 시작한 기독 교단체로 우리 주변의 그늘지고 소외된 이들에게 예수 그리스도의 사랑과 소망을 전하고자 설립	국내외 복지사각지대 복지시설 설치, 장애아동치료센터, 취약계층 나눔사업, 장애인 일자리 지원, 문화예술 나눔사업, 공간나눔사업, 복지계몽사업, 사회복지연구교육사업, 인재개발양성사업, 해외구호사업, 한반도통일복지사업, 외국인근로장애인섬김사업 진행
21	부스러기 사랑나눔회	1986	빈곤현장에서 돌봄이 필요한 아동과 그 가족의 권리 보장을 위해 설립	아동결연사업, 위기아동사례관리, 나눔사업(건강과 기초생활, 문화, 교육, 성장환경 조성, 마음, 꿈키움나눔), 지역아동센터, 방임학대아동쉼터, KB아카데미, 지역아동센터 중앙지원단 및 시도지원단, 국제협력사업
22	사랑과평화 복지재단 호세아동산	2005	장애인복지법 규정에 의한 장애인의 재활 및 보호와 치료에 관한 사업을 수행함으로써 중증장애인들의 복지증진에 기여	중증장애인 거주시설 호세아동산 운영
23	선한 사마리아인 운동본부	2004	위험에 빠져있는 생명을 외면하거나 그대로 방치해서는 안 된다는 예수 그리스도의 말씀에 따라 뜻을 같이 하는 기독교인들이 모여 설립	응급환자 돕기 자원봉사 운동, 일반인을 위한 응급처치 교육 지원, 응급의료체계 개선 운동, 응급환자 권리보호 운동, 인명존중사회 만들기 운동, 목적사업에 관한 국제 협력 및 지원 활동
24	샘복지재단	1997	기독교 정신으로 의료와 복지를 통해 굶주림과 질병으로 고통받는 이들의 생명을 살리는 일에 헌신	영양특별식품(RUFT) 공급, 단동복지병원 사역, 사랑의 왕진가방, 사랑의 왕진버스, 긴급구호, 선샤인 프로젝트, 사랑의 저금통, 민들레학교

순	재단명	설립년도	설립목적	주요사업
25	세이브더 칠드런 코리아	1953	아동의 생존, 보호, 발달 및 참여의 권리를 실현하기 위해 인종, 종교, 정치적 이념을 초월해 전 세계적으로 활동	아동권리옹호, 국내외 아동보호, 보건의료, 아동교육 및 발달 지원, 해외개발사업, 긴급구호 및 국제개발협력 옹호 활동
26	신망애 복지재단	1983	그리스도의 사랑을 바탕으로 장애인 및 지역사회 노인들의 재활 및 보호와 치료(요양) 사업을 통한 복지증진	신망애이룸터, 참누리중증장애인거주시설, 차오름근로작업장, 단기보호센터, 그룹홈/체험홈, 주간보호센터, 어울림작업장, 구리시종합사회복지관, 구립용마경로복지센터 등 시설을 통해 사회심리재활, 교육재활, 의료재활, 스포츠재활 진행
27	안산 이주민센터	1994	대한예수교장로회(통합) 서울서남노회와 부천노회에서 전국에서 이주민이 가장 많은 안산, 시화 공단지역에 이주민의 선한 이웃이 되고자 설립	이주민 인권, 노동상담, 다문화선교현장개발, 한글교실, 문화활동, 중국동포연합회 지원, 다문화가족협회 지원, 자원활동가 모임 진행 이주여성쉼터 솟샘, 이주여성상담소, 코시안의 집, 다문화공방 운영
28	양무리마을	1989	전문적인 치료 및 개인적인 욕구와 특성에 맞는 각종 재활서비스를 제공함으로써 장애인의 복지증진과 인간다운 삶 영위	중증장애인 요양시설 아름다운집, 나눔의집, 행복의집, 기쁨의집을 통해 사회지원, 생활지원, 의료지원, 직업지원, 지역공동체지원, 인권교육 진행
29	애란한가족 네트워크	1960	그리스도의 사랑으로 미혼모·부자의 존엄과 권리, 복지가 보장되는 평등사회 구현	미혼모부자지원센터, 미혼한부모생활시설(애란원, 마포애란원, 애란영스빌, 애란모자의집, 애란세움터), 미혼모취업사관학교, 위탁형 대안학교, 위기임신지원센터 운영

순	재단명	설립년도	설립목적	주요사업
30	에덴복지재단	1980	장애인의 요양, 재활 및 보호사업과 특수교육, 직업교육, 아동복지사업, 영유아보육사업 등을 실시함으로써 이들의 복지 증진에 기여하고자 설립	장애인 직업재활시설 에덴하우스, 중증장애인 다수고용사업장 형원, 에덴장애아어린이집, 에덴장애인종합복지관, 구로장애인보호작업장, 지암어린이집, 산들어린이집, 푸른빛어린이집, 은평어린이집, 구립올고운어린이집, 구립가온어린이집, 화곡사무소 운영
31	엔젤스헤이븐	1959	도움이 필요한 아동과 장애인, 다양한 사회적 약자들에게 관심과 사랑을 전하는 밀알이 되고자 설립	은평천사원에서 2012년 엔젤스헤이븐으로 법인명칭을 변경함. 국내사업(아동복지, 청소년복지, 장애인복지, 지역복지), 해외사업(아동교육사업, 자립지원사업, 봉사단 파견, 인재양성사업, 장애와개발사업, 인도적 지원) 운영
32	여전도회 작은자 복지재단	1999	한부모가정 청소년, 장애인, 무의탁 어르신 등 우리의 소외된 이웃들을 작은자라 칭하고 이들에게 그리스도의 사랑과 소망과 기쁨을 함께 나누고자 설립	생활비 지원사업, 장학금지원 등의 후원사업을 비롯해 호남작은자의 집, 여성쉼터, 경북작은자의 집·작은자재가노인복지센터, 보성군립노인요양원 밝은동산 운영
33	우양재단	1983	장학사업을 시작으로 현재 남한 및 탈북 청년들의 학업과 사회환원활동을 지원하며, 농어촌 교회와 이웃을 섬기는 NGO	사회환원남북청년, 농어촌섬김, 먹거리와 이웃돌봄, 해외사업 등
34	월드비전	1950	한국의 가난한 어린이를 돕기 위해 미국과 한국에서 설립	국제개발사업(지역개발사업, 분야별 특별사업, 국제빈곤퇴치기여금), 국제구호사업(재난대응, 식량위기대응사업, 취약지역 및 국가지원사업), 북한사업(농업·농업교육, 일반구호, 꽃피는 마을), 국내사업(사랑의 도시락, 꽃때말 교육, 위기아동지원, 아동권리, 사례관리), 옹호사업(세계시민교육, 캠페인/정책)

순	재단명	설립년도	설립목적	주요사업
35	참사랑 복지재단	1993	참사랑 선교가족회(재가복지)로 출발해 버려진 노인, 행려자, 부랑인, 노숙자, 장애인, 고아 등을 돌보면서 안식처를 제공하고자 설립	인천효성참사랑소망의집, 인천고잔 소망의 집, 사단법인참사랑복지회, 서울화곡참사랑소망원, 경기구리참사랑노인복지센터, 인천갈산 참사랑 노인복지센터, 인천남구노인복지센터, 인천참사랑 요양보호사 교육원, 사단법인 참사랑복지회 인천지부 운영
36	초록우산 어린이재단	1948	사람을 귀하게 여기고 이웃을 사랑하는 정신을 바탕으로 어린이들이 꿈을 키우며 행복을 가꾸어가도록 돕고자 설립	한국복지재단에서 2008년 어린이 재단으로 재단명칭을 변경함 빈곤가정지원, 보육, 보호, 교육, 문화 예술, 해외지원, 긴급구호, 북한지원 사업, 교육센터, 실종아동전문기관, 아동보호전문기관, 복지관, 가정위탁 지원센터 운영
37	태화 복지재단	1921	섬김과 나눔의 정신으로 소외된 이웃의 삶의 질을 향상시킴으로써 하나님의 큰 평화(泰和) 실현	전국 12개의 사업기관을 포함, 42개의 사회복지시설 운영(전국 각 지역에서 이용자에 따라 전문적 프로그램을 구성하여 지원), 캄보디아 바탐벙태화 지역복지센터, 라오스 비엔티엔태화 지역복지센터 설립 및 운영, 태화사회 복지연구소 운영
38	평생돌봄	2012	사회적 약자들에게 다양한 문화 생활과 여가활동, 교육과 치유를 통한 서비스를 제공하여 전인 재활과 사회통합을 이끌기 위해 설립	한국장애인사역연구소, 도서출판 한장연 등 운영, 연구, 출판, 복지, 재활, 국내외 교류와 협력사업
39	한국교화 복지재단	1985	취약한 사회적 약자들에게 꿈과 희망을 주고 이를 실현시켜 빈곤의 악순환 현상을 감소하여 다 함께 행복한 사회를 만들고자 설립	재소자 및 출소자에 대한 교화복지 서비스, 가족기능회복서비스, 무의탁 노인에 대한 시설보호서비스, 저소득 취약계층의 자녀에 대한 보육육아 서비스

순	재단명	설립년도	설립목적	주요사업
40	한국교회 봉사단	2008	2002년 창립된 (사)한국기독교사회복지협의회를 모태로 하며, 교회 혹은 교단이 개별적으로 수행해오던 섬김의 사역을 한국교회의 이름으로 하나로 엮어내는 사역 수행	사회복지, 재해구호, 자원봉사, 화해 사역을 통해 '소통하는 한국교회', '성숙한 한국교회' 구축
41	한국기독교 사회봉사회	1963	한국의 대표적인 개신교 8개 교단과 한국기독교교회협의회가 연합하여 설립한 기독교 사회봉사 전문기관으로서, 도움을 필요로 하는 지구촌의 불우한 우리의 형제들을 위하여 그리스도의 사랑으로 봉사	국내결연사업(소년소녀가정, 장애인가정, 결손 및 빈곤가정), 해외아동결연사업, 장애인 휠체어 지원 사업, 북한지원사업, 국내외 긴급구호
42	한국기독교 의료선교협회	1968	'의료를 통해 복음을 땅 끝까지'라는 모토 아래 기근과 지진, 빈곤 등으로 아파하는 소외된 이들에게 예수님의 사랑 실천	의료선교사 양성, 문서 및 매체 선교, 선교지원사역, 긴급재난구호, 안식년 은퇴선교사 노후생활을 위한 안식관 건립 추진 등
43	한국 밀알선교단	1979	재가장애인 전도, 봉사, 계몽을 목적으로 설립되어 복음의 사각지대에서 살아가던 장애인들에게 예수 그리스도의 복음을 전파하고, 그리스도의 마음을 품고 봉사하며, 각 교회와 사회의 장애인에 대한 인식개선을 위해 노력	사랑의 캠프, 정기모임(화요모임, 목요모임, 금요성경공부), 선교적중보기도학교(SIW), SIW 해외단기선교, 수화교실, 수화찬양단, 장애체험교실, 문화사역(소리보기중창단, 밀알앙상블, 밀알북카페), 출판부(월간 밀알보, 단행본 발행)

순	재단명	설립년도	설립목적	주요사업
44	한국 생명의전화	1976	'한 사람의 생명은 천하보다도 귀하다'는 그리스도의 가르침을 통해 훈련받은 자원봉사자로 하여금 지역사회의 필요한 곳에서 봉사하게 함으로써 생명 사랑의 아름다운 사회 건설	*전문상담 : 전화상담, 의료상담, 종교인생상담, 일반면접상담, 법률상담, 사이버 상담 *교육 : 상담원교육, 사이버상담원교육, 자살예방전문교육 *활동 : 생명사랑 캠페인, 대학생 생명지킴이 봉사단 운영, 생명존중 프로그램 보급, 자살시도자 및 생존자 지원사업 *시설운영 : 생명의전화종합사회복지관, 새싹어린이집, 여성노숙인 쉼터 아가페의 집
45	한국장애인 선교단체 총연합회	1996	복음주의 기독교 신앙에 입각한 장애인 선교와 이를 위한 장애인 복지를 도모하고 효과적인 장애인선교를 위하여 각 선교단체 간의 유대강화와 정보교환을 목적으로 설립	장애인선교 연합사업, 교육·계몽·서비스사업, 국내·외 교류사업, 장애인복지시설 운영사업, 홍보 및 출판 사업
46	한국컴패션	1952	한국의 전쟁고아들을 돕기 위해 설립	아시아, 아프리카, 남미, 중미, 카리브연안 빈곤아동 결연후원, 보호사업, 북한사업, 재해국가 구호사업
47	한국해비타트	1994	'모든 사람에게 안락한 집이 있는 세상'이라는 비전을 가지고 1976년 미국에서 시작한 비영리단체로, 열악한 주거환경에서 고통받는 사람들을 위해 집과 마을을 짓고 희망을 전함	현재 전 세계 약 70개 국가에서 활동하며 약 80만 세대의 가정 자립을 지원함. 주거빈곤퇴치, 자립지원프로그램, 나눔문화확산, 자원봉사활성화, 소외계층 지원 등의 사업을 통해 근본적인 삶이 바뀔 수 있도록 지원하고 있음

순	재단명	설립년도	설립목적	주요사업
48	한국YMCA 전국연맹	1903	젊은이들이 그리스도의 뒤를 따라 함께 배우고, 훈련하며, 역사적 책임의식을 계발하고, 사랑과 정의의 실현을 위하여 일하며 민중의 복지 향상과 새 문화 창조에 이바지함으로써 이 땅에 하느님 나라를 이룩	청소년운동, 시민운동, 사회교육, 사회체육, 유아교육, 국제교류 활동 *복지시설 운영 : 종합사회복지관, 근로자복지관, 문화복지센터, 어린이집, 지역아동센터, 자활센터, 결혼이민자가족지원센터, 이주여성지원센터 등 *청소년시설 운영 : 청소년쉼터, 청소년성문화센터, 청소년문화의집, 청소년수련관, 청소년상담지원센터 등
49	한국YWCA 연합회	1922	젊은 여성들이 하나님을 창조와 역사의 주로 믿으며 인류는 하나님 안에서 한 형제자매임을 인정하고 예수 그리스도의 가르치심을 자기 삶에 실천함으로써 정의, 평화, 창조질서의 보전이 이루어지는 세상 건설	북한어린이돕기사업단, 복지사업단, 부속시설(은학의집, 버들캠프장, 여성인력개발센터, 어린이집, 자원봉사센터, 지역사회복지관 등) 운영
50	한기장 복지재단	1995	한국기독교장로회의 선교정책과 비전 속에 설립	종합복지관 8곳, 장애인복지기관 9곳, 1곳의 청소년시설, 53곳의 노인복지기관, 어린이집 10곳, 지역아동센터 16곳, 지역자활센터 5곳, 시니어클럽 3곳, 푸드뱅크 5곳, 노숙인지원시설 2곳 등 지역사회대상 복지서비스 위탁 사업 및 지원 사업, 프로그램 컨설팅, 북한동포와 해외지원서비스
51	한아봉사회	1992	성숙한 한국교회의 힘을모아, 우리의 가까운 이웃인 아시아 특히 인도차이나의 형제자매들과의 사랑의 나눔을 실천하기 위해 설립	어린이·청소년 교육사업, 사회교육사업, 의료보건사업, 지도자 개발 사업, 여성지원사업, 사회환경개선사업, 지역환경보전사업 캄보디아, 베트남, 라오스, 미얀마

순	재단명	설립년도	설립목적	주요사업
52	한코리아	1991	북한 주민들을 돕기 위한 '사랑의 의료품 나누기'로 출범하여 국내외 가난하고 소외되고 분쟁 지역에 있는 자들을 섬기고 지원	한민족복지재단에서 2013년 (재)한코리아로 재단명칭을 변경함 북한동포지원사업, 재외동포지원사업, 해외사업, 긴급구호사업, 세상을 바꾸는 착한 장난감 캠페인 등
53	함께하는 사랑밭	1986	인권을 최우선으로 여기며, 수용시설 개념에서 생활시설 개념으로, 다수의 공동체에서 소수의 공동체로, 열악한 시설에서 행복한 가정형태로 고통당하는 이들이 행복을 느끼게 하는 것이 '함께하는 사랑밭'의 이념임	*국내사업 : 사회공헌사업, 화상치료 지원사업, 난치병 지원사업, 긴급생계 지원사업, 두리모자립 지원사업, 시설운영 지원사업, 국내결연 사업, 나눔교육, 그린월드 *국제사업 : 쉘터, 결연 사업, 보건의료 사업, 빈곤퇴치 사업, 교육지원 사업, 지역개발사업, 긴급구호 사업
54	홀트 아동복지회	1995	전쟁과 가난으로 부모를 잃은 아동에게 새로운 가정을 찾아주는 입양사업을 통해 설립	요보호 아동 보호 및 양육, 아동입양 가정연결, 입양관련 사후 상담지원, 미혼한부모지원사업, 중증장애인 보호, 자립, 취약계층 지역복지지원, 어린이집 운영, 국내외 입양가족 위한 캠프, 아동보호전문기관운영, 365 베이베케어키트, 장애인특수교육 홀트학교 운영, 건강가정지원센터 및 다문화가족지원센터 운영, 장학 사업 및 해외빈곤가정교육, 영양실조 예방 치료지원
55	희망나누리	2009	사랑과 봉사, 섬김과 나눔의 정신으로 소외된 이들의 어려움을 도우며 사회복지의 증진과 발전에 기여하고자 설립	소망브니엘복지재단에서 2015년 희망나누리로 재단명칭을 변경함 재가지원사업, 특수아동교육사업, 아동학대예방캠페인, 미아장애인찾기, 장애아동물리치료사업 등을 위한 중증장애인 거주시설 비전하우스, 시흥시장애인가족지원센터, 희망재가복지센터, 희망복지홈 등 운영

이상과 같이 기독교 정신에 의해 설립되고 운영되는 사회복지법인들의 사회복지실천은 언뜻 보기에는 일반 사회복지법인의 사업들과 크게 다르지 않지만 세심하게 이들 기독교 사회복지법인들을 들여다보면, 철저한 기독교 영성에 근거하여 실천 개입을 하고 있음을 발견하게 된다.

대표적인 사례들을 들어보면, 다일공동체의 경우는 설립자인 최일도 목사의 영성을 중심으로 하여 발전된 '다일영성'에 기초하여 철저한 예수 그리스도의 십자가 정신이 반영되는 밥퍼나눔운동을 올곧게 전개해오고 있다. 한국밀알선교단과 밀알복지재단은 '밀알정신'으로 사회복지실천을 하고 있으며, 밥상공동체 연탄은행은 '연탄신학', 베데스다복지재단은 '베데스다 정신', 월드비전은 '가난의 해방을 지향하는 예수 정신', 태화복지재단은 '태화 정신', 한국교회봉사단은 '한국교회 디아코니아 정신'으로 사회복지실천을 수행하고 있다.

이렇게 기독교 사회복지법인들이 지향하고 있는 기독교 영성은 하나님과 인격적 만남의 자리로 들어가는 것이었다. 하나님 앞에 서면 전능하신 창조주 앞에서 자기를 내세울 수 없게 된다. 예수 그리스도께서는 하나님과 동등하신 분이시지만 사람의 자리로 내려오셨다. 그리고는 철저하게 종의 자리로 내려가셨다. 그것도 모자라서 마침내 십자가의 자리까지 내려가셨다. 영성의 최종 지점은 가장 낮은 자리로 내려갔을 때에 도달하게 된다.

따라서 기독교 사회복지법인의 영성적 실천의 핵심은 한 없이 겸손한 모습으로 온전히 이웃과 지역사회를 섬기는 것이었다. 즉, 기독교 사회복지법인들 중 상당수가 예수 그리스도의 겸손을 영성적 토대로 삼고 있음을 알게 되었다. 그리고 이를 조금 더 구체화시키면 각각의 법인들이 추구하는 영성적 가치관의 공통점은 '십자가'였다. 그래서 이들 **기독교 사회복지법인들의 영성적 사회복지실천은 십자가 복지였다고 평가할 수 있다. 위로는 하나님을 사랑하며 섬기고, 아래로는 옆에 있는 이웃들을 품고 더불어 함께하는 겸손한 사회복지실천, 바로 십자가 복지를 구현해나가고 있었다.**

2) 개 교회가 설립한 기독교 사회복지법인의 사업 운영 사례

개 교회가 설립하여 운영하고 있는 기독교 사회복지법인은 총 25사례로 보다 구체적인 내용은 다음 〈표 6〉과 같다.

〈표 6〉 개 교회가 설립한 주요 기독교 사회복지법인별 사회복지사업

순	재단명	설립년도	설립교회	설립목적	주요사업
1	가나안 복지재단	1995	가나안복지교회	가나안복지교회가 기독교정신에 입각한 교육, 복지를 위하여 사회복지 사업법의 규정에 의한 지적장애인을 비롯하여 지역사회 복지 구현에 기여하고자 설립	장애인 직업재활시설 가나안근로복지관, 장애인 생활시설(공동생활가정) 가나안홈 운영
2	굿프렌드 복지재단	2007	꿈의교회	그리스도의 사랑을 실천하며, 가족과 같은 눈과 마음으로 찾아가는 복지서비스를 실현	안산시 와동종합사회복지관, 시립 성안어린이집, 굿프랜드 아동 청소년 발달지원센터 운영
3	굿피플	1999	여의도 순복음교회	사회적 소외로 인해 가난과 질병, 재난 등의 극심한 생존 위험에 노출되어있는 지구촌 이웃들의 현실을 알리고, 한 사람 한 사람의 나눔 실천이 실질적인 희망의 실현이 될 수 있도록 국경을 초월한 체계적이고 전문적인 도움을 제공하기 위해 설립	선한사람들에서 2007년 굿피플로 법인명칭을 변경함 소외 지역을 중심으로 소외지역개발, 가난퇴치, 아동보호, 교육, 질병 예방과 치료, 긴급구호 등의 다양한 사업을 수행하고 있으며 국내사업과 북한사업도 수행함. 동작실버센터, 양평쉼터, 그룹홈 천사의 집, 드림홈 운영

순	재단명	설립년도	설립교회	설립목적	주요사업
4	동산 복지재단	2008	안산동산 교회	안산동산교회의 비전 중 "세상을 축복하는 교회"의 비전을 가지고 지역사회에 하나님의 사랑과 축복을 나누며, 소외되고 어려운 이들을 섬김으로 사회적 책임을 함께 나누기 위해 설립	푸른동산보호작업장, 맑은동산주단기보호시설, 동산그룹홈, 안산시상록장애인복지관, 안산시상록장애인단기보호시설, 동산노인복지관, 카페쉴만한물가, 큰숲베이커리&카페, 동산아동청소년지원센터, 푸른꿈동산학교 운영
5	대길 사회복지 재단	2002	대길교회	이웃을 향한 새로운 사명을 가지고 하나님께서 기뻐하시는 뜻을 이루어가기 위해 설립	대길홈케어센터, 사랑의집요양원, 정신장애인 사회복귀시설 푸른초장, 엘림주거시설, 장수대학, 성인문해교실, 해밀합창단, 다니엘방과후교실, 아동독서지원사업, 영파의료봉사단, 심리상담사업, 취약계층지원사업, 무료급식사업 등 운영
6	로뎀 복지재단	2005	덕천교회	복음과 구제를 통해 세상을 변화시키고 구원시키는 종교적 기능과 사회적 기능을 모두 담당하고자 복지재단을 설립하고 변화와 시대적 요청에 부응하는 교회사회복지 실천	만덕종합사회복지관, 로뎀노인요양원, 로뎀재가노인지원센터, 로뎀직업재활센터 등 운영
7	명성 복지재단	2004	명성교회	인간의 영적인 문제를 비롯해 어려운 이들의 기본적인 복지수요를 잘 이해하고 하나님의 사랑 실천	저소득가정자립지원사업, 독거어르신무료급식사업, 명성어르신한글교실, 어르신의료진료, 이미용서비스, 명성지역아동센터, 서울학사관, 선교관 '가나안의집' 등 운영

순	재단명	설립년도	설립교회	설립목적	주요사업
8	분당우리 복지재단	2006	분당우리 교회	교회 비전을 바탕으로 어려운 이웃들에게 섬김과 나눔을 통해 삶의 희망을 주고 예수 그리스도의 사랑을 전하며 '지역사회를 변화시키는 복지재단'을 목표로 설립	에듀투게더센터, 태평지역아동센터, 컬쳐투게더센터, 다문화카페우리, 우리주간보호시설, 성남시 한마음복지관 등 운영
9	빛과소금 복지재단	1999	초량교회	기독교 정신에 입각하여 1999년 초량교회 "사랑의 쌀나누기" 사업으로 시작되어 사회 각 계층의 소외되고 외로운 이웃들을 위한 복지사업과 지역사회 복지사업을 통해 보다 밝은 세상, 함께 더불어 가는 세상을 만들기 위해 노력하고 있음	카네이션방문요양센터, 빛과소금장애인활동지원센터, 우리동네영어학교, 아동공동생활가정 파랑새그룹홈, 동구사랑 김장김치나눔, 사랑의 바자회, 사랑의 도시락, 사랑의 침구세탁, 부산진구건강가정지원센터, 부산사하시니어클럽 등 운영
10	사랑의 복지재단	1996	사랑의 교회	그리스도의 사랑의 가르침을 좇아 국가와 지역사회와의 관계에서 협력과 책임을 모토로 하여 이웃의 고난에 보다 능동적이고 적극적으로 동참하기 위하여 설립	장애인시설 및 사회복지관 운영, 운영시설 사회복지종사자의 교육훈련과 복지증진 도모, 교회사회사업 아카데미·기독교복지순례·사회봉사대학 등 교회사회사업 훈련프로그램 운영
11	새문안교회 사회 복지재단	1992	새문안교회	사회복지사업법과 사랑, 봉사, 선교의 기독교 정신에 입각하여 사회복지사업을 수행하여 지역사회 주민들의 삶의 질 향상	서대문노인종합복지관, 종로종합사회복지관, 은행나무어린이집, 새문안어린이집 운영

순	재단명	설립년도	설립교회	설립목적	주요사업
12	성민	2003	순복음노원교회	순복음노원교회가 모체인 법인으로서 지역사회와 주민을 위한 순복음노원교회의 사랑과 나눔의 실천을 이어받아 전문적이고 체계적인 사회복지서비스를 지속적으로 실천하고자 설립	성민(장애인)복지관, 마들사회복지관, 시립중계노인전문요양원, 성민성년후견지원센터, 성민재가장기요양센터, 성민사회복지연구소 등 운영
13	성민원	1998	군포제일교회	예수 그리스도의 사랑을 실천하는 전능자의 뜻을 따라 사람을 사랑하며 섬김, 나눔으로 세상의 빛과 소금이 되어 좋은 환경을 만들어 가고자 설립	성민재가노인복지센터, 성민노인복지센터, 성민요양원, 성민노인상담소, 군포시니어클럽, 군포푸드뱅크, 사랑의이동급식, 천국사다리 호스피스, 안양시관악장애인종합복지관, 성민실버합창단, 성민소년소녀합창단, 청소년복지학교, 방과후비전교실, 군포제일선교회, 성민에듀투게더 운영
14	수원순복음교회유지재단	2014	수원순복음교회	소외된 자, 작은 자, 연약한 자에 섬김이 되시는 예수 그리스도의 사랑 실천	광교종합사회복지관, 수원어린이집, 장기요양센터, 평생교육원, 종합복지사업단 운영
15	수원중앙복지재단	2008	수원중앙침례교회	그리스도의 정신을 바탕으로 취약계층의 영혼을 구원하고 희망을 심어주며 경제적으로 자립할 수 있는 기회를 창출하는 능동적 복지실천	버드내노인복지관, 굿윌코리아 수원, 수원시외국인복지센터, 중앙호스피스, 수원중앙주간보호센터, 광교노인복지관, 광교장애인주간보호시설, 수원시장애인종합복지관 운영

순	재단명	설립년도	설립교회	설립목적	주요사업
16	안산제일 복지재단	1999	안산제일 교회	이웃들의 행복한 삶을 위해 그리스도의 사랑으로 세상을 품고 선(善)한 미래를 열어 가고자 출발	안산시초지종합사회복지관, 안산제일복지의원, 빛과둥지, 행복한 학교, 어린양의 집, 안산시청소년상담복지센터, 경기도외국인인권지원센터, 안산시립노인전문요양원, 제일요양원, 제일유치원, 제일글로벌 키즈센터 운영
17	엘림복지회	1975	여의도 순복음교회	그리스도의 복음과 사랑의 정신으로 미취업 청소년의 선도, 직업훈련과 자립지원, 무의탁 노인의 편안한 노후 생활을 보장하고 그에 필요한 서비스를 제공함을 목적으로 설립	남부기술교육원, 엘림노인 전문요양원, 구립영등포실버케어센터, 구립영등포케어센터 운영
18	영락 사회복지 재단	1957	영락교회	"부모를 잃고 혼자된 복순이"를 돕고자 시작, 복지사각지대에 있는 소외된 이들을 위한 빛과 소금의 역할 감당	영락보린원, 영락지역아동 복지센터, 영락경로원, 영락소규모요양원, 영락재가노인서비스센터, 은빛사랑채 영락노인주간보호센터, 영락노인전문요양원, 영락모자원, 영락애니아의 집, 영락주간보호센터, 합실어린이집 등 사회복지시설 운영, 장학사업 실시
19	이레 복지선교회	2004	이레 전원교회	사회취약계층과 소외계층 사람들에게 인간적인 삶을 살도록 돕고 지원하기 위하여 체계적인 관리 보호 상담 및 치료와 자활 사업, 취업 알선 진행	노숙인 자활시설, 알콜치유시설, 자활동동체 원영 심리적 치유(교화)를 위한 원예 및 농업작물 경작, 재소자 교화사업, 국내외 선교사업 및 봉사활동

순	재단명	설립년도	설립교회	설립목적	주요사업
20	주안복지재단	2014	주안교회	주안장로교회의 비전을 바탕으로 이웃에 대한 사랑을 전문적으로 실천하기 위해 설립	주안애종합사회복지관, 나래장애인주간보호센터, 부평구건강가정지원센터, 시니어복합문화공간 애녹재, 긴급구호사업
21	지구촌 사회복지 재단	2002	지구촌교회	'어려운 이웃을 발견하고 이웃에 대한 긍휼한 마음을 가지며, 사랑의 마음으로 돌보고 이웃의 어려움을 끝까지 책임지는' 선한 사마리아인의 4가지 영성을 바탕으로 전문적 사회복지서비스를 제공하여 우리 주위의 이웃과 지역사회를 섬기며 그리스도의 사랑 실현	사회복지시설 설립 및 운영사업, 복지지원사업, 홍보자원개발 및 관리사업, 인재개발 및 연구사업, 해외협력사업, 비전전략사업, 북한이탈주민사업 *운영시설 : 지구촌노인복지센터, 지구촌 보호작업장 *수탁시설 : 용인시사랑의 집, 성남시율동생태학습원, 분당노인종합복지관, 용인시수지노인복지관, 용인시무한돌봄센터 수지구 네트워크팀, 용인시수지장애인복지관, 용인시건강가정·다문화가족지원센터, 동탄아르딤복지관
22	필그림 하우스	1999	송계골교회	필그림하우스(PILGRIM HOUSE)는 '순례자의 집'이란 뜻으로 어렵고 힘든 사람들에게 휴식의 공간을 제공하고자 설립	필그림가정복지상담소, 필그림교육센터, 필그림교육센터, 순례자의 집(가정폭력 피해자 보호시설) 운영
23	하늘행복 나눔재단	2006	과천교회	그리스도의 복음을 실천하기 위한 사회봉사 소명을 갖고 장애인 가족들의 아픔을 나누기 위해 설립	사랑의 동산, A+과천행복 노인복지센터, 과천아이돌봄지원센터, 시립공원마을 어린이집 운영

순	재단명	설립년도	설립교회	설립목적	주요사업
24	해피월드 복지재단	2007	거룩한빛 광성교회	거룩한 빛 광성교회에서 지역과 사람을 섬기는 교회를 실현하기 위해 나눔, 겸김, 봉사의 기독교 정신을 바탕으로 소외된 이웃들에 대한 그리스도의 사랑을 실천하고자 설립	해피뱅크 사업, 해피천사운동본부(빈곤, 소외가정 지원사업), 노인복지시설 운영, 다문화사업, 새터민 자녀 공부방 돌봄사업, 파주시노인복지관, 파주시문산종합사회복지관, 고양시덕양노인종합복지관 등 사회복지시설 위탁사업, 홍보·자원개발 관리사업, 사회복지 연구·교육사업, 네트워크 사업
25	호산나 복지재단	2000	호산나 교회	예수 그리스도의 희생적인 인간사랑과 그 정신을 바탕으로 참 사랑을 실천하고 특히 장애인 복지향상에 이바지하고자 설립	장애인활동지원사업, 굿윌코리아, 호산나 제 1, 2 그룹홈, 시각장애인을 위한 포털사이트, 호산나장애인 주간보호센터, 장애인 보호작업장 운영

이상과 같이 각 법인의 사업들을 '표'로 정리해서 살펴본 결과, 개 교회가 설립한 기독교 사회복지법인의 사업 내용은 국내외 긴급구호사업을 제외하고는 단체 중심의 기독교 사회복지법인의 사업과 유사함을 알 수 있었다. 박종삼(2000)의 ABC 모델에서 보면 'A-B-C' 조합 모델이 대부분임을 파악할 수 있었다(이 책, pp. 25-26. 참조).

또한 교회사회복지법인을 통해 이루어지는 사회복지실천은 일반 사회복지실천에서 지향하는 사업수행의 전문성, 투명성, 효율성, 효과성 등을 잘 담아내고 있었다. 그런 면에서 기독교 사회복지법인이든 교회의 사회복지법인이든 사회복지법인의 틀 속에서 진행하는 교회사회복지실천은 한국의 사회복지실천 현장에서 매우 모범적인 모습으로 나타나고 있다고 판단된다. 그래서 기독교 사회복지법인은 한국사회와 일반 사회복지 실천 현장에서도 신뢰와 인정을 받고 있는 것으로 보인다. 이런 측면에서 한국교회의 사회복지실천은 가급적이면 사회복지법인을 중심으로 진행되는 것을 고려해 볼 필요가 있을 것으로 보인다.

그럼에도 아쉬운 것은 교회가 설립한 기독교 사회복지법인의 사업들과 교회의 자체적인 인적·물적 자원으로 수행하는 사업들, 그리고 교회에서 발굴되고 훈련된 자원봉사 인력을 지역사회 곳곳에 보내는 활동들 간의 상호 협력과 연계가 체계적으로 이루어지고 있는지에 대해서는 다소 미흡한 것으로 보인다. 즉, 박종삼(2000)의 ABC모델에서 A모델, B모델, C모델 간의 유기적 협력 체계가 구축될 필요가 있어 보인다.

교회와 교회가 설립한 복지재단 간의 원활한 상호 연계 협력 체계의 모범으로 소개할 수 있는 사례는 지구촌교회와 지구촌사회복지재단이다. 지구촌사회복지재단은 '민족을 치유하고 세상을 변화시키는' 지구촌교회의 3N3G 비전[33]을 가슴에 품고, 지역사회에 보다 전문적인 사회복지서비스를 실천하기 위하여 애쓰고 있다. 특히 지구촌사회복지재단은 하나님 사랑, 이웃 사랑을 실천하는 복지재단으로 선한 영향력을 지역사회에 흘려보내는 축복의 통로가 되고자 노력하고 있으며, 성경 속의 선한 사마리아인의 4가지 영성(발견, 긍휼, 돌봄, 책임)을 바탕으로 다양한 사역을 진행하고 있다.

또한 단체 중심의 기독교 사회복지법인과 개 교회가 설립한 기독교 사회복지법인 간의 상호 연계와 협력 등도 유기적으로 이루어지고 있어 보이지는 않는다. 향후 이와 같은 법인 간 네트워크가 활성화 된다면 보다 강력한 시너지 효과를 실천 현장에서 이뤄낼 수 있을 것이다.

---

33) 3N3G비전에서 3N은 North Korea / Next Generation / New Family이고, 3G는 Great Commission / Global Church / Godly Leaders이다.

한편 이들 교회 사회복지법인의 설립과 실제적인 사업 운영은 올바른 성서적 가치관을 갖고 있는 담임목사와 그를 돕는 동역자들의 헌신적인 노력에 기초하고 있음을 파악할 수 있었다. 대표적으로 분당우리교회 이찬수 목사(분당우리복지재단), 순복음 노원교회 유재필 원로목사(성민), 수원중앙침례교회 김장환 원로목사와 고명진 담임목사(수원중앙복지재단), 지구촌교회의 이동원 원로목사와 진재혁 담임목사(지구촌사회복지재단) 등을 들 수 있다. 이들은 강력한 메시지를 설교와 삶을 통해 신자들과 세상에 전함으로써 주님과 함께 하는 삶의 공유 영역을 크게 확장시켰다. 그렇게 확장된 그리스도 중심적인 삶의 공유 영역이 하나님의 나라로 세워져 가도록 열정적으로 교회사회복지실천을 추진해 나갔던 핵심 주체로서의 역할을 하였다. 이들 선구적인 목사들은 예수 그리스도의 사랑과 공의를 이원적으로 구분하지 않았고, 정의와 평화가 공존하는 올바른 복음적 메시지와 삶을 보여주었다.

기독교 사회복지법인들 가운데 모범적인 사례들이 많다. 그 중에서도 독자들에게 유용한 정보가 될 수 있을 것으로 기대되는 몇몇 사례들을 소개한다(가나다 순).

•• **사회복지법인 밀알복지재단** ••

밀알복지재단은 기독교 정신을 바탕으로 1993년 7월 설립되어 장애인의 완전한 사회통합을 목표로 사회적 약자들의 권리와 인간다운 삶을 지원하고 있다. 진정성과 전문성을 바탕으로 지역사회와 협력하는 생애주기별 국내전문복지사업과 지속 가능한 국제개발협력사업을 수행하며, 'UN경제사회이사회'로부터 특별협의적 지위를 부여 받아 종교, 국적, 인종, 정치적 이념을 초월하여 활동하고 있다. 밀알복지재단의 미션은 기독교 정신을 바탕으로 소외된 이웃과 더불어 살아가는 완전한 사회통합을 이루는 것이며, 생애주기별, 자립복지, 장애통합을 통한 Glocal(Global+Local) 모델 구현을 비전으로 삼고 있다.

밀알복지재단은 진실, 존중, 옹호, 사랑을 정신으로 국내와 해외사업을 실천하고 있다. 국내사업으로 법인사무처 내 25개의 수행기관을 통해 교육재활, 직업재활, 사회재활, 지역사회재활사업을 수행하는 장애인복지사업, 전국 8개 산하시설에서 취약계층 지원, 장기요양, 사회참여, 여가·건강지원을 수행하는 노인복지사업, 전국 6개 산하시설을 통해 지역 주민들이 스스로 지역사회 문제를 해결할 수 있도록 지원하는 맞춤형 지역복지사업, 7개 산하시설에서 통합보육프로그램 및 장애아동 방과 후 프로그램을 통해 통합보육의 가치를 실현하는 아동복지사업, 신체적·정신적 장애 등의 사유로 혼자서 일상생활과 사회생활을 하기 어려운 장애인에게 신체, 가사, 사회활동 등의 서비스를 제공함으로써 자립생활과 사회참여를 지원하고 그 가족의 부담을 줄임으로써 장애인의 삶의 질을 증진하는 장애인활동지원센터, 자신을 낮추고 주인에게 봉사하는 마음과 자세로 사회복지의 바람직한 방향과 자세를 제시하고 실천할 수 있는 방법을 연구하는 디아코니아연구소 등을 운영하고 있다.

해외사업은 장애인들이 기본적인 인권보장과 자유를 누릴 수 있도록 특수교육 제공, 생계지원, 직업재활사업 등 지역사회중심의 맞춤형 복지서비스와 취약계층을 위한 공동생활 및 직업훈련 등의 전문적인 복지서비스를 지원하는 재활복지사업, 개발도상국 빈곤아동들이 1:1 결연을 통해 지속적인 관리와 교육·영양·보건지원 및 그 외 필요한 사회정서적 서비스 지원을 통해 아동이 스스로의 권리를 인식하고 건강하게 성장하도록 돕는 아동결연사업, 개발도상국의 빈곤아동들이 교육의 기회를 통하여 건강하게 성장하고 미래의 주역이 될 수 있도록 지원하는 교육지원사업, 의료시설 및 인력이 없는 의료사각지역에 이동진료를 실시하고, 현지 의료 전문 인력양성을 위한 장학지원, 보건교육과 환경개선을 위한 보건의료사업, 재난이 발생한 지역에 72시간 이내 긴급구호하는 재난경감 사업과 전 세계적 기후변화, 국가 간 분쟁과 갈등 증대, 만성적인 식량위기 속에서 재난 현장을 돕는 인도적 지원사업, 도움이 필요한 국가의 상황에 맞게 지속가능한 사업을 진행하는 분야별 특별화사업을 진행하고 있다.

•• 사회복지법인 분당우리복지재단 ••

분당우리복지재단은 세상으로 보냄 받은 하나님의 자녀들이 세상을 섬기고 사람을 세우는 일에 앞장서 일할 수 있도록 섬김과 나눔의 공간을 제공하기 위해 2006년 4월 16일 설립되었다. 지역사회와 함께 울고 웃으며 감동으로 복음을 전파하는 미셔널 처치의 도구가 되는 것을 목적으로 교회사회복지실천을 하고 있다.

분당우리복지재단은 구성원들이 행복한 사회, 청소년들이 꿈을 펼치는 사회를 만들기 위해 아동·청소년 사업으로 3가지 유형의 센터를 운영하고 있다. 먼저 지역 내 중·고등학생 중 가정형편이 어려운 학생들이 마음껏 공부할 수 있도록 돕는 학원형식의 무료학습센터 '에듀투게더센터'를 운영하고 있다. 그리고 문화배움의 기회에서 경제적·가정적인 요소로 인하여 문화 복지의 제한이 있는 청소년들이 음악, 미술 등 문화라는 도구를 가지고 소통·공감하는 '컬쳐투게더센터'를 운영한다. 또한 사회적 돌봄이 필요한 아동의 보호와 가족 기능을 강화, 지역사회 내의 안전망을 구축을 통한 종합·전문적 아동복지 서비스를 제공하는 '태평지역아동센터'와 '신흥지역아동센터'를 운영한다.

분당우리복지재단의 다문화 사업으로는 결혼 이주여성들의 안정된 일자리를 제공하기 위해 설립된 다문화카페 '우리'가 있다. 다문화카페 우리는 커피바리스타 교육 및 취업지원을 통해 이주여성들이 한국 사회에서 경제적으로 안정되고 새로운 꿈과 희망을 펼칠 수 있도록 지원한다. 현재 2곳의 우리카페에서 9명의 이주여성들이 꿈을 펼치고 있다.

분당우리복지재단의 장애인 사업으로는 성남시가 건립하고 분당우리복지재단이 운영하는 국내 최대 규모의 장애인 복지 및 문화공간인 한마음복지관을 운영하고 있다. '한마음복지관'은 예수 그리스도의 사랑을 전하며 지역사회를 변화시키는 복지재단의 기본정신을 바탕으로 장애인에게 맞춤 서비스를 제공하고 있다. 그리고 장애인복지서비스에서 소외되기 쉬운 중장년층(35세~55세) 이상의 장애인을 대상으로 낮 시간 동안 진행하는 '우리주간보호센터'를 운영한다. 재활프로그램을 통해 신체적·정서적 기능을 보완하고, 잠재능력을 향상시켜 가족의 양육부담을 경감하는 종합적인 가족지원 서비스를 제공한다.

마지막으로 분당우리복지재단은 모든 가정들이 건강하고 행복한 가정이 되도록 하는 지역사회복지사업을 진행한다. 한가위와 추수감사절에 이웃을 섬기는 '한가위 사랑나눔', '추수감사절 행복나눔' 단기행사와 지역 유관기관과 협력하여 사회복지인재를 양성, 지원하고 있다. 또한 사각지대에 놓인 가정에 매월 정기후원을 진행하고 있으며, 자원봉사자의 희망과 욕구에 따른 프로그램을 연결하는 자원봉사 매니지먼트의 역할을 담당하며 '여름방학 청소년 자원봉사자 학교'와 성인들이 봉사활동에 참여할 수 있도록 돕고 있다.

•• 사회복지법인 성민 ••

사회복지법인 성민은 순복음노원교회가 모체인 법인으로서 지역사회와 주민을 위한 순복음노원교회의 사랑과 나눔의 실천을 이어받아 전문적·체계적인 사회복지서비스를 지속적으로 실천하고자 2003년 2월에 설립되었다. 순복음노원교회는 법인과 운영기관에 대한 정기적인 후원뿐만 아니라 교회 내 자원봉사단 '조은 사람들'을 통해 법인과 운영기관의 사업과 프로그램을 적극적으로 지원하고 있다.

사회복지법인 성민은 '하나님의 사랑, 청렴한 실천, 창조적 도전, 전문적 성장'이라는 핵심가치를 기반으로 하여, 하나님의 거룩한 백성으로 모든 이웃에게 평생복지를 실천함으로써 하나님의 지경을 넓혀가는 사명을 가지고 상상할 수 있는 모든 가능성을 고객과 함께 삶으로 만들어나가는 비전을 실행하고 있다. '평생복지, 평생친구, 하나님의 성민'이라는 슬로건을 가지고 사회복지실천을 하는 법인이다. 사회복지법인 성민이 위치한 노원구는 서울시 25개 자치구 중 저소득 장애인 인구가 가장 많이 거주하는 지역적 특성을 가지고 있으며, 순복음노원교회 장애인선교회를 중심으로 시작된 장애인 섬김을 기틀로 하여 성민(장애인)복지관, 장애인주간보호센터, 장애인그룹홈, 장애인노약자무료셔틀버스 등 장애인복지기관 운영 및 사업을 중점적으로 수행하고 있다.

성민복지관은 '서울시 장애인가족지원을 위한 동북권역 거점 장애인복지관'으로 선정되어 동북권역 8개구에 거주하는 장애인가족을 지원하고 있다. 또한 서울시 '최중증 성인발달장애인 낮활동 시범사업(챌린지2)'과 탈시설 중증발달장애인을 위한 서울시 '자립생활주택(다형)'을 운영하는 등 성인 발달장애인의 사회참여와 개인별 지원, 자립생활과 관련된 선도적 사업을 수행하고 있다. 무엇보다 장애인의 '평생과정설계' 관련 연구와 사업을 통해 발달장애인의 자립이며 권리옹호적인 미래 삶을 지원하고 있다. 2010년에 개소한 성민사회복지연구소는 모든 이웃에게 평생복지를 실천하기 위한 구체적인 방안을 연구하고 있다. 연구소는 성민복지관과 함께 장애인이 지역사회 안에서 자립생활과 권리옹호를 실현하며 안정되고 질적인 삶을 영위할 수 있도록 평생과정설계(Permanency Process Planning)에 대한 연구와 현장에서의 실천 방안을 개발하고 있다. 특히 2015년 하반기부터 2018년 상반기까지 아산사회복지재단의 지원을 받아 발달장애인의 미래계획과 관련된 다양한 콘텐츠를 개발하고 이를 전국의 장애인복지 현장에 보급하였으며, 장애인복지관, 특수학교 등 유관기관과의 협력적 네트워크를 통해 발달장애인의 미래 삶을 지원하고 있다. 성민성년후견지원센터는 의사결정 능력에 제한이 있는 장애인의 자기결정과 인권 및 권리보호를 위한 기관으로서 2012년 전국 최초로 설립되었다. 센터는 2014년부터 '서울시 발달장애인 공공후견지원 교육 및 홍보' 사업을 수행하면서 발달장애인이 보다 안정적으로 후견제도를 활용할 수 있도록 지원하고 있다. 특히 발달장애당사자용 교재, 후견심판청구 활동북, 공공후견사무 가이드북, 공공후견사무 현황조사 등 후견제도와 관련된 교재 개발과 실태조사를 진행하여 장애인의 권리에 기반 한 후견제도의 역할과 방향성을 제시하고 있다.

사회복지법인 성민은 장애인의 자립생활의 기반이 되는 좋은 일자리 창출을 위해 장애인표준사업장 ㈜우리행성을 2016년에 설립하였다. ㈜우리행성은 '우리들의 행복한 성장'의 줄임말로 직업을 통한 장애인의 성장과 사회통합을 지향하고 있다. 현재 카페와 제과제빵실에 16명의 발달장애인이 근무하고 있으며, 전체 근로자 중 85%가 장애인으로 구성되어 있는 예비사회적 기업이다. ㈜우리행성은 장애인을 위한 안정적이며 질적인 일자리를 위해 화훼사업, 장애인식개선교육 강사 등 새로운 직업군을 지속적으로 개발하고 있다.

마들종합사회복지관에서는 어르신, 아동 및 청소년 등 지역주민을 위한 평생복지체계를 구축하고 있다. 복지관은 평생과정설계에 입각하여 교육, 문화·여가, 출산·양육, 보건·의료, 소득재정, 사례관리·위기지원, 행복한 우리마을 만들기, 평생과정설계 지원사업을 통해 행복한 사람, 건강한 가족, 성장하는 지역사회를 주민들과 함께 만들어가고 있다. 성민재가장기요양센터는 사회복지 전문적 가치와 윤리를 바탕으로 요양보호사를 가정에 파견하여 어르신의 일상생활과 정서를 지원하고 있다. 노인병원이나 요양원, 주간보호센터 등과 연계된 통합서비스를 제공하고 있으며, 무료 이·미용서비스, 반찬연계서비스, 김장나눔 등을 통해 어르신의 다양한 욕구와 필요를 충족시키고자 노력하고 있다.

사회복지법인 월드비전

미국인 선교사 밥 피어스 목사가 한경직 목사를 비롯한 한국교회 지도자들과 협력하여 한국전쟁 속에서 남편을 잃은 부인과 고아들을 돕기 위해 1950년 9월 한국선명회(현 월드비전)를 설립하였다. 월드비전은 전 세계 가장 취약한 아동·가정·지역사회가 빈곤과 불평등에서 벗어나도록 하나님의 사랑을 실천하고 모든 파트너와 함께 지속 가능한 변화를 만들어가는 글로벌 NGO이다. 월드비전은 모든 어린이가 풍성한 삶을 누리는 것을 비전으로 삼고, 인간의 변화를 위해 노력하고 정의를 구현하며 하나님나라의 사랑을 실천하는 것을 사명으로 삼고 있다.

월드비전은 크게 지역개발사업, 옹호사업, 꿈 지원 사업, 북한사업으로 나눠서 운영된다. 이 모든 사업들은 기독교 정신을 바탕으로, 직원들이 하나님의 사랑을 실천함으로써 지역사회 내에서의 파트너십을 이루며 실천된다. 지역개발사업은 취약한 지역에 거주하는 아동의 생존과 성장, 보건위생, 기초교육과 영적·정서적 성장, 가정의 생계유지, 지역사회의 학대와 착취 등으로부터 보호하기 위해 이뤄진다. 가장 어려운 지역에서 지역사회를 변화시키기 위해 식수 및 보건사업, 농지개발 및 소득증대사업, 교육 및 주민역량강화 사업을 진행한다. 옹호사업은 예수님의 사랑을 실천하기 위한 사업 중의 하나로 가난하고 어려움에 처해있는 지구마을 이웃들이 자신의 삶에 영향을 주는 정책들을 변화시키고 목소리를 낼 수 있도록 돕거나 대변하는 것이다. '세계시민교육'과 정책연구와 모니터링, 정책포럼 및 로비활동, 연대 및 네트워크 구축을 통해 이뤄진다. 꿈 지원 사업은 취약계층인 모든 아동과 청소년이 지역사회 안에서 보호와 지지를 받고 꿈에 도전할 수 있도록 기회를 주어 보다 넓은 세계로 자기를 확장하며 주도적인 삶을 살아가도록 돕는 사업이다. 비전 탐색과 비전 구체화, 전문 멘토와의 만남, 꿈 발표회 등을 통해서 아이들의 꿈이 실현될 수 있도록 돕는다. 마지막으로 북한 사업은 오랫동안 식량부족 문제를 겪고 있는 북한에 식량난의 근본적인 해결책인 농업개발

사업을 통해 이뤄지고 있다. 남북 농학자들이 공동연구하여 농업 생산량을 향상시키고자 하는 '농업사업', 북한의 부족한 농업 전문인력을 육성하고 기술과 자원 습득을 지원하는 '농업교육 사업', 어린이들과 주민들의 삶의 질 향상을 위해 지역사회가 함께 협력하는 '꽃 피는 마을 사업' 이 있다.

•• 사회복지법인 지구촌사회복지재단 ••

지구촌사회복지재단은 '민족을 치유하고 세상을 변화시키는' 지구촌교회의 3N3G 비전을 가슴에 품고, 지역사회에 보다 전문적인 사회복지서비스를 실천하기 위하여 2002년 8월 5일 설립되었다. 지구촌사회복지재단은 '그리스도의 사랑을 실천하는 복지재단, 지역사회를 섬기는 복지재단, 전문복지서비스를 제공하는 복지재단, 교회 사회봉사를 선도하는 복지재단' 이라는 미션을 가지고 교회 사회복지실천을 하고 있다. 특히 하나님 사랑, 이웃 사랑을 실천하는 복지재단으로 선한 영향력을 지역사회에 흘려보내는 축복의 통로가 되고자 노력하며, 성경 속의 선한 사마리아인의 4가지 영성(발견, 긍휼, 돌봄, 책임)의 가치를 담은 다양한 사역을 진행해오고 있다.

2008년부터 현재까지 노인, 장애인, 다문화 가정을 위한 사회복지시설을 운영하고 및 지역사회 섬김을 실천하고 있다. 치매 어르신들을 돌보며 그리스도의 사랑을 전하는 '지구촌노인복지센터', 장애인들의 직업 훈련과 더불어 안정적인 자립을 지원하는 '지구촌보호작업장', 오갈 곳 없는 독거 어르신들의 거주지 및 생활을 지원하는 '용인시사랑의집', 장애청소년의 바리스타 · 원예 · 영농 전환교육을 실시하는 '성남시율동생태학습원', 지역사회 위기 · 취약 가정을 발굴하고 자립을 돕는 '수지구무한돌봄네트워크센터', 아름다운 어르신의 활기찬 인생을 지원하는 '분당노인종합복지관', 어르신의 욕구에 귀기울여 다양한 복지서비스를 제공하는 '용인시수지노인복지관', 장애인을 섬기고 지역사회를 변화시키는 '용인시수지장애인복지관', 다문화 가정의 안정적인 정착을 지원하고 위기 가정의 어려움을 돕는 '용인시건강가정·다문화가족지원센터', 함께 세우고 함께 나누는 행복한 지역공동체를 목표로 화성시 동부권역 장애인을 섬기는 '동탄아르딤복지관', 커피에 사랑을 담아 장애인 및 다문화가정의 직업체험 및 교육을 제공하는 '카페뜨랑슈아' 등이 있다.

이처럼 지구촌사회복지재단은 성남시, 용인시, 화성시를 중심으로 12개의 시설을 운영하는 '복지기관 운영사업'과, 지구촌교회 성도를 대상으로 지역사회 나눔에 동참하도록 독려하는 '모금사업', 지역사회에 꼭 필요한 곳에 꼭 필요한 나눔을 전하는 '지역사회 지원사업', 청소년 자원봉사 교육 및 지역복지기관에 연계하는 '자원봉사사업', 지구촌교회와 협력하여 지역사회의 소외된 이웃을 돕는 '교회 협력사업' 등 다양한 사업을 진행하며 그리스도의 사랑을 전하고 지역사회를 섬기고 있다.

'플라톤'이 쓴 책 〈국가〉에 나오는 소피스트 '트라시마코스'는 '정의는 강자의 편익'이라고 주장한다. 플라톤의 말은 개인의 자유 혹은 주권을 지키기 위해 제정된 법이 강자들에 의해서 자의적으로 적용되는 현실을 반영하고 있다. 흥미롭게도 예수님께서 이 땅에 오시기 전 8세기에 구약의 예언자 '미가'도 비슷한 취지의 말을 했다. 하나님의 뜻이라고 하면서 타락한 왕들과 예언자들이 하나님의 백성들을 고통스럽게 하고 하나님의 뜻을 빙자하여 자신들의 욕망을 채워 간다는 거다.

그래서 미가 선지자는 참된 믿음이란 공의를 실천하는 것이라고 했다. 하나님의 뜻을 분별하고 그 뜻을 온전히 살아내려는 노력이 '의'라고 했다. 바로 그 '의'가 모든 사람들에게 제시될 때, '공의'가 된다. 그리고 당연히 개인적인 차원의 '의'와 공동체적 차원의 '공의'는 반드시 열매를 맺어야 한다. 미가서 6장 8절의 말씀을 오늘 우리가 쓰는 말로 정리하면 이렇다. "너 사람아, 무엇이 착한 일인지를 주님께서 이미 말씀하셨다. 주님께서 너에게 요구하시는 것이 무엇인지도 이미 말씀하셨다. 오로지 공의를 실천하며 인자를 사랑하며 겸손히 네 하나님과 함께 행하는 것이 아니냐?"

하나님의 말씀을 삶의 길로 삼은 사람들은 이 세상에 공의가 실현되는 일을 위해 애써야 한다. 골짜기는 메우고, 모든 산과 언덕은 평평하게 하며, 굽은 것은 곧게 하고, 험한 길은 평탄하게 하는 것이 그리스도인의 소명이다. 남의 아픔에 공감할 줄 알고, 늘 하나님을 모신 사람답게 언행을 삼가 겸손히 사회복지실천을 행하는 삶을 추구해야 한다. 이런 삶을 살려고 애쓰는 사람들이 모인 공동체가 교회인 것이다. 이런 사람들이 믿는 종교가 기독교인 것이다.

이 책에서 분석의 대상으로 삼고 살펴보았던 기독교사회복지재단들과 한국교회들이 설립한 사회복지법인들이 하고 있는 많은 사업들과 프로그램들이 하나님의 공의를 실현하는 아름다운 활동이었음을 파악하게 되었다. 그래서 아직은 한국교회에 희망이 있다.

3. '기윤실' 사례와 '목회와 신학' 사례

1) '기윤실' 사례

이 책에서 연구 분석대상으로 사용된 '기윤실' 자료는 2003년부터 2012년까지 시상된 농어촌 교회가 30곳, 중소도시 교회가 35곳, 대도시 교회가 24곳 그리고 특수목회 사역 교회가 9곳, 특별상 8곳으로, 총 106개 교회 사례였다. 좋은 교회상을 수상한 분석

대상 교회들의 성도수를 살펴보면 100명 미만의 작은 교회가 30곳으로 가장 많았고, 100명부터 300명 미만의 교회가 24곳, 300명부터 1,000명 미만의 교회가 16곳, 1,000명부터 2,000명 미만의 교회가 19곳 그리고 2,000명 이상의 큰 교회가 17곳으로 나타났다. 분석대상 교회의 절반 이상이 성도수가 300명 미만의 크지 않은 교회들이다. 이들 교회들의 사회복지실천과 운영하는 사회복지시설의 사업들을 간략하게 정리하면 다음 〈표 7〉과 같다.

〈표 7〉 지역사회와 함께 하는 교회상 수상교회

순	수상교회	회	수상구분	주요 복지사업	교인 수
1	강북구세군교회	1회	대도시	무료급식, 노인복지	80
2	대구신암교회	1회	대도시	평생교육원	1,500
3	대길교회	1회	대도시	무료급식	1,000
4	도림교회	1회	특별상	노인복지, 청소년복지	5,700
5	목민교회	1회	대도시	노인복지	5,800
6	봉동시민교회	1회	농어촌	노인복지	100
7	산음교회	1회	농어촌	노인복지	30
8	안성성결교회	1회	중소도시	노인복지	1,000
9	양무리교회	1회	대도시	청소년복지	107
10	예산짚풀교회	1회	농어촌	농촌봉사	73
11	고척교회	2회	대도시	노인, 아동, 청소년복지	2,700
12	구세군 모산교회	2회	농어촌	무료급식	102
13	남원살림교회	2회	중소도시	아동, 청소년, 노인복지	320
14	대구남산교회	2회	대도시	장애인, 외국인노동자	2,000
15	덕수교회	2회	특별상	노인복지	1,500
16	도원동교회	2회	대도시	무료급식	1,500
17	동두천 낙원교회	2회	중소도시	노인복지	250
18	송전교회	2회	농어촌	노인, 청소년복지	300
19	순복음푸른초장교회	2회	농어촌	노인, 청소년복지	90
20	오산침례교회	2회	중소도시	노인복지	1,500

순	수상교회	회	수상구분	주요 복지사업	교인 수
21	해인교회	2회	특수사역	노숙인쉼터, 무료급식	125
22	도고중앙교회	3회	농어촌	밑반찬나누기	84
23	둥지교회	3회	특수사역	장애인복지	150
24	새성남구세군교회	3회	중소도시	청소년복지	60
25	새터교회	3회	대도시	아동복지	80
26	성터교회	3회	대도시	아동복지, 외국인노동자	250
27	오중제일교회	3회	농어촌	노인복지	70
28	일산은혜교회	3회	중소도시	암환자 쉼터	1,000
29	제천명락교회	3회	중소도시	노인복지	1,743
30	창원한빛교회	3회	중소도시	노인복지	1,500
31	효성중앙감리교회	3회	대도시	노인복지	1,579
32	구세군여주교회	4회	농어촌	아동복지, 푸드뱅크	60
33	본향교회	4회	중소도시	노인복지	500
34	안산제일감리교회	4회	중소도시	무료급식	272
35	예수사랑교회	4회	대도시	문화센터	900
36	율곡교회	4회	농어촌	노인복지	200
37	익산북일교회	4회	중소도시	노인복지	2,000
38	일산세광교회	4회	중소도시	문화센터	1,800
39	장항성일교회	4회	농어촌	장애인복지	500
40	평안교회	4회	중소도시	노인복지	250
41	평창동산교회	4회	특수사역	아동복지, 푸드뱅크	40
42	거진성결교회	5회	농어촌	노인복지	250
43	구세군남안성교회	5회	농어촌	노인복지	100
44	당진감리교회	5회	농어촌	노인복지	6,524
45	부천밀알교회	5회	중소도시	외국인노동자	250
46	살림교회	5회	대도시	노인복지	50
47	세계로교회	5회	농어촌	푸드뱅크	100
48	신명교회	5회	특별상	노인복지	450
49	완도제일교회	5회	농어촌	노인복지	1,000
50	일산예일교회	5회	중소도시	아동복지	800

순	수상교회	회	수상구분	주요 복지사업	교인 수
51	하나로교회	5회	대도시	노숙인쉼터	100
52	한무리교회	5회	중소도시	아동, 노인복지	60
53	남원제일교회	6회	중소도시	장애인, 노인복지	1,000
54	백석교회	6회	중소도시	환경	50
55	빛과소금교회	6회	중소도시	노인, 아동, 장애인복지	40
56	울산교회	6회	대도시	아동, 청소년, 여성, 노인, 장애인복지	2,500
57	전원성결교회	6회	농어촌	지역복지	50
58	청주율량교회	6회	중소도시	아동, 노인복지	200
59	하남은광교회	6회	대도시	아동, 노인복지	600
60	후영순복음교회	6회	농어촌	지역복지	54
61	희년교회	6회	특수사역	아동, 청소년, 여성복지	20
62	거룩한빛광성교회	7회	중소도시	노인복지	5,100
63	과천소망교회	7회	중소도시	노인, 아동복지	3,500
64	광양대광교회	7회	중소도시	다문화복지	1,400
65	기쁨누리교회	7회	중소도시	아동복지, 지역복지	65
66	기성아산교회	7회	중소도시	노인복지	150
67	소사제일교회	7회	중소도시	노인복지	100
68	신기교회	7회	농어촌	노인복지	50
69	영월 서머나교회	7회	농어촌	푸드뱅크, 목욕봉사	120
70	전주안디옥교회	7회	특별상	의료, 교도소 선교, 노인대학	5,000
71	포항경동교회	7회	특수사역	청소년복지, 외국인근로자상담센터	100
72	홍성제일교회	7회	농어촌	노인복지, 아동복지	1,000
73	강진읍교회	8회	농어촌	노인복지	800
74	구세군북춘천교회	8회	중소도시	아동복지	35
75	금산평안교회	8회	농어촌	연탄은행	90
76	보길중앙교회	8회	농어촌	한글학교, 지역아동센터	35
77	세계비전교회	8회	대도시	빈 집 수리, 방문요양	320
78	송탄중앙침례교회	8회	특별상	노인복지, 아동복지	2,000
79	예닮교회	8회	대도시	호스피스, 정릉종합사회복지관	1,430
80	완도성광교회	8회	특별상	아동, 청소년, 노인, 다문화복지	2,943

순	수상교회	회	수상구분	주요 복지사업	교인 수
81	인천목민교회	8회	특수사역	장애인주간보호센터	40
82	충주제일감리교회	8회	중소도시	노인복지	1,500
83	큰사랑교회	8회	대도시	지역아동센터, 노인문화교실	50
84	해성교회	8회	중소도시	복지관, 유치원, 아기학교	850
85	강남교회	9회	대도시	개안수술지원, 기장복지관 지원	3,000
86	녹양교회	9회	중소도시	문화사역, 노인대학, 방문요양	500
87	물금읍교회	9회	농어촌	노인복지	50
88	삼산교회	9회	농어촌	물리치료, 경로대학, 상담소	110
89	영서교회	9회	대도시	독거노인, 소년소녀가장 지원	1,345
90	온양농아인교회	9회	특수사역	지역아동센터, 수화통역, 장애인복지	58
91	인천교회	9회	대도시	장애인자립프로그램	450
92	정자교회	9회	중소도시	지역아동센터, 노인대학, 도서관	240
93	주님의교회	9회	특수사역	아동, 여성, 장애인복지	50
94	홍천동면감리교회	9회	농어촌	환경, 생명 직거래 사업	50
95	계명성교회	10회	중소도시	노인복지	200
96	과천교회	10회	중소도시	장애인, 노인, 아동복지	6,000
97	구세군진보교회	10회	농어촌	노인복지, 밑반찬봉사, 미용봉사	70
98	동련교회	10회	농어촌	노인복지	300
99	수원중앙침례교회	10회	특별상	노인복지, 외국인복지, 호스피스	12,000
100	열방교회	10회	특별상	장애인, 아동복지	1,800
101	영신교회	10회	대도시	노인복지	600
102	작은샘골사랑의교회	10회	특수사역	노인복지, 장애인복지	120
103	전주동신교회	10회	중소도시	노인복지	2,100
104	창동염광교회	10회	대도시	장애인복지, 노인복지	7,000
105	풍기성내교회	10회	농어촌	경로대학, 무료급식, 목회간호	950
106	화전벌말교회	10회	중소도시	마을청소, 경로잔치, 장학금 지원	75

이상의 내용을 주요 사업 내용별로 간략히 요약[34]하면 다음 〈표 8〉과 같다.

〈표 8〉 지역사회와 함께 하는 교회상 수상교회의 주요 복지사업

회	교회 수	주요 복지사업
1	10	청소년복지, 노인복지, 무료급식, 평생교육원, 농촌봉사
2	11	아동복지, 청소년복지, 노인복지, 장애인복지, 외국인노동자, 노숙인쉼터, 무료급식
3	10	아동복지, 청소년복지, 노인복지, 장애인복지, 외국인노동자, 암환자 쉼터, 밑반찬봉사
4	10	아동복지, 노인복지, 장애인복지, 무료급식, 문화센터, 푸드뱅크
5	11	아동복지, 노인복지, 외국인노동자, 노숙인쉼터, 푸드뱅크
6	9	아동복지, 청소년복지, 노인복지, 장애인복지, 여성복지, 지역복지, 환경
7	11	아동복지, 청소년복지, 노인복지, 다문화복지, 지역복지, 푸드뱅크, 목욕봉사, 의료, 교도소 봉사, 외국인근로자상담센터
8	12	아동복지, 청소년복지, 노인복지, 장애인복지, 다문화복지, 한글학교, 연탄은행, 호스피스
9	10	아동복지, 노인복지, 장애인복지, 여성복지, 지역복지, 물리치료, 방문요양, 도서관, 환경, 생명 직거래 사업
10	12	아동복지, 노인복지, 장애인복지, 외국인복지, 호스피스, 목회간호, 무료급식, 밑반찬봉사, 미용봉사

2) '목회와 신학' 사례

2014년 1월호부터 2017년 12월호까지 월간 '목회와 신학'에서 기사로 다루어진 국내외 모범적인 교회 사례들 가운데에서 한국교회의 사회복지실천으로 볼 수 있었던 사례들을 우선적으로 파악한 후, '기윤실' 자료의 범위와 수준에 부합하는 보완적인 자료

---

[34] 지면의 제약으로 구체적인 수상교회의 사업현황과 각 사례들의 단위 사업별 세부적인 분석결과를 제시할 수 없었음을 밝힌다.

들을 부가적으로 확보할 수 있는 총 42개 교회 사례를 최종 조사 분석의 대상으로 선정하였다. 이들 사례 교회들의 사회복지실천과 운영하는 사회복지시설의 사업들을 간략하게 정리하면 다음 〈표 9〉와 같다.

〈표 9〉 목회와 신학에서 기사화된 모범적인 교회

순	회	구분	교회명	담임목회자	지역
1	297	디아코니아목회(3)	춘천동부교회	김한호	강원도 춘천시
2	297	창의적 목회(14)	동네작은교회	김종일	서울특별시
3	298	창의적 목회(15)	성암교회	조주희	서울특별시
4	300	창의적 목회(17)	광주숨·쉼교회	안석	광주광역시
5	306	창의적 목회(22)	큰나무교회	박명룡	서울특별시
6	308	개척 교회가 달린다(1)	예수비전교회	박창흥	인천광역시
7	308	교회 밖 목회현장	광시송림교회	이상진	충남 예산군
8	308	창의적 목회(25)	뜰안에작은나무 가족도서관 교회	나유진	경기도 부천시
9	309	오지 교회를 가다(2)	여수월전교회	문경두	전남 여수시
10	309	특수선교(14)	소망을 나누는 사람들	신용원	인천광역시
11	310	개척 교회가 달린다(2)	바로세움정립교회	양광모	서울특별시
12	310	특수선교(15)	포도나무 동산교회	정왕훈	경기도 양평군
13	312	지역사회와 함께하는 교회1	한남제일교회	오창우	서울특별시
14	312	지역사회와 함께하는 교회1	광염교회	조현삼	서울특별시
15	312	지역사회와 함께하는 교회1	도림교회	정명철	서울특별시
16	312	지역사회와 함께하는 교회1	예수사랑교회	김진하	서울특별시
17	312	지역사회와 함께하는 교회1	11개작은교회연합	-	서울특별시
18	312	창의적 목회(28)	비꼴로 골목길교회	최현락	서울특별시
19	312	개척교회가 달린다(3)	새누리교회	오세준	서울특별시
20	312	특수선교(17)	등대교회	김양옥	서울특별시
21	313	지역사회와 함께하는 교회2	부천 주사랑교회	이선학	경기도 부천시
22	313	지역사회와 함께하는 교회2	꿈의숲교회	최창범	서울특별시

순	회	구분	교회명	담임목회자	지역
23	313	지역사회와 함께하는 교회2	새로남교회	오정호	대전광역시
24	313	지역사회와 함께하는 교회2	꿈의교회	김이석	경기도 안산시
25	313	지역사회와 함께하는 교회2	부천 새롬교회	이원돈	경기도 부천시
26	313	오지 교회를 가다(4)	관사도교회	김요셉	전남 진도군
27	316	창의적 목회(31)	평창 노산교회	이등용	강원도 평창군
28	317	오지 교회를 가다(6)	거창 중촌교회	유수상	경남 가평군
29	321	CGN TV와 함께하는 오지 교회를 가다(8)	원등교회	양희두	전남 곡성군
30	322	목회	옥수중앙교회	호용한	서울특별시
31	323	CGN TV와 함께하는 오지 교회를 가다(9)	들녘교회	이세우	전북 완주군
32	325	CGN TV와 함께하는 오지 교회를 가다(10)	쌍샘자연교회	백영기	충북 청주시
33	326	목회	거제 갈릴리교회	이종삼	경남 거제시
34	327	CGN TV와 함께하는 오지 교회를 가다(11)	담양 주산교회	김광훈	전남 담양군
35	328	목회	나포교회	채윤기	전북 군산시
36	329	CGN TV와 함께하는 오지 교회를 가다(12)	신동리교회	오필승	충남 홍성군
37	330	디아코니아 교회를 찾아서(2)	더불어숲동산교회	이도영	경기도 화성시
38	331	오지 교회를 가다(3)	곡성 주산교회	최재영	전남 곡성군
39	333	특집	온누리교회	이재훈	서울특별시
40	333	오지 교회를 가다(4)	일벗교회	서정훈	인천광역시
41	333	디아코니아 교회를 찾아서(4)	록원교회	장창만	서울특별시
42	334	디아코니아 교회를 찾아서(5)	꿈이있는교회	노지훈	전북 익산시

이상의 내용을 주요 사업 내용별로 간략히 요약하면 다음 〈표 10〉과 같다.

〈표 10〉 목회와 신학에서 기사화된 모범적인 교회의 사회복지실천 사업

회	교회명	담임목회자	주요 사역
1	춘천동부교회	김한호	찾아가는 당회사역, 디아코니아학교, 디아코니아 세미나, 디아코니아 예배 등 진행
2	동네작은교회	김종일	노화도 캠프, 일본 아웃리치, 고려인교회 봉사활동, 방배동 지역 무허가 판자촌 27가구 지원 사역, 방배 아지트 등 진행
3	성암교회	조주희	바오밥카페, 다섯콩작은도서관, 초등방과 후 교실, 성암비전센터, 노인사역 등 진행
4	광주숨·쉼교회	안석	북카페숲, 책으로 만나는 세상 도서관, 비폭력 대화 워크숍, 스마일 키퍼스 등 진행
5	큰나무교회	박명룡	틈새 포 플러스 학교, 북한이탈주민 대상 반찬봉사사역, 지글지글 파티 등 진행
6	예수비전교회	박창홍	1년에 2회 경로잔치, 지역주민에게 주는 교회 사역 등
7	광시송림교회	이상진	지역주민과 함께하는 영농협동조합 꿈이 익는 영농조합법인
8	뜰안에작은나무 가족도서관 교회	나유진	뜰안에 작은 나무 가족도서관 운영(저소득층 아동들을 위한 도서관 프로그램, 다문화가정 대상 책놀이 교실, 교육 특강 등을 진행)
9	여수월전교회	문경두	해외결식아동지원, 방주 8호를 통한 주변 섬 방문사역 등
10	소망을 나누는 사람들	신용원	마약류 중독 치료 재활 공동체를 통한 마약사범사역
11	바로세움정립교회	양광모	전문적 상담기관과 연계, 교육정보 공유, 카페 사역 등
12	포도나무 동산교회	정왕훈	재능기부네트워크 구축, 제1호, 제2호 포도밭에아이들 지역아동센터 운영, 밥퍼 나눔 사역과 노인 목회 등
13	한남제일교회	오창우	지역 어르신 효도관광, 효도잔치, 용산 한 가족 결연사업, 푸드뱅크 돕기 사랑 나눔 음악회, 한남동 오케스트라 연주회 등 지역행사 참여사역

회	교회명	담임목회자	주요 사역
14	광염교회	조현삼	집수리 봉사, 십자가 전등 살리기 사역팀 등
15	도림교회	정명철	교회 부설 디아코니아 센터를 통한 사랑의 집수리봉사단
16	예수사랑교회	김진하	인근 4개 병원 환자들과 보호자들에게 호박죽 나눔 사역 진행
17	11개작은교회연합	-	신월동 지역 소외된 어르신 50가정 반찬 나눔 사역
18	비꼴로 골목길교회	최현락	공감파티, 메이트 초청파티, 기업 코칭 등
19	새누리교회	오세준	경로당 방문 사역, 다문화 가정 자녀 돌보기 사역
20	등대교회	김양옥	무료 급식소, 쉼터(자활 및 사회복귀) 사역 등
21	부천 주사랑교회	이선학	주민자치센터와 협력하여 탁구, 배드민턴, 에어로빅, 운동터로 운영
22	꿈의숲교회	최창범	지역주민들에게 개방 주차장 운영
23	새로남교회	오정호	카페를 통한 지역 및 지구촌 섬김 사역
24	꿈의교회	김이석	스포츠센터를 통한 지역사회 섬김 사역
25	부천 새롬교회	이원돈	약대신나는가족도서관 운영, 꼽사리영화제 진행
26	관사도교회	김요셉	마을주민과 공동작업, 초등학교 교육사업, 알코올중독자 치유사역, 등대 2호를 통한 섬 선교 사역 등
27	평창 노산교회	이등용	비영리임의단체 노산마을학교를 통한 지역주민 연령대에 맞는 프로그램 진행, 성탄극장 등

회	교회명	담임목회자	주요 사역
28	거창 중촌교회	유수상	거창노인복지센터를 통한 재가노인복지사역, 이웃사랑복지재단을 통한 월평빌라 장애인 시설, 거창효노인통합지원센터 운영 등
29	원등교회	양희두	경로 무료 식당, 노인대학, 지역아동센터 운영 등
30	옥수중앙교회	호용한	사단법인 어르신 안부를 묻는 우유배달 설립 운영, 도서관, 공부방, 구제장학 등 운영
31	들녘교회	이세우	유기농법 정보전달, 도시교회와 직거래를 통한 도시농촌 상생 등
32	쌍샘자연교회	백영기	자연체험학교, 귀촌장려 프로그램 운영, 무인카페, 착한 살림, 공방, 갤러리 등 운영
33	거제 갈릴리교회	이종삼	무료 양로원 거제 사랑의 집 운영, 굿뉴스요양병원, 굿뉴스재활병원, 맑은샘병원, 필리핀 바사칸 두마게티 유치원, 케냐 룽가룽가 지역 초중등학교, 캄보디아 갈릴리 고등학교 설립 운영
34	담양 주산교회	김광훈	옥합봉사단을 통한 지역 섬김 사역, 광주 교도소 사형수 돌봄사역, 교도소 인성 사역 등
35	나포교회	채윤기	비영리 모임 자포사랑회를 통한 아동·청소년 지원 사업, 외국인 노동자 지원사업, 여름생태캠프 등
36	신동리교회	오필승	예장귀농상담소를 통한 귀농상담사역, 오누이 권역 농촌 마을 종합 개발 사업을 통한 농촌마을 살리기 사역, 마을 역사 문화 홍보관 개소, 마을목회연구소 농촌 운영
37	더불어숲동산교회	이도영	공정무역카페, 어린이 도서관, 마을 서재로 구성된 NGO '페어라이프센터' 운영, 토요 대안학교, '꿈의 학교: 화성으로 간 스쿨버스' 운영
38	곡성 주산교회	최재영	새한복지재단, 푸른청소년육성개발원, 스마일에듀넷, 해드림협동조합과 6개 기관을 통해 아동부터 노인까지 섬기는 복지사역 진행

회	교회명	담임목회자	주요 사역
39	온누리교회	이재훈	내적치유학교, 프리덤스쿨, 치유사역자 스쿨 등을 통한 내적치유사역, 기쁨의 회복학교, 주제별 회복학교, 하트스쿨, 파워임팩트 등 회복사역을 진행
40	일벗교회	서정훈	사회적 기업 콩세알을 통해 지역의 취약계층 섬김 사역
41	록원교회	장창만	문화학교, 미용반, 헵시바합창단, 공원 정기청소, 카페 운영 등을 통해 지역 섬김, 등대복지회와 협력하여 북한 어린이 지원 사업, 말라위 등 지구촌 섬김 사업 진행
42	꿈이있는교회	노지훈	겨자씨 프로젝트, 전화 안부 '안녕하세요' 사역, '8주간의 기적' 사역 등 진행

4. '기윤실' 및 '목회와 신학' 사례 분석 결과

1) 성격

이들 교회들이 수행했던 사회복지실천과 운영했던 사회복지시설의 사업들을 '4가지 차원의 4개 질문'을 통해 공공신학 관점으로 분석한 결과, 한국교회 사회복지실천의 성격[35]을 다음과 같이 파악할 수 있었다.

---

[35] 이 책을 쓰기 위해 연구 분석대상으로 선정된 사례들이 과연 한국교회의 사회복지실천과 사회복지시설을 대표할 수 있느냐는 질문은 여전히 제기될 수 있다. 더욱이 이들 사례들은 '기윤실'이 한국교회의 모범으로 선정한 경우인데, 이렇게 훌륭한 교회로 우수하게 인정받은 교회들이 한국교회의 진정한 모습일 수 있느냐는 문제제기도 충분히 가능하다고 본다. 그럼에도 분석 대상 교회들의 사례들은 향후 한국교회가 나아가야 할 지향성을 도출하는 데에 매우 유용한 실천내용들을 담고 있었다.

(1) 첫 번째 차원(사업의 배경 혹은 필요성) 분석 결과로 나타난 성격

가. 지역주민과 지역사회를 섬기고자 하는 원칙과 '개 교회' 중심 경향의 공존

'기윤실'이 선정했던 교회들과 '목회와 신학'에서 기사로 다루었던 교회들 지역주민과 지역사회를 섬기고자 하는 분명한 원칙 하에서 교회사회복지실천을 수행했을 뿐만 아니라 동시에 교회 부설로 설립한 사회복지시설도 최선을 다해 헌신적으로 운영해 왔음을 알 수 있었다. 이들 교회가 사회복지실천과 사회복지시설을 운영했던 이유는 교회 자신을 위해서가 아니었다. 교회 성장을 위해서 사회복지실천을 한다는 교회는 한 곳도 없었다. 이들 교회가 감당하는 지역사회를 향한 사회복지실천은 진정으로 타자를 위한 것으로 평가될 수 있었다. 예수님께서 세상을 위하여 십자가를 지심으로 자신을 희생한 것처럼 교회는 세상을 위해 그 자신의 존재까지도 희생하는 바로 그 십자가 정신을 추구하고 있었다. 그래서 이들 교회에서 나타나는 원칙의 두 가지 특징은 첫째, "오른손이 한 일을 왼손이 모르게"라는 주님의 교훈과 같이 크게 홍보하거나 광고하지 않고 조용히 지속적으로 마음을 다해 실천하는 것이었다. 둘째, 결과보다는 과정을 더 중요하게 생각하는 정신으로 사역했던 것으로 볼 수 있다.

하지만 사업의 필요성이나 배경을 세심하게 살펴보면 지역사회의 특성과 문제, 요구 및 욕구 등이 구체적이며 실질적인 자료들에 근거하지 않았음을 발견하였다. 일부 교회들의 경우에는 사회복지를 전공한 전문 사역자들이 지역사회 환경을 장황하게 설명하기도 했으나 그와 같은 내용들도 일반적으로 지역사회를 소개하는 수준이었던 것으로 평가된다. 이와 같은 사업 추진 배경의 모호성은 사회복지실천을 수행하는 교회와 지역사회와의 뚜렷한 상호작용 및 소통이 원활하지 않을 것이라는 추측을 하게 하는 요소가 된다. 이 같은 예상을 반영하는 또 다른 결과는 지역사회 내에 있는 기존의 사회복지시설들과 인근에 있는 다른 교회들과의 연계와 연합이 매우 미흡하게 나타나고 있다는 것이다.

결국 지역사회를 섬기겠다고 하는 뚜렷한 원칙은 있으나 실제 사업 수행의 근거가 되는 지역사회의 욕구와 문제 등에 대한 면밀한 검토는 상대적으로 부족하고, 인근에 있는 타 교회 및 유관 사회복지 시설이나 조직 등과의 협력적 활동은 이루어지지 못하고 있었다. 이는 한국교회의 현실 상황에 따른 접근이 아닌 '개 교회' 중심적인 경향이 한국교회의 사회복지실천과 사회복지시설 운영에도 나타나고 있음을 의미한다. 이와 같은 '개 교회' 성향의 활동은 '공공성'과 '공공선'을 지역사회에서 실현하는 데에는 여전히 미흡할 수밖에 없다는 판단을 하게끔 한다.

하지만 지역사회의 욕구에 기초하여 사업을 효과적으로 수행했던 모범적인 교회 사례들도 있었다. 그들 교회들 가운데에 대표적인 사례들을 간략하게 소개하면 다음과 같다.

① 예산 짚풀교회

예산 짚풀교회(기윤실 제1회 수상교회)는 농촌의 현실을 배경으로 생명 농업을 통한 지역사회 중심의 교회사회복지실천을 모범적으로 수행한 사례였다. 예산 짚풀교회의 사회복지실천을 구체적으로 살펴보면 첫 번째로 도시의 실직자·노숙자 및 귀향·귀농·영농 희망자에게 농촌 정착 및 영농 창업을 위한 환경 친화적인 생명농업교육 기회를 제공하고 상담 및 지원을 하였다. 두 번째는 도시 소비자와 청소년을 위한 자연 생태 체험학습 프로그램을 운영하였으며, 세 번째로는 도-농 직거래를 통한 농업인들의 안정적 생산 및 판매 통로를 확보함으로 소비자 회원들에게는 친환경적인 건강 먹거리를 제공하였다. 네 번째로 무주택 서민을 위한 '사랑의 빈집수리 운동'을 통한 예산군의 인구 증가 및 농촌 빈집수리 사업을 실행하였다. 마지막으로 다섯 번째는 북한이탈주민의 농촌정착교육을 통해서 그들의 눈높이에 적절하면서도 안정적 정착 상담 등을 지원하는 사업이었다. 또한 예산 짚풀교회에서는 두 개의 부설 기관(혹은 시설), 즉 '더불어 살기 생명나눔운동본부'와 '예산 친환경 농업인연합회'를 통해 친환경 농업인을 육성하고 복지의 사각지대에 놓여 있는 기초생활 수급대상자 및 영유아들을 위한 여러 가지

지원 사업들을 시행하였다. 이렇게 예산 짚풀교회는 '이촌향도' 현상으로 인구의 수도권 집중화 현상으로 인해 어려워지는 농촌의 현실을 직시하면서 교회의 적극적인 사회복지실천으로 농촌을 되살리려고 노력했다. 농촌 목회와 더불어 실질적인 농업활동을 지역주민들과 함께 전개하였으며 농촌이 사람 살기 좋은 마을이 되도록 애쓰고 노력해 왔다.

② 과천소망교회

과천소망교회(기윤실 제7회 수상교회)는 '로고스센터'를 설립하여 지역주민들에게 전면 개방해 지역사회의 다양한 문화, 복지, 교육의 필요를 충족시키고 세상과 교회를 잇는 가교 역할을 충실하게 수행하고 있었다. 로고스센터 1층에는 지역주민의 휴식과 나눔을 위한 북 카페, 2층에는 교육 세미나실(10개), 3층에는 웨딩과 공연, 연회 등을 할 수 있는 대강당과 소강당이 있고, 지하 1층에는 만나식당과 숙소, 지하2층 주차장 시설이 있다. 센터 주변으로는 푸른 초원 및 숲속 바비큐장과 분임 토의장, 스포츠 및 체육활동을 위한 야외 농구장과 운동장은 물론 청계산 등산로와 아름다운 산책길을 조성해 지역주민의 많은 사랑을 받고 있었다. 이렇게 과천소망교회의 로고스센터는 지역사회를 위한 문화복지센터로서 복음의 접촉점 역할을 하고 있었다.

③ 대전 세계비전교회

대전 세계비전교회(기윤실 제8회 수상교회)는 빈집수리 사업을 성공적으로 수행하였다. 대전 세계비전교회가 위치한 대전광역시는 경부고속도로와 호남고속도로가 분기하고, 경부선 철도와 호남선 철도가 분기하는 수도권 · 영남권 · 호남권 간의 교통의 요충지다. 그 중에서도 대덕구는 대전의 동부 지역으로 대전 나들목, 대전역, 복합터미널 등에서 10분 거리에 위치해 있으며, 대덕산업단지가 입지해 있다. 대전 세계비전교회가 빈집수리 사업을 시작한 첫 해인 2005년 대전은 새로 유입된 10만의 가구들에 대한 대책이 필요했다. 당시 이촌향도 현상을 반영한다고 하더라도 다른 6대 광역시들과 비교해서 대전이 유독 큰 유입률을 보였는데, 이 시기의 대전 유입 인구의 특징으로 실직·부도·경매 등 경제적 위기를 경험한 사람들의 재기를 위한 자활도시로 대전광역시를 선택하는 경우가 많았기에 그들에 대한 대책이 더욱 시급했다. 이러한 지역사회의 문제를 해결하기 위해 당시 대전 세계비전교회는 빈집수리 사업을 기획하여 시행하였고, 그 결과 경제적 위기로부터 오갈 데 없는 가정을 지원할 수 있었다. 그로 인해 가정 해체를 방지하고 아동의 생활을 보호하였으며 가정의 위기 극복에 크게 도움을 주었다.

④ 완도 성광교회

완도 성광교회(기윤실 제8회 수상교회)는 그 어떤 교회들보다도 강력한 교회사회복지 실천을 실행해온 모범적인 교회이다. 특히 '다문화 가정 사역'은 지역사회의 욕구를 교회가 잘 수용하고 교회가 할 수 있는 작은 일부터 시작하여 지역사회의 인정을 받았던 대표적인 사업이었다. 무엇보다도 소중한 성과는 지역사회의 욕구가 무엇인지 확인한 후에 일회성 행사가 아닌 지속적으로 추진할 수 있는 교회의 사회복지실천 사업으로 '다문화 가정 사역'을 정착시켰다는 데에 있다. 또한 '다문화 가정 사역'을 진행하면서 다른 교회들이나 지역사회의 단체들이 하는 프로그램을 그냥 따라서 수행한 것이 아니라 이주여성의 정착 및 적응과 관련한 문제와 욕구에 대한 민감성을 갖고 충분한 고민과 이해를 바탕으로 기존에 타 단체들이 했던 활동을 수정보완하면서 완도 성광교회만의 특화된 최적의 서비스를 제공하고자 노력하였다는 것이다. 이렇게 완도 성광교회는 변화하는 지역사회의 욕구에 재빨리 응답함으로써 다른 기관과 단체보다 먼저 지자체의 인정을 받아 '행복한 쉼터'라는 건강가정지원센터까지 위탁운영하게 됨으로써 지역사회 다문화 가정을 위한 전문사역을 감당하는 지역 내 대표적인 전문기관으로 인정받게 되었다. 당연히 완도 성광교회와 이들 센터 간의 협력은 매우 효과적으로 이루어지고 있다.

⑤ 광주 숨·쉼교회

광주 숨·쉼교회(목회와 신학, 2014년 6월호)는 광주광역시 광산구 수완동의 아파트 밀집 지역에 목조 펜션처럼 지은 아담한 2층 건물로 세워져 있다. 숨·쉼교회는 북 카페와 도서관, 동네 작은 교회라는 세 가지 얼굴을 한 복합문화공간이다. 도서관을 통해 동네 주민들을 만나고 도서관을 지속적으로 운영하기 위해 필요한 수입 구조를 마련하고자 북 카페를 함께 열었다. 그리고 도서관과 북 카페 사역의 토대가 되는 영적 기반인 교회가 세워졌다. 숨·쉼교회는 지역주민이 교인이라고 보고, 지역주민 전체를 목회의 대상으로 삼고 신실하게 지역을 섬긴다. 한편 도서관은 북 카페와 함께 운영되기 때문에 카페가 열리는 시간인 오전 10시 30분부터 문을 닫는 오후 10시 30분까지 누구나 편안하게 사용할 수 있다. 어린이의 경우 오후 7시 이후에는 보호자 동반을 원칙으로 한다. 대출 시스템은 따로 없다. 원칙은 도서관 내에서만 책을 보는 것이다. 그러나 굳이 책을 가져가야 한다면 그렇게 하도록 허용한다. 한 주에 약 50명의 인원이 도서관을 이용한다. 북 카페는 하루 평균 30명 정도가 다녀간다. 특히 숨·쉼교회는 북 카페를 교회 안으로 사람들을 끌어들이기 위한 수단으로 활용하려고 하지 않기 위해 각별히 주의하고 있다. 오히려 동네와 마을공동체를 생각하고 이에 필요한 커뮤니티 빌딩(Community Building)으로서의 북 카페가 되고자 최선을 다한다. 그래야만 카페가 지역사회의 좋은 공간이 될 수 있다고 믿기 때문이다.

⑥ 평창 노산교회

평창 노산교회(목회와 신학, 2015년 10월호)는 작은 교회이지만 지역주민들을 위해 생애주기별로 다양한 평생학습 프로그램을 개발해서 진행하며 성탄절에는 온 동네가 함께 행사를 준비하여 참여하게끔 한다. 교회의 장년들과 지역주민들이 함께하는 행사를 기획하여 시행하고자 교회가 설립한 것이 '감자꽃 스튜디오'이다. 2009년부터 매년 개최되는 행사인 성탄극장은 '감자꽃 스튜디오'에서 열린다. '감자꽃 스튜디오'는 폐교된 노산분교를 리모델링한 곳으로 문화·예술·체험이 어우러진 공간이다. 그리고 마을 사람들의 어린 시절 향수가 깊이 깃든 곳이기도 하다. 그래서 마을 사람들은 교회가 진행하는 행사임에도 편안한 마음으로 함께한다. '감자꽃 스튜디오'에서 성탄극장을 한다는 소문이 나자 주민들이 자발적으로 참여를 신청했고, 교회를 통해 전문가들이 세워져 이들이 마을회관들을 돌면서 참가 팀들을 직접 지도하며 준비했고, 그 결과물은 공연으로 나타났다. 참여자들의 성취감이 클 수밖에 없었고, 공연을 관람한 사람들은 감동과 기쁨을 크게 누릴 수 있었다.

나. 교회 성장을 지원하는 도구적 사역으로서의 인식

이들 교회들의 사회복지실천과 사회복지시설 운영은 교회의 전체적인 목회 사역과 연계되어 있었음에도 세부적으로 이들 사업들을 들여다보면 교회의 본질적 사명이라기보다는 교회 성장의 효과적인 도구 내지 방법으로 받아들이고 있었던 경우가 많았다. 다시 말해 교회사회복지실천이 교회의 일부 관심 있는 사람들의 서클 활동 정도로 시행되는 것을 넘어섰고, 목회자의 말씀사역과 교회교육사역, 행정사역, 구역(셀, 다락방, 목장 등) 사역 등 교회 전체의 사역과 연계되고 있었지만 교회사회복지실천을 수행하는 궁극적인 목적은 결과적으로 교회를 양적으로 성장시키는 중요한 전략이자 방법으로 이해될 수 있는 소지가 다분해 보였다.

구체적인 실례로 교회사회복지실천과 부설 기관으로 운영되는 사회복지시설의 핵심 인력이 대부분 동일 교회 교인들이어서 교회의 종교적 활동과 사회복지실천 업무의 경계가 모호할 수 있는 여지가 있었다. 가령 교회에서의 직분 수행과 사회복지시설의 업무 활동이 뚜렷하게 구분되어 설명된 경우가 매우 미흡하였다. 어떤 면에서 이는 교회와 사회복지실천 및 사회복지시설 간의 유기적인 소통이 가능할 수 있다는 장점이 있지만 반면 교회의 사역과 사회복지실천의 업무 상 경계의 모호함과 혼재로 인한 문제들이 발생할 수 있는 단점이 될 수도 있을 것이다. 실제로 담임목사가 시설장을 겸직하거나 목사의 사모가 시설장을 맡는다든지 교회의 시무 장로가 법인의 주요 행정 업무를 총괄하는 경우 등은 많은 긍정적인 측면이 있다고 해도 지역사회에서는 오해의 소지를 안게 되는 것이다. 그러므로 부득이하게 교회와 직결된 인사들을 중심으로 사업을 운영할 경우, 이에 대한 합리적이면서도 명분이 뚜렷한 근거와 이에 따른 정확한 업무 지침 및 원칙 등이 마련되어야 한다. 그렇게 해야만 교회의 사회복지실천과 사회복지시설 운영이 교회성장의 도구가 아닌, 실질적으로 지역사회를 섬기는 진정성 있는 지역사회복지 실천으로 지역주민들에게 받아들여질 수 있다.

놀랍게도 몇몇 교회들은 온전히 지역사회를 위해 아낌없이 교회의 자원을 내놓고, 지역주민들을 진정으로 섬기고 있었다.

① 주사랑교회

경기도 부천시에 위치한 주사랑교회(목회와 신학, 2015년 7월호)는 장년 교인 200여 명 규모의 교회다. 특이하게도 주사랑교회는 담임목사의 '주님의 마음으로 이웃을 섬기는 교회'를 지향하는 목회철학에 따라 지역주민들이 자발적으로 편안하게 언제든 교회를 다녀갈 수 있도록 하기 위해 십자가 탑을 세우지 않았다. 뿐만 아니라 주사랑교회는 건물 외벽을 노출 콘크리트로 꾸몄다. 파주 헤이리의 예술인 마을을 벤치마킹했다. 그리고는 교회가 주민들에게 운동할 수 있는 공간을 제공해주기로 했다. 지하에 있는 대예배실을 지역주민들을 위한 체육관으로 제공하였던 것이다. 농구는 반 코트, 배드민턴은 세 개의 코트를 설치할 수 있었다. 대예배실은 250개 정도의 개인 의자와 176석의 전동식 접이 의자(체육관 등에 설치하는 것으로 한 번의 스위치 조작으로 8단의 계단식 의자가 펼쳐지고 또 접힌다고 함)로 구성되어 있다. 주일 오후 예배 후 성도들이 개인 의자를 접어 보조 방에 넣는 데 약 10분, 전동식 접이 의자를 접는 데 약 3분, 이렇게 예배장소는 운동할 수 있는 현장으로 변한다. 전동식 접이 의자는 설치비용이 일반 의자의 6배 정도 소요되었다. 예배당을 실내체육관으로 사용하는 사역을 위해서는 교인들의 철저한 희생과 공감이 요구되었으며, 지역주민들도 혹시 교회 전도를 위한 일이 아닌지에 대한 의구심을 해소하는 것이 전제되어야만 했다. 주사랑교회는 이 모든 어려움을 극복하고 주민자치센터와 협력하여 매일 오후 탁구 동호회를 운영하고 있다. 저녁 시간에는 교회 교인들과 지역주민들이 함께 참여하는 배드민턴 팀이 운영되고 있다. 매일 약 50명의 교인 및 지역주민들이 운동하며 체육관으로 이용하고 있다. 물론 주일에는 하나님을 예배하는 거룩한 장소로, 분기에 한 번 정도는 영화관으로, 일 년중 최소 두 번은 콘서트장으로 그리고 매일 오후와 저녁에는 땀방울과 웃음소리로 가득한 체육관이 된다. 이 모든 일에 지역주민이 자발적으로 찾아와 참여한다.

② 중촌교회

경남 거창 산골 해발 550m 오지 마을에 위치한 중촌교회(목회와 신학, 2015년 11월호)에는 23명의 교인이 있다. 중촌리 11개 마을의 주민은 약 350명이다. 마을에는 노인들이 대다수이면서 일부 조손가정도 있다. 이들을 위해 반찬 나눔 사역을 시작했다. 사역이 지속적으로 활발하게 확장되면서 면사무소와 협력해서 40개 가정의 노인들에게 교회가 정성을 기울여 만든 반찬을 제공했고, 다른 교회까지 동참할 정도로 사역이 커졌다. 중촌교회는 2003년 6월부터는 예장통합장로교사회복지재단 '거창노인복지센터'를 설립해 재가노인복지실천을 본격적으로 실행했다. 중점 사업은 노인 일자리 사업, 재가 노인돌보미(생활지도사) 사업, 장애인 이동목욕차량 사업이다. 3년 뒤인 2006년에 사회복지법인 '이웃사랑복지재단'을 만들고, 2008년에는 재가장애인을 위한 중증장애인 거주시설인 '월평빌라'를 개소하였다. 그리고 2011년에 월평빌라 옆에 '거창효노인통합지원센터'를 세웠다. 이 센터는 노인주간보호시설 운영 및 재가 노인지원서비스를 통합 운영하고 있다. 사회복지실천의 기반이 미흡한 거창에서 거창노인복지센터는 이 지역 1호 사회복지시설이다. 지금 중촌교회가 운영하는 세 개의 기관에서 일하는 직원이 약 170명이다. 월평빌라에서는 30여 명의 중증장애인들을 돌보고 있고, 노인주간보호시설에서는 지역에 거주하는 40명의 노인들을 돌보고 있다.

③ 원등교회

전남 곡성에 위치한 원등교회(목회와 신학, 2016년 3월호)는 1991년부터 현재까지 꾸준히 어린이와 노인들을 대상으로 하는 사회복지실천으로 지역을 돌보며 지역이 신뢰하는 교회로 자리매김했다. 전형적인 빈농 지역의 작은 농촌교회였지만 독거노인 돌봄 사역을 비롯하여 무료 경로식당과 노인대학 운영 등 구체적이면서도 체계적인 노인복지 사업을 지속적으로 실행해 왔다. 특히 지역에 있는 노인요양원과 노인주간보호센터 등에 교인들을 훈련하여 자원봉사자로 보내는 일을 열심히 하고 있다. 또한 어린이 돌봄 사역에도 힘쓰고 있다. 2004년에 지역아동센터를 설립하여 아이들이 꿈을 갖고 미래를 준비할 수 있도록 노력하고 있다. 특기할 만한 사항은 원등교회의 모든 사회복지실천은 전도하기 위해서가 아니라 철저하게 지역사회의 필요와 지역주민의 욕구를 충족시키기 위한 목적으로 이루어지고 있다는 사실이다. 원등교회는 교회를 살리기 위해서 우선 마을이 먼저 살아야 한다는 가치를 세우고 마을을 살리는 일에 교회가 머리를 모아야 한다고 믿고 있었다.

④ 담양 주산교회

전남 담양 주산교회(목회와 신학, 2016년 9월호)는 세례 교인 60명의 작은 교회이지만 지역사회로부터 좋은 평판을 듣는 교회다. 주산교회의 다양한 사회복지실천들 가운데에서도 가장 인상적인 사업으로는 '옥합봉사단'을 통한 지역사회 자원봉사 활동이다. 특히 '옥합봉사단'은 담양군 자원봉사센터에 등록한 정식 자원봉사 조직이다. 교회라는 이미지를 주지 않기 위해 '선교회'라는 단어는 일부러 사용하지 않았다고 한다. '옥합봉사단'을 통해 주산교회 교인들은 노인정 청소, 마을 소독, 주변 마을 재활용품 폐지 수거, 관내 암 환자 및 장애인 가정 청소 및 목욕 서비스 등의 봉사를 한다. 재활용품 판매 수익은 매년 초등학생과 중학생들에게 장학금으로 전달한다. 이밖에 '옥합봉사단'은 식사를 잘 하지 못하는 12명의 노인에게 한 달에 한 번 두유를 제공하는 일도 하고 있다. 원래는 더 많은 노인들에게 우유를 배달하는 사역이었지만 그동안 세상을 떠난 노인들이 많아지고 정부의 요양보호사 제도가 활성화 되면서 현재는 교회 주변 마을의 노인들에게만 배달하고 있다. 두유를 배달하면서 목욕과 청소도 하고 있다. 주산교회는 담양 지역 전체가 목회의 현장이며 교회에 출석하는 교인만이 아니라 지역주민 전체가 행복한 삶이 되어야 한다는 모토로 정성껏 지역사회를 섬기고 있다.

(2) 두 번째 차원(사업의 목표) 분석 결과로 나타난 성격

가. '사업 추진 교회' 중심적인 장기적 목표와 단기 목표의 설정

이들 교회들의 사회복지실천과 사회복지시설 운영은 장기적 목표와 이를 향한 단계적 단기 목표들을 설정하고 있었다. 교회의 사회복지실천이 지속적이고 효과적인 활동이 되기 위해서는 사회복지실천을 위한 장기 목표가 설정되어야 하고, 이를 성취하기 위하여 정교하고 세밀한 단기 목표들이 설정되어야 한다. 장기 목표에는 대체로 교인들의 의식전환을 위한 분야, 교회 예산과 자원 동원을 위한 분야, 지역사회의 문제에 대한 장기적 목적 등 각 분야에 대한 이념적 목적(goal)이 설정되어 있었고, 각각의 목적에는 측정 가능한 구체적 수치로 설명된 목표(objectives)가 제시되어 있었다. 그리고 각각의 목표에 단기적으로 또는 우선적으로 실행되어야 할 과제(tasks)까지 명확하게 제시되어 있었다.

뿐만 아니라 각각의 목적과 목표들은 일관성과 지속성의 차원에서 합리적이고 논리적으로 구성되어 있었다. 먼저 해야 할 일과 나중에 해야 할 일의 순서가 정해져 있었고, 각 교회의 상황에 합당한 우선순위가 결정되어 있었다. 일부 교회에서는 구체적인 단계별로 사업의 목표가 설정되어 있기도 했다. 이를 테면 그 첫째 단계에서 교인들의 의식전환을 도모하고, 둘째 단계에서 교인들의 관심을 유발시키는 프로젝트를 진행하며, 셋째 단계에 들어가서 목회의 방향을 사회복지실천 사업들에 맞춤으로써 본격적이고 지속적인 지역사회를 위한 활동을 수행해가는 것을 말할 수 있다. 특히 각 단계에 맞는 사업들을 구상함에 있어서 처음에는 쉽고 보람 있는 프로그램으로부터 시작하여 노인, 아동, 청소년, 장애인, 노숙인, 외국인노동자 등을 대상으로 점점 그 영역을 넓혀가는 경우가 많았다. 마지막 단계에서 지역사회를 위한 자부담 형태의 기독교사회복지관이나 부설 사회복지시설 등을 건축하여 광범위하고 지속적이면서도 전문적인 프로그램을 실천하는 데에까지 이르고자 하는 경우도 있었다.

그러나 공공신학 관점에서 볼 때, 이와 같은 목표들은 몇몇 교회들을 제외하고 대부분의 경우 사업을 추진하는 개별 교회의 목회적인 비전과 목회 활동의 장단기 목표들과 일치하고 있었다. 그러니까 이들 교회들이 설정한 사회복지실천의 장단기 목표들은 비록 그렇게 표명하지는 않았더라도 결과적으로 목회자의 성공적인 목회 실현과 교회 성장을 위한 목회 비전으로 연결되고 있음을 볼 수 있다. 아울러 그와 같은 목표들은 사업을 추진하는 교회의 이해관계와 목회자의 선호도에 기인하고 있다. 즉 담임목사가 지향하는 가치가 적극 반영되고 그 결과 교회의 사업 추진 방향이 정해지고 그와 같은 교회가 중요하다고 인식하는 방향에서 결국은 사업의 목표들이 설정되고 있었다. 지역사회의 문제들을 해결하기 위한 적극적인 동기에 의해서가 아닌 교회 스스로가 이미 결정한 대로 사업의 목표들이 수립되는 것으로 평가된다.

이렇게 되면 그와 같은 사회복지 사업은 교회의 사업이지 지역주민들이 공감하면서 아울러 지역주민이 주체가 되는 사업은 되지 못한다. 당연히 지역사회의 욕구를 파악하고 그에 부응하려고 노력하는 모습은 제시된 사업의 목표들에서 나타날 수 없게 된다. 몇몇 교회들의 경우 지역사회 조사를 구체적으로 수행하기도 하였다. 그러나 지역사회 조사의 결과가 구체적으로 어떻게 반영되었는지에 대한 논리적 설명은 미흡하였다.

물론 담임목사 혹은 교회의 핵심적인 중직자의 가치와 비전에 의해 실행되는 사회복지실천 내지 사회복지시설 운영은 일정 부분, 성공적으로 교회사회복지실천이 수행되게 하고 사회복지시설 또한 원활하게 운영될 수 있도록 하는 강력한 힘이 될 수 있다. 특히 사업을 시작하게 하는 동기로 작용하거나 사업 시행 초기의 난관을 극복하는 가장 확실한 요인이 되기도 한다. 그럼에도 장기적으로는 지속적인 교회사회복지실천과 전문적인 사회복지시설 운영을 위해서는 점차 지역사회의 요구와 욕구를 면밀히 살피는 노력이 있어야 할 것이다.

나. 시혜적이고 자선적인 사업 목표

분석 대상 교회들의 사회복지실천 단위사업별 목표들은 권리 지향적이며 욕구 중심적이기보다는 다소 시혜적이고 자선적인 수준에 머물러 있었다. 이들 교회들은 사업의 목표들을 지나치게 미시적인 자원 제공이나 지원 등에 국한하여 설정하고 있었다. 지역사회의 구조와 환경을 적극적으로 개선하고, 지역주민의 의식을 변혁시키려는 시도는 미흡해 보였다. 나아가 사회행동이나 사회운동의 성격을 갖고 있는 예언자적인 기능을 수행하려는 의지도 부족한 것으로 판단된다.

이런 가운데서도 서비스 대상자들을 자립적이며 생산적인 주체로 성장시키기 위한 적극적인 노력을 사업 목표에 반영했던 몇몇 교회 사례들이 인상적이었다.

① 부천 밀알교회

부천 밀알교회('기윤실' 제5회 수상교회)의 사례는 시사하는 바가 크다. 부천 밀알교회는 소형교회임에도 2001년부터 저소득층 가정과 다문화 가정의 자녀들을 위해 어린이집을 운영하고 있다. 660㎡ 규모의 교회 건물에 방과후 교실을 설치하고 어린이 40여명을 대상으로 학습지도와 특기·적성교육, 문화체험, 무료 급식을 실시해 좋은 반응을 얻고 있다. 여기에 들어가는 예산이 연 1억5000만원에 달한다. 이 교회는 또 노인교실과 외국인 근로자 쉼터를 운영 중이다. 이와 함께 장애인 보호시설인 '아름다운 집'을 설치하여 장애인을 위한 일상생활 훈련과 사회 적응훈련, 보호 서비스 등을 실시하고 있다. 특히 이주노동자복지센터를 설치하고 이주노동자와 이주여성들을 대상으로 노동상담과 생활상담, 의료상담을 실시하고 한국어 교육과 컴퓨터, 요리 교육을 실시하는 한편 노동자 쉼터도 운영하고 있다.

　이렇게 부천 밀알교회는 19년간 지속적으로 교회와 사회복지시설을 통한 사회복지 실천을 열정적으로 수행해오고 있다. 부천 밀알교회에서는 교회 내에 있는 자원들을 최대한 활용하여 외적인 성장보다는 '하나님 사랑, 이웃 사랑'에 기초해 지역사회를 섬기는 것에 집중하고, 지역사회와 서비스대상자, 교회, 복지센터의 선순환 구조를 만들어 나가는 것을 장기적인 목표로 설정하고 수행하고 있다. 또한 단기적인 목표로 어린이집 운영, 주간보호시설, 밀알노인교실, 이주노동자 지원, 결혼이주여성 아동들의 보육지원, 각종 교육 등을 통해 앞서 제시한 장기적인 목표를 달성하기 위해 노력하고 있다.

　보다 세부적으로 기관의 목적을 살펴보면, 부천 밀알교회가 운영하고 있는 사회복지사업 중 하나인 부천 이주노동복지센터는 부천 인근 지역 이주노동자와 그들을 고용하고 있는 사업주에 대한 법률, 구제, 중재와 함께 상황이 매우 열악한 이주노동자들의 건강, 취업, 출입국, 생활, 공동체 참여 등 상담 지원 사업을 주된 목적으로 하고 있다. 또한 점차 증가하는 결혼이민자와 그 가족들의 문화적·제도적·경제적 혼란을 조성하고 계도하는 목적을 세부적으로 갖고 운영 중이다. 이러한 여러 교회사회복지 사업들의 목표를 면밀히 살펴보면 부천 밀알교회는 공공성을 잘 달성하고 있음을 확인할 수 있다. 더욱이 이 모든 사업의 궁극적인 목적을 서비스를 제공받는 사람들의 주체적이며 자립적인 삶에 초점을 두고 있는 것은 교회사회복지실천의 '공공선'을 지향하는 대단히 모범적인 사례로 평가된다.

② 들녘교회

　전남 완주군 들녘교회(목회와 신학, 2016년 5월호)는 1,600평의 논에 직접 농사, 그것도 까다로운 친환경 유기농법으로 농사를 짓고, 도시 교회와 연계해 판로까지 개척해 건강한 밥상을 책임지는 일을 20여 년 간 하고 있다. 특히 직거래하는 서울 향린교회를 비롯한 5개 도시교회들과는 생산자와 판매자의 관계를 넘어선 신뢰를 쌓아가고 있다. 들녘교회는 교회를 넘어서서 자주와 공생의 원칙하에 보다 많은 지역주민들이 유기농법으로 벼를 재배할 수 있도록 적극 지원하고 이렇게 생산된 수확물을 도시 교회들과 직거래함으로써 도시와 농촌이 상생하는 실제적인 방안을 모색하여 실천하고 있다. 특히 들녘교회는 농산물의 품질관리에 만전을 기할 뿐 아니라 생산자와 소비자의 신뢰 관계 형성 방안을 모색해 도농 교회 간 영적·인적·물적 교류를 시행하였다. 관계를 맺은 도농의 교회가 서로를 위해 중보기도를 시작했으며, 1년에 한 차례씩 강단 교류도 했다. 수련회를 상대 교회로 가기도 하고, 도시 교회의 교인들과 농사를 지은 들녘교회 교인이나 지역주민들 간의 상호 방문도 했다. 특히 도시 교회의 교인 집에서 하루 묵으면서 교제를 하게끔 했던 교류 프로그램은 효과가 컸다. 자신이 키운 농산물을 누가 먹는지 알게 된 후 더 책임감을 갖게 되고, 도시 교인은 내 먹거리를 생산한 사람이 누구인지 알게 되니 믿음이 생기게 되었다.

(3) 세 번째 차원(사업의 내용과 수행 과정) 분석 결과로 나타난 성격

가. 과도한 종교성이 반영된 사업 형태

정부 및 지자체의 지원을 받아 수행했던 일부 교회들의 사회복지실천 단위사업들의 실질적인 내용들과 수행 과정을 살펴보았을 때, 확연히 드러나는 현상은 어떤 계기에서든 예배, 기도, 찬양 등과 같은 종교 행위들이 사업 내용에 포함되어 있다는 것이었다. 이는 일면 자연스런 모습으로도 볼 수 있다. 아무리 정부 보조금을 지원받더라도 교회가 수행하는 사회복지실천에서 종교적 행위와 의식 등이 포함되는 것은 당연한 모습일 수도 있다. 하지만 사업의 내용과 전혀 무관한 경우에도 의례적으로 종교성을 반영한 것으로 판단될 소지가 많은 것이 문제이다.

여기에서 비록 정부의 지원을 받거나 정부로부터 위탁 받아 운영하는 한국교회의 사회복지실천이라고 해도 일반 여타의 사회복지 활동과는 분명하게 차별화되어야 한다는 점에는 동의할 수 있다. 하지만 겉으로 드러나는 종교 행위를 통한 종교성이 차별화의 관건이 되어선 안 된다. 즉, 서비스대상자에게 말씀과 기도를 강요하는 형태의 실천이 되어선 안 된다는 것이다. 오히려 한국교회가 말씀과 기도가 충만한 조직임과 동시에 섬기는 사역자들이 말씀과 기도의 사람들이라는 사실이 보다 확연히 드러나야 한다. 실제로 사회복지실천 현장에서 말씀과 기도가 필요한 사람은 서비스대상자가 아니라 교회사회복지실천을 감당하고 있는 실무자 내지 사역자들이어야 한다. 왜냐하면 한국교회의 사회복지실천은 그 사역의 내용이 어떠하든지 하나님의 능력 아래 성령의 도우심을 신뢰하며 하나님과 함께 진행하는 사역이기 때문이다.

물론 이들 교회들에서 구체적으로 서비스대상자들에게 복음을 강요했다는 기록은 없다. 그러나 프로그램들의 세부 내용들 가운데에는 서비스대상자들에게 예배와 기도와 찬양이 포함되어 있는 경우가 있었다.

그럼에도 아쉬운 것은 교회 자체의 자원을 갖고 운영하는 것이 아닌, 정부로부터 위탁받은 사업 내용 가운데에 종교적 행위와 활동 등이 다른 사업 내용들과 동반하여 뚜렷하게 나타나는 경우가 있었다는 것이다. 가령 사업 초기 단계에서 시작예배와 기도 등이 진행되거나 사업 평가 시에 '기도회'가 등장한다든지 하는 것을 들 수 있다. 이와 같은 종교적 행위가 조금이라도 실제 사업 내용에 비해 강조되거나 부각되는 순간 교회사회복지실천은 '영성적인 사회복지실천'이기보다는 '종교적인 사회복지실천'으로 전락하게 될 것이다. 종교성은 기독교 영성과 동일시되어서는 절대 안 된다. 내용은 없고 형식만 강조하는 종교성에 기초하는 서비스 과정 속에서는 결코 사람들을 진정한 하나님과의 관계로 이끌어갈 수 없음을 주의 깊게 인식해야 할 것이다.

물론 처음부터 교회가 주체가 되어 복지선교와 복지목회적 차원에서 분명하게 교회사회복지실천의 정체성을 드러내며 수행하는 경우에는 종교적 행위 자체를 실천 개입의 핵심적인 영성적 방법과 기술로 승화시켜 사용할 수 있을 것이다. 문제는 그렇지 않은 경우, 즉 정부의 재원으로 수행되는 사회복지실천을 말하는 것이다.

나. 특화된 서비스의 부족

이들 교회들의 사회복지실천 단위사업들의 실제 내용을 분석해 본 결과, 많은 사업들이 일반 사회복지실천에서 이미 하고 있는 서비스들임을 쉽게 알 수 있었다. 다만 차이가 있다면 교세 현황에 따라 다르게 나타나고 있었을 뿐이었다. 대형교회와 중형교회, 그리고 소형교회의 역량에 따라 차이가 나고 있었다. 대형교회는 자체 예산으로 수행하는 사업만이 아니라 정부의 지원을 받아 운영하는 경우도 빈번했다. 중형교회와 소형교회는 자체적인 인적·물적 자원을 주로 동원한 형태의 서비스를 제공하고 있었다.

하지만 대형교회와 중형교회, 소형교회가 상호 연계하여 서로 '윈윈'하는 창의적인 접근은 거의 찾아볼 수 없었다. 또한 일부 교회들을 제외하고서는 지역사회 환경에 대응하는 특화된 서비스가 이루어지지 않고 있었다. 그러다보니 사업의 내용만을 보면 일반 지역사회복지실천과 유사하거나 2018년 현재의 시점에서 보면 오히려 서비스의 질이 교회의 경우 일반 사회복지실천에 비해 현저하게 떨어지는 것으로 보일 수 있는 사업들도 적지 않게 있었다.

다. 정직하고 성실한 교회사회복지실천과 사회복지시설 운영

분석 대상 교회들의 교회사회복지실천과 사회복지시설의 사업 추진 과정에 대한 기록들을 살펴보았을 때 다소 어설퍼 보이기도 하고, 전문성의 한계 또한 적지 않게 발견되었다. 그럼에도 불구하고 분명한 기독교적 가치를 현장에서 열정적이면서도 정직하며 성실한 실천개입으로 진행하고자 애쓴 사례들을 다수 발견하였다. 몇몇 사례에서 도출되었던 특기할 만한 사항은 사례 교회 실무자들 모두가 진정성 있는 실천 활동을 하고 있음을 파악할 수 있었다는 것이다. 과장하거나 포장하지 않고, 실제로 수행했던 사업 내용과 그 과정을 있는 그대로 기술하려고 노력한 모습을 구체적으로 살펴볼 수 있었다.

① 구세군 여주교회

대표적인 사례인 구세군 여주교회('기윤실' 제4회 수상교회)는 구세군 여주 나눔의 집을 부설 기관으로 설립하여 독거노인과 빈곤 가정을 위한 반찬배달 사업 및 푸드뱅크 사업을 실시해오고 있다. 또한 구세군 문고를 운영해오고 있는데 구세군 문고는 여주 동부지역 주민들의 정서 함양과 문화 활동을 위해 설립되었다. 지역에 있는 도서관의 역할로서 또한 정보나눔터로서의 기능을 감당하고 있으며, 지역아동들과 지역주민 모두가 빈번하게 활용하고 있었다. 그리고 노인 일자리 사업을 적극적으로 수행해오고 있다. 공익형 사업으로는 '노노 케어'와 '손주 사랑'이 있고, 시장형에는 '실버 자연카페', '구세군 손주 사랑 인형극단', '자연 사랑 마트'가 있다.

나아가 지역아동센터도 운영하고 있다. 구세군 여주지역아동센터는 기독교 이념과 구세군 정신에 입각하여 지역사회의 삶의 질을 향상시키기 위해서 사회복지사업법에 의한 지역아동센터를 통하여 아동 및 가정에 복지서비스를 수행함으로서 지역사회의 복지 향상에 기여함을 목적으로 하고 있다.

이들 사업들이 정직하고 성실하게 진행되고 있음을 충분하게 인식할 수 있었는데 그 이유는 정확하면서도 실제적으로 각 사업들의 성과와 한계 등을 세밀하게 기록하여 자료로 제시하기 때문이었다. 특히 사업에 참여한 서비스이용자들과 봉사자들의 소감, 지역주민들의 사업에 대한 이해, 사업을 뒷받침하는 교인들의 모습 등이 상세하게 나타난 자료들을 통해 진정성 있는 교회사회복지실천이 참으로 소중하다는 사실을 인지하게 된다.

② 제주도 평안교회와 거제 갈릴리교회

평안전문요양원, 평안재가노인복지센터, 평안아카데미, 평안어린이집, 평안무료휴식처, 경천전문요양원, 경천무료예식장을 운영하고 있는 제주도 평안교회('기운실' 제4회 수상교회)가 있다. 지역사회의 필요와 욕구에 부응하는 노인 중심의 특화된 사회복지시설을 체계적이면서도 전문적으로 운영하는 교회였다. 교회의 역량을 최대화하여 최고 수준의 서비스를 제공하고자 노력하는 모습이 뚜렷하게 나타났다.

또한 교회, 요양원, 요양병원, 종합병원, 학교 그리고 의료관광호텔까지 다양한 시설을 통해 하나님의 사랑과 섬김을 실천하는 거제 갈릴리교회(목회와 신학, 2016년 8월호)도 있었다. 갈릴리교회에는 하나님나라 확장을 위한 4대 비전이 있다. 마태복음 4장 23절을 중심으로 한 '교육, 선교, 의료, 복지' 다.

③ 곡성 주산교회

사회복지실천 프로그램을 활용해 농촌을 살리고, 지역사회로부터 인정받는 교회가 있다. 전남 곡성에 위치한 주산교회(목회와 신학, 2017년 1월호)는 전 교인이 140명(장년 100명, 주일학교 40명), 교회 부설 사회복지 기관에서 일하는 직원이 150명에 이를 정도로 지역사회 활동이 두드러진다. 복지관을 통해 곡성군에 거주하는 3,000여 명의 노인들을 돌보고, 지역 청소년들을 위한 상담 프로그램을 활발하게 운영하고 있다.

공공신학 관점에서 볼 때, 교회사회복지실천은 사랑과 정직, 관용, 성실, 평화, 희생, 용기 등이 실제 개입 실천의 현장에서 투영되어야 한다. 기독교인의 예배가 뜨겁고, 목회자의 설교가 감동적이며, 성도들의 찬양이 기쁘고 즐거운 것만으로 세상을 변화시킬 수는 없다. 그러한 예배를 하고, 그러한 설교를 듣고, 그러한 찬양을 드린 사람들의 삶에서 수준 높은 정직성과 성실성이 나타날 때, 세상은 감동을 받고 변화될 수 있다. 그러므로 한국교회의 사회복지실천과 사회복지시설의 운영은 세속의 사회복지 기관들보다 훨씬 깨끗하고 투명하기 위해서 최선을 다해야 한다. 정직하고 진실하며 위선이 없도록 노력해야 한다. 성실하게 지역사회를 섬기고 서비스이용자들을 대해야 한다. 감사하게도 교회사회복지실천을 모범적으로 수행하고 있는 분석 대상 사례 교회들 중 많은 경우에서 이와 같은 정직함과 성실함이 뚜렷하게 나타났다.

(4) 네 번째 차원(사업 결과에 대한 평가) 분석 결과로 나타난 성격

가. 실제적인 서비스 개입 효과성을 측정하는 평가의 부재

한국교회의 사회복지실천과 사회복지시설 운영 전반에 걸쳐 나타나는 성격에서 가장 시급하게 개선해야 할 영역이 '평가'이다. 열정과 성실로 교회사회복지실천을 수행하였음에도 사업의 성과 내지 질적인 변화 혹은 서비스 결과를 구체적으로 제시하지 못하는 경우가 많았다.

대다수 분석 대상 교회들의 사회복지실천과 사회복지시설의 단위사업 평가들이 몇 명의 대상자들에게 어느 정도의 서비스를 제공했는지에 대해서 파악하는 산출(out put) 평가에 국한되어 있었다. 일부 교회들의 경우 서비스 품질에 대한 이용자 만족도까지 파악하기도 하였으나 실제 서비스 개입에 따른 '서비스대상자의 질적인 변화'까지 측정하는 경우는 거의 없었다. 즉, 서비스대상자의 상태 변화, 행동 변화, 태도 변화, 정서 변화, 지위 변화, 생각 변화 등을 비롯하여 영성의 변화와 환경적 변화까지도 포괄하는 결과(Outcomes)평가가 수행되지 못한 것으로 보인다.

아주 소수의 몇몇 교회들은 서비스 제공자들이 대상자들의 변화를 관찰하여 제시하기도 하였으나 그 관찰한 결과를 기술한 내용이 지나치게 주관적인 서비스공급자의 입장을 대변하는 수준에 머물러 있었다. 그러다 보니 서비스 개입 이후에 서비스 제공의 지속 여부를 판단하기에도 어려운 실정이었다.

나. 무엇을 평가해야 할지에 대한 고민 부재

한국교회의 사회복지실천 사례들에서 공통적으로 파악되는 내용으로 가장 분명한 것은 무엇을 평가해야 하는지에 대한 고민이 부재하냐는 것이다. 공공신학 관점에서 볼 때, 한국교회의 사회복지실천은 교회의 '공공성'과 지역사회를 향한 '공공선'이 드러나는 성과(performance) 평가를 지향해야 한다. 즉 '공공성'과 '공공선'이 교회사회복지 실천 개입을 통해서 얼마만큼 실질적으로 달성되었는지를 파악할 수 있어야 한다. 그런데 교회사회복지실천과 사회복지시설의 사업들에서 평가해야 할 평가 내용에 대한 성찰이 심도 있게 이루어지지 못한 것으로 보인다. 따라서 평가한 내용을 어떻게 활용할 지에 대한 접근도 진행되지 못하는 실정이다. 이와 같은 한국교회의 사회복지실천의 모습은 '마치 열심히 했으나 그 결과는 뚜렷하게 제시하지 못하는 경우'와 유사하다고 할 수 있다.

2) 과제

이상과 같이 고찰한 한국교회 사회복지실천의 성격을 토대로 선결해야 할 몇 가지 과제를 다음과 같이 정리하였다.

(1) 공공신학 관점을 적용할 수 있는 실천 '준거 틀'의 개발

이 책은 공공신학 관점에 따라 '공공성'과 '공공선'을 중심으로 포괄적인 연구 분석 틀을 갖고, 분석 대상 교회들이 자체 기록하여 '기윤실'에 제출해 수상 대상이 되었던 '사업 보고서'들과 '목회와 신학'에 게재된 기사자료들을 고찰하는 창의적인 시도를 하였다는 데에 의의가 있다. 아울러 교단 차원의 사회복지실천 사례들과 기독교 사회복지법인 차원의 사례들을 유의표집하여 분석을 수행했다는 것도 큰 의미가 있다고 본다.

하지만 구체적이며 보다 객관적인 연구 분석 틀을 마련하지 못한 채, 연구를 수행하고 책을 집필했다는 한계도 동시에 지닌다. 중요한 사실은 공공신학의 관점에서 교회사회복지실천의 성격을 도출하고, 그 개입의 결과를 정확하고 합리적으로 평가하기 위해서는 공공신학이 관심을 갖고 있는 '사회적 책임'과 '공공성' 및 '공공선', 시민의식 등에 대한 개념을 담아낼 수 있는 보다 구체적인 실천 '준거 틀'이 개발되어야 한다. 이를 위해서 '지속가능한 개발', '기업의 사회적 책임', '기업의 사회적 책임 국제표준', '윤리경영 기준' 등과 같은 공공신학 관점에서 유용하게 참고할 수 있는 다양한 지표들을 참고하여 활용할 필요가 있다.

(2) 시혜적 차원에서 인권 중심의 교회사회복지실천으로 전환

한국교회를 통해 사회복지실천이 수행될 때 지속적으로 요구되는 것은 인권에 기초한 실천 개입을 체계적이면서도 전문적으로 해 나가야 한다는 것이다. 교회사회복지실천과 교회가 설립한 사회복지시설을 운영할 때, 서비스이용자의 인권을 보장한다는 것은 공공신학적인 관점에서는 당연히 전제되어야 하는 사명이 된다. 공공신학에 기초한 교회사회복지실천은 비인간화되는 현대사회에서 인간의 권리가 소중함을 재발견함으로써 출발해야 한다. 인권의 보장은 공공신학 관점이 지향하는 중요한 개념이다. 물론 지금까지 한국교회의 사회복지실천도 하나님의 피조물인 인간을 존중하고 이를 권리적인 차원에서 보장하기 위해 사랑으로 섬기는 안전장치를 모색하는 방향으로 전개되어 왔다. 그럼에도 아쉬운 것은 보다 선제적으로 인권을 강조하기보다는 상당히 방어적인 차원에 머물러 왔다는 사실이다. 이에 한국교회의 사회복지실천은 한국사회에서 가장 강력한 인권 옹호와 인권 보장운동을 확산시켜나가는 인권 중심의 접근으로 확고하게 자리매김해야 할 것이다.

(3) 예언자적인 사회행동 기능의 수행

기존 한국교회의 사회복지실천의 기본 접근은 의·식·주 문제, 의료문제, 교육문제, 직업문제, 보호문제 등 직접적인 서비스 활동을 하는 데에 한정되어 왔다. 그러나 향후 한국교회의 사회복지실천은 역사적인 전환기마다 강단에서 외치는 복음을 통해서 인간의 불행을 초래하는 사회구조적인 악·불의·불평등의 혁신을 도모하고 또 인간의 마음을 전면적으로 고치도록 선포해 나가는 적극적인 사회행동을 강화해 나갈 필요가 있다. 말씀의 선포와 능동적인 사랑의 실천 등을 통해 한국교회의 사회복지실천은 사회적 취약계층을 옹호하고 그들의 현실적인 어려움을 대변해 가야 한다.

(4) 지역사회 문제에 대한 적극적인 대응

한국교회는 사회복지 기관이 아님에도 불구하고 그 어떤 사회복지적인 접근보다도 강력하게 지역사회의 문제들을 해결하는 데에 효과적으로 기능해왔다. 교회사회복지실천과 사회복지시설 운영을 적극적으로 감당해 왔던 한국교회는 교회의 본질을 지키면서 사회복지실천을 어느 정도 성공적으로 수행해 왔다고 평가할 수 있다. 특히 한국교회의 사회복지실천은 절망과 좌절 속에 빠져있던 지역주민들을 다시금 일으켜 세우는 큰 힘이 되었고, 새로운 소망을 갖고 어려움을 극복해 나가게끔 돕는 '지지망'으로서의 역할도 감당해 왔다. 지역주민들의 고통을 하나님의 사랑과 섬김으로 책임지려는 믿음으로 일궈나갔던 한국교회의 많은 사회복지실천 단위사업들은 상실과 좌절에 빠진 지역주민들을 회복시키는 강력한 '지원'이었다. 그럼에도 보다 더 지역사회의 욕구를 정확하게 파악하고 지역사회의 현안들을 구체적으로 분석하여 그와 같은 지역사회의 문제들에 대해 적극적으로 대응하는 노력들이 요구된다. 활발한 대응전략을 수립하고 실제적으로 개입하기 위한 전제는 지역사회의 문제를 알고자 하는 면밀한 조사와 분석에 있다. 그러므로 앞으로 한국교회는 지역사회에 대한 이해의 폭과 깊이를 갖춰야 할 것이다.

(5) 복지친화적인 지역사회 추구

한국교회의 사회복지실천은 지역사회를 '복지 공동체'화 해 나가는 데에 심혈을 기울여야 한다. 무엇보다도 정부의 지원을 기대할 수 없는 사각지대의 사회취약계층을 서비스 대상자로 발굴하고 지원하는 노력과 더불어 지역사회 자체를 복지친화적인 지역 공동체로 변화해 가도록 지역사회의 문화 변혁 운동을 추구해야 한다. 한국교회가 있는 곳이 복지 공동체로 변화될 수 있어야 한다. 더욱이 공공신학의 관점에서 볼 때, 그리스도의 사랑은 말로만 갖고는 결코 증명될 수 없다. 실천이 담보되어야 한다. 지역사회를 향한 한국교회의 적극적인 사랑실천은 하나의 지역사회가 얼마만큼 행복한 공동체가 될 수 있는지를 구체적으로 보여주는 데에 달려 있다. 최근에 와서 지자체와 정부로부터 위탁받거나 보조금을 지원받아 실질적인 '공공-민간' 협력체제에 근거한 지역사회복지실천을 대형교회를 중심으로 의욕적으로 수행해 왔다. 여기에서 중요한 사실은 하나를 맡아도 단지 업무가 아니라 사명으로 감당하는 한국교회가 됨으로 자꾸만 더 맡아 달라고 정부로부터 요구받을 정도의 신뢰가 형성되는 실천활동의 '선순환' 효과가 활발하게 나타나야 한다는 것이다. 한국교회의 사회복지실천이 복지친화적인 지역사회를 구축하는 모범적인 모델로 대내외적으로 인정받아야 하는 것이다.

(6) 다양한 욕구를 반영하는 실천

　한국교회의 사회복지실천은 인간의 다양한 욕구의 영역인 사회적 · 경제적 · 문화적 · 육체적 · 심리적 · 윤리적 · 영적인 범주를 포괄해야 한다. 실제로 교회는 복지대상자들의 실제적 욕구와 필요가 무엇인지를 이해하는 것이 중요하다. 교회는 그들의 욕구와 필요에 대해 충분히 조사하고 그것을 충족시킬 수 있는 프로그램을 개발하여야 한다. 교회는 영적 구원과 영적 치료뿐만 아니라, 전인적 치료를 위한 다양한 생활영역에 관심을 두어야 한다. 왜냐하면, 인간은 누구든지 사회와 환경에 의해 존중받아야 할 내적 존엄성을 가지고 복지의 삶을 선택할 권리와 생존의 가치를 가지고 있기 때문이다. 다시 말하면, 인간의 삶의 가치는 재산소유의 풍요로움이나 부족함에 있는 것이 아니라 인간의 존엄성과 권리에 그 근거를 두어야 한다. 물론 한국교회는 시대가 요구하고 지역사회가 필요로 하는 다양한 욕구들을 채워가기 위해서 최선을 다해왔다. 세속의 일반 사회복지실천에서 다루는 모든 욕구는 말할 것도 없고, 일반 사회복지실천에서 다루지 못했던 영적인 욕구도 충족하게끔 애써왔다. 하지만 일반 사회복지실천에 비해 상대적으로 취약했던, 서비스를 제공하는 공급자 중심이 아닌 서비스를 제공받는 이용자 중심에서 실천개입을 하려는 노력을 향후에는 보다 더 적극적으로 구현해야 한다. 동시에 지역사회를 살피고, 지역사회가 원하는 것을 파악하기 위해 귀를 기울여야 한다. 그래서 한국교회는 지역사회의 문제에 누구보다도 민감할 수 있어야 하고, 그 문제들을 해결하기 위해 최일선에서 수고할 수 있어야 한다.

> 어느 때나 하나님을 본 사람이 없으되 만일 우리가 서로 사랑하면 하나님이 우리 안에 거하시고 그의 사랑이 우리 안에 온전히 이루어지느니라. (요한1서 4장 12절)

제5장
:
내다보기
전망

Korean Church
Social Welfare Practice,

Inside
and
Out

[제5장]
내다보기

전 망

1. 소결

 이 책에서 나는 현재 한국교회의 사회적 존재 방식의 문제가 사회적 활동의 문제보다 더 중요하게 취급될 필요가 있다는 점을 강조했다. 이는 오늘날 한국교회의 사회복지실천이 공공성의 관점에서 접근해 나가야 함을 말한다. 그러므로 한국교회의 사회복지실천은 철저하게 지역사회라는 현장에서 사회적 책임을 다하는 공공성에 기초한 접근이 되어야 하는 것이다.

 물론 한국교회의 사회복지실천은 예수 그리스도의 사랑과 섬김의 정신에 기초하여 일반 사회복지실천과 마찬가지로 인종, 계층 등을 초월한 모든 인간의 행복을 추구하기 위해서 노력해 왔다. 또한 인간의 행복에 대한 사회적 책임을 강조했다. 특히 선교 초기의 한국교회 사회복지실천은 강력한 이웃사랑과 사회정의를 이뤄내려는 모습으로 이루어졌다. 나아가 최근 한국교회의 사회복지실천은 모든 인간의 행복을 위해 복지국가를 지향하는 공공복지 영역과 협력하여 '공공+시장+시민'이 함께 만들어 가는 복지사회를 실현하는 데에 기여하고 있다.

 그럼에도 또 일각에서는 과도한 종교성을 강조하면서 사회적 책임성과 공공성을 저

버린 채, 개교회 중심적인 복음전도에만 몰입하는 경향을 보이기도 했다. 그 결과 한국교회는 1980년대부터 서서히 성장이 둔화되었고 현재는 사회적 신뢰와 존재감이 급격하게 상실되는 상황에 직면하였다. 이는 한국교회를 향한 하나님과 사회의 경고였다. 교회 성장 둔화와 교회에 대한 한국사회의 부정적 이미지 확산에 대해서는 여러 가지 원인들이 지적되었지만 그 중 가장 핵심적인 요인은, 교회가 있는 지역사회를 향해 '복음의 선포'는 있었지만, '선포되는 복음만큼 복음실천, 즉 사회복지실천'이 고통 받고 있는 지역사회나 지역 주민들을 대상으로 이루어지지 못했다는 데에 있다.

여기에서 기존의 복음전도와 목회 방식의 틀을 뛰어넘을 수 있는 공공신학 관점이 한국교회 사회복지실천의 본질적인 가치로 정립될 필요가 제기된다. 무엇보다도 교회는 공동체적 속성을 갖고 있다. 교회는 신앙공동체일 뿐만 아니라 지역사회에서 공공성을 통해 인가될 수 있어야 한다. 또한 공공신학을 통해 교회는 신앙인으로서의 삶과 시민으로서의 삶을 이원화하지 않고 통합해 갈 수 있으며, 기독교 신앙이 지역사회에 구현되기 위해서도 공공신학 관점은 크게 유용하다. 창조질서나 사랑, 정의, 인간됨 등 기독교 신앙이 교회 성도들에게만 통용되는 것이 아니라 하나님의 통치가 이루어지는 모든 사회 전반에 걸쳐 구현되어야 하기 때문이다.

그러므로 이 책은 교단 및 기독교 사회복지법인 차원의 사회복지실천과 사회복지시설 운영 사례들을 정리하였다. 그런 다음에 보다 구체적으로 한국교회의 사회복지실천과 사회복지시설 운영을 공공신학 관점에서 살펴보고자 '기윤실'에서 총 10회에 걸쳐 발간한 〈지역사회와 함께 하는 교회상 시상식 자료집〉에 제시된 수상 대상 106개 교회의 사업과 월간 '목회와 신학'의 기사로 소개되었던 42개 교회의 사업을 대상 사례로 선정하여 분석하였다.
이렇게 공공신학의 관점에서 살펴본 결과, 한국교회 사회복지실천의 성격은 지역주민과 지역사회를 섬기고자 하는 원칙 하에서 정직하고 성실한 실천 개입을 활발하게 해 온

교회 공동체였음을 알 수 있었다. 하지만 여전히 많은 한국교회의 사회복지실천은 시혜적이고 자선적인 사업 목표들을 설정하고 있었으며 그 목표들도 '공공성'과 '공공선'을 지향하기보다는 '개 교회' 중심적이었다. 또한 사회복지실천을 교회 성장의 도구로서 인식하려는 경향 가운데에 종교성이 과도하게 반영되고 있었다. 반면 특화된 서비스는 부족하고 실제적인 서비스 개입 효과성을 측정하는 평가와 평가 내용의 부재도 파악되었다. 더욱이 '공공성'과 '공공선'을 비롯하여 공공신학 관점을 파악할 수 있는 평가지표도 미흡한 상황이었다. 그럼에도 희망적인 것은 한국교회들 가운데에 정말 모범적으로 열정과 헌신을 다해 사회복지실천을 수행하고 있는 경우들이 있었다는 사실이다.

이상과 같은 한국교회의 사회복지실천과 사회복지시설 운영의 성격을 변혁시켜 나가기 위한 과제를 '첫째, 공공신학 관점을 적용할 수 있는 실천 '준거 틀'의 개발, 둘째, 시혜적 차원에서 인권 중심의 교회사회복지실천으로 전환, 셋째, 예언자적인 사회행동 기능의 수행, 넷째, 지역사회 문제에 대한 적극적인 대응, 다섯째, 복지친화적인 지역사회 추구, 여섯째, 다양한 욕구를 반영하는 실천'으로 제시하였다.

이에 따라 한국교회의 사회복지실천은 이제 단순히 하나의 사회복지실천 단위사업이나 프로그램이 생겨나고 성장해 나가는 데에 주목할 것만이 아니라 한국교회와 한국사회를 변혁시키는 사회개혁운동과 사회복지실천의 모범을 태동시키는 결과를 낳아야 한다(이준우, 2015). 그런 면에서 한국교회는 공공신학적인 관점을 사회복지실천의 핵심 가치로 삼아야 할 필요가 있다. 그렇게 할 때, 한국교회의 사회복지실천은 그동안 한국교회와 기독교가 걸어온 왜곡된 행태를 극복하는 새로운 패러다임의 교회변혁 운동을 담아낼 수 있게 될 것이다.

그래야만 한국교회의 사회복지실천은 단지 교회공동체의 일원들만을 위해서가 아니라 시대의 필요에 따라 지역에 거주하는 많은 사람들의 욕구에 부응할 수 있게 된다. 이를 테면 가난하고 소외된 사람들을 찾아가는, 아무도 가지 않는 길을 가는 선구적이며 혁신적이고 창의적인 기독교적 사회복지실천을 실현할 수 있게 된다. 지역사회의 공동 현안을 교회의 이익이 아닌 지역사회의 이익을 위해 지역사회와 함께 더불어 협업을 수행해 갈 수 있게 된다. 그렇게 함으로써 공공신학적인 한국교회의 사회복지실천은 사회변혁적이며 교회 갱신적인 접근으로 그 성격이 규정되고 사회적으로 인정될 수 있을 것이다.

2. 비전과 전망

한국교회에 대한 한국사회의 따가운 시선을 따뜻한 가슴으로 품어낼 수 있는 한국교회 사회복지실천 모델이 수립되어야 한다. 아울러 한국교회의 사회복지실천은 단지 사회복지시설을 설립하는 데에 만족하거나 여러 형태의 사회복지실천 사업이나 프로그램을 만드는 데에 주목하는 것만이 아니라 한국교회와 한국사회를 변혁시키는 사회개혁운동과 사회복지실천의 모범을 태동시키는 결과를 낳기 위해 애써야 한다.

실제로 이미 사회복지 활동을 한다는 것만으로는 부족한 상황이 도래하였다. 호의적이지 않은 시각은 때때로 한국교회의 사회복지실천을 종교적인 행위의 일부로 보려고 한다. 그래서 우리가 갖고 있는 순전한 신앙을 왜곡하고 심지어 우리의 실천 활동을 폄하하려고 한다. 최선을 다하고 있는 입장에서는 억울하다. 하지만 담담히 그 모든 손가락질과 곱지 않은 눈길을 그저 받아들여야 한다. 실제로는 그렇지 않다고 해도 그렇게 이해할 만한 여지가 있었다고 한국교회 스스로가 뼈저린 자기성찰을 할 필요가 있다.

그런 다음 새로운 모델을 비전으로 삼고 한국사회가 한국교회의 사회복지실천에 환호하고 감사해 하는 날을 내다볼 수 있어야 한다. 이와 같은 맥락에서 한국교회(기독교 및 교회의 사회복지법인을 포함) 사회복지실천의 모델은 다음과 같은 몇 가지 원칙에 근거해야 할 것으로 본다.

첫째, 한국교회의 사회복지실천은 암울한 삶의 여정 속에 있는 사회적 취약계층과 사회적 양극화 문제로 인한 계층적 갈등, 차별과 배제에 대한 심각한 우려와 위기를 극복하기 위한 치료와 회복 그리고 평화를 추구하는 사회복지실천으로 '탈바꿈(Transformation)' 되어야 한다.

열심히 역동적으로 활동했지만 본의 아니게 서비스대상자를 낙인화시키고, 대상화시키면서 정작 그들을 동등한 위치의 형제자매로까지는 받아들이지 못했다면 이제는 진정한 이웃과 친구가 되어야 하는 것이다. 이런 점에서 한국교회는 철저하게 자기를 비워 모두 다 나눠주는 실천 개입 활동을 해야 한다. 이를 테면 가능하면 개교회 독자적으로 사회복지실천을 수행하기보다는 이미 기존에 있는 다양한 사회복지조직이나 시설, 그리고 기독교사회복지재단이나 잘하고 있는 인근 교회들을 자원봉사로 힘껏 섬기는 체제로 사회복지실천의 형태를 전환해볼 것을 제안할 수 있다.

'내 교회, 우리 교회'라는 편협한 울타리를 헐고 지역사회 전체를 섬기겠다는 각오로 실천 개입을 해 나갈 필요가 있다. 또한 인적·물적 자원을 퍼주는 식의 서비스대상자를 '을'이 되게 하는 '갑과 을'의 관계로 전락시키는 대상자의 존엄성에 상처를 입히는 사회복지실천을 철저하게 지양하고 서비스대상자의 권리를 강화하는 접근을 지향해야 한다. 이런 맥락에서 사회복지실천을 통한 종교적 억압이나 강요 등이 일어나서는 안 될 것이다. 물론 때때로 복음이 자연스럽게 제시되고 그 결과로 서비스대상자가 신앙을 갖게 될 수도 있다. 또한 복지선교와 복지목회 차원의 강력한 영성적 사회복지실천을 통해 서비스대상자의 복음화와 삶의 욕구 충족을 동시에 달성하고자 노력할 수도 있다. 여기서 중요한 관건은 서비스대상자의 자기결정권이 존중되고 보장되었는지 여부이다.

둘째, 한국교회의 사회복지실천은 통전적인 기독교적 영성을 개발하고 확립한 기초 위에서 복지 공동체를 형성하고 특별한 욕구와 문제를 해결하기 위한 구체적 활동을 전개해 나가는 활동이어야 한다.

즉, 한국교회의 사회복지실천은 하나님의 말씀에 대한 균형 잡힌 통찰과 복음주의적 복지신학에 근거하는 기독교적인 사회복지실천이어야 하는 것이다. 나아가 영성적 사회복지실천의 이론과 전략 및 실질적인 개입방법을 개발하여 실행할 수 있어야 한다. 이러한 영성적 사회복지실천은 서비스를 전달하는 실천가와 서비스를 제공받는 대상자들을 교회로 이끄는 행위만을 뜻하지 않는다. 구령을 통한 전도가 없어도 오히려 예수를 따르는 삶, 세상의 변혁을 추구하는 자세, 공동체를 존중하는 배려 등을 확고하게 견지하면서 사회복지실천을 수행하는 실천가들의 모습이 실천 활동과 더불어 나타나는 것이 진정한 영성적 사회복지실천이다.

셋째, 한국교회의 사회복지실천은 한국교회와 기독교의 한계와 문제를 극복하는 새로운 패러다임의 교회변혁 운동까지 담아낼 수 있어야 한다.

왜냐하면 한국교회는 시대의 필요에 따라 사람들의 욕구에 부응해야 하며, 가난하고 소외된 사람들을 찾아가는, 아무도 가지 않는 길을 가야 하는 선구적이며 혁신적이고 창의적인 기독교 사회복지실천이어야 하기 때문이다. 일례로 한국교회는 행복한 지역복지공동체와 통일된 조국을 꿈꾸며 민족의 문제를 과감하게 짊어지고 가야 한다. 즉, 현재 사회적 취약계층의 빈곤 문제와 남북한 통일 문제 등을 실천 개입의 과제로 적극 받아들여 높은 수준의 민주적 역량과 평화로운 민족관계를 이루어 나가도록 해야 한다.

이상과 같은 한국교회 사회복지실천의 모델이 견지해야 할 원칙을 실제적으로 현실화시키는 데에 유용한 몇 가지 전략들을 수립하는 것으로 전망을 대신하고자 한다. 다음과 같은 전략들이 실현될 때, 그 전략의 내용이 한국교회 사회복지실천의 모습이 될 것이기 때문이다. 그 결과, 다시금 한국교회가 한국사회로부터 존중받고 인정받을 뿐만 아니라 사랑받을 수 있기를 소망한다. 간절한 마음을 담아 실천 전략들을 제시한다.

첫째, 한국교회의 사회복지실천은 사회복지법인을 통해서 수행된다 하더라도 정부의 지원에만 의존하기보다는 교회의 모든 자원을 동원하는 순수한 '인간사랑'으로 실천되게끔 보다 더 적극적으로 노력해야 한다.

한국교회가 수행하는 사회복지실천은 인간의 생명을 사랑하는 경건성과 순수성으로 이루어져야 한다. 즉 영성적 토대 위에서 수행되어야 하는 것이다. 이를 기반으로 세상에서 육신적으로, 정신적으로, 영적으로, 그리고 다른 사람들과 환경에 의해 상처를 입고 있는 많은 사람들을 치유하며 그들의 고통을 해결해 주어야 한다. 동시에 한국교회의 사회복지실천의 인적·물적 자원은 가장 귀하고 소중한 '사랑의 선물'로 선별하여 지원하여야 한다.

둘째, 한국교회는 적극적인 사회복지실천을 통해 지역사회 안전망 네트워크를 견고하게 구축해야 한다.

지역사회 안전망 구축의 핵심은 초기 사회적 위험에 즉각적으로 대처할 수 있는 효율적인 네트워크를 만드는 것과 동시에 장기적으로 지역사회 내 자원을 활용할 수 있는 지속적인 구조를 만드는 데에 있다. 전반적인 안전망 네트워크를 구축할 때 가장 중요한 것은 한국교회들을 협의체로 조직하여 교회 자원의 누락, 중복을 방지할 수 있는 방안이 필요하다.

대표적인 사례로 한국교회봉사단과 같은 연합 조직체가 앞장 설 수 있도록 지원할 필요가 있다. 한국교회봉사단은 우선적으로 지역사회 내에 있는 교회들을 연합 조직체로 구성하는 일을 유도해야 한다. 광역지자체 및 기초지자체별로 연합회를 묶어내도록 할 필요가 있다. 다음으로 교회가 설립한 사회복지법인들과 기독교 사회복지법인들을 한국교회와 연결시켜 사회복지실천을 효과적으로 실행할 수 있는 안전망 네트워크를 구축하는 것이다. 그런 후에 안전망 네트워크를 지속적으로 관리 운영하며 지원할 수 있는 대표적 네트워크를 구축하고, 지역별·대상별로 취약계층의 구호망을 수립해야 한다.

즉, 네트워크가 실제적인 활동을 수행할 수 있도록 구조화 시켜야 하는 것이다.

셋째, 한국교회의 사회복지실천은 지역사회의 복지기관들과 협조하여 교회를 중심으로 지역단위와 지역사회 전반에 이르기까지 점진적으로 확대되어야 한다.

한국교회는 사회복지실천을 위해 지역사회의 질서와 욕구를 충족시키는 공공기관 및 사회복지 기관들과 협력해야 한다. 먼저 지역사회의 복지기관들과 긴밀한 관계를 유지하면서 다양한 영역의 복지대상자들, 정신 및 신체장애인, 다양한 질병환자(폐결핵, 간질병, 각종 암환자, 알코올 중독자 등), 소년소녀가장, 노숙자 및 실직자, 빈곤한 고령자 및 독거인, 외국인 근로자 및 불법 체류자, 다문화가정 등을 개인적으로, 혹은 집단으로 지지하고 지원하는 일에 솔선해야 한다. 나아가 한국교회는 지역사회를 대상으로 원활한 교회사회복지실천을 위해 지역사회 복지기관들과 협력하여 중요한 사회복지정책 결정에도 깊이 참여할 수 있어야 한다.

넷째, 한국교회의 사회복지실천은 교단 및 교파를 초월하여 지역교회의 교회연합운동으로 수행되어야 한다.

지역단위의 교회사회복지실천을 위하여 지역교회들이 범 교단적인 공동 프로그램을 개발하여 진행하여야 한다. 교회사회복지실천의 연합활동은 군소 교회들의 부족한 복지예산과 인력 문제 등을 해결할 수 있는 장점이 될 수 있다. 만일에 동일한 지역에서 개별 교단 및 교파별, 혹은 각 개교회 단위로 자기 중심적인 교회사회복지실천이 추진된다면, 하나님나라를 지향하는 신학적 관점이 망가질뿐만 아니라, 교파 및 교단 이기주의와 독선적 자기 합리화에 빠질 위험성을 초래할 수 있다.

다섯째, 한국교회는 사회복지실천을 위한 '지역화'와 '세계화'를 능동적으로 추진해야 한다.

교회의 사회복지실천을 위한 지역화의 과제로 한국교회와 지역사회를 연결하는 지역사회 네트워크를 구축하여 지역사회가 요구하는 프로그램을 개발하여 제공하여야 한다.

특히 그 무엇보다도 이제는 북한에 대한 관심과 북한 지역을 대상으로 하는 적극적이며 선제적인 복지친화적 지역화 노력이 요구된다. 북한과의 교류가 활발하게 될 때, 교회를 북한 지역에 설립하는 데에만 한국교회의 모든 역량을 집중하기보다는 오히려 지역의 필요와 욕구에 부응하는 사회복지실천을 수행하면서 아울러 사회복지시설을 세워 운영하는 것이 북한을 살기 좋은 지역공동체로 세우기 위해 선결되어야 과제로 판단된다.

동시에 한국교회의 사회복지실천이 세계화 되기 위해서는 특화된 교회사회복지실천 교육프로그램이 개발되어야 한다. 가능하다면 지역 내에 있는 대학과의 연계 협력도 필요하다. 이렇게 특화된 교육프로그램을 통해 아시아, 아프리카, 러시아를 비롯한 동유럽 출신의 지도자들을 교육하여 해당국가에 파견하는 한편, 현지 국가에 교회 사회복지실천의 교육제도와 프로그램을 수출하여 현장 지도자들을 양성하는 방법도 도입해야 한다.

> 너희는 이전 일을 기억하지 말며 옛날 일을 생각하지 말라. 보라 내가 새 일을 행하리니 이제 나타낼 것이라. 너희가 그것을 알지 못하겠느냐 반드시 내가 광야에 길을 사막에 강을 내리니
> (이사야 43장 18-19절)

제6장

실행하기
자세와 역할

Korean Church
Social Welfare Practice,

Inside and Out

[제6장]

실행하기

자세와 역할

한국교회가 사회복지실천을 구체적으로 수행하기 위해서는 개별(개인) 수준, 가족 수준, 집단 수준, 지역사회 수준 등으로 전문화된 접근들이 통합적으로 개입되는 일반 사회복지에서 발전된 다양한 기술적 실천방법들을 활용하는 것이 유용하다. 그러면서도 동시에 교회사회복지실천은 일반 사회복지실천과는 차별화되어야 한다. 이는 앞서 '제5장 내다보기 : 전망'에서 다룬 내용들을 충실하게 반영할 수 있는 사회복지실천이어야 한다. 이준우(2014)는 이를 영성적 사회복지실천으로 개념화[36] 하였으며 김기원(1993)은 '하나님을 본받음' 이라는 명제로 정리하고 있다. 즉, 한국교회의 사회복지실천은 하나님을 본받는 자세로 실행되어야 한다는 것이다. 한국교회가 사회적 신뢰를 회복하며 사회적 인정을 얻고, 지역사회와 지역주민들의 사랑과 관심을 되찾기 위해서는 공공성과 공공선에 기초한 진정성 있는 사회복지실천을 실행해야 함은 분명하다. 여기에서 한국교회 사회복지실천의 방향은 하나님을 본받는 자세를 가지는 것으로부터 출발한다.

---

[36] '영성적 사회복지실천'에 대한 자세한 내용은 이준우(2014)의 〈교회사회복지실천의 새 지평: 복지선교와 복지목회〉를 통해 살펴볼 수 있다.

1. 한국교회 사회복지실천의 방향: 하나님을 본받는 자세

'하나님을 본받는다는 것'은 일반 사회복지실천의 방법과 기술과는 구별되는 것으로 교회사회복지실천의 특화된 개입방법이다. 하나님을 본받는 일은 하나님이 하시는 일에 동참하는 것이다. 예수님께서 섬기는 마음으로, 거룩하시고, 자비롭고, 은혜로 일을 하신 것처럼 한국교회의 사회복지실천도 섬김의 자세로 거룩하고 은혜롭게 실행되어야 한다.[37]

1) 섬김으로 실행

예수 그리스도께서는 이 땅에 온전히 섬기시는 분으로 오셨다. 남을 섬기기 위해서는 스스로를 낮추어야 한다. 예수님께서는 이 세상의 천하고 멸시받고 궁핍한 천민 계급의 사람들까지도 섬기기 위해, 이들을 위로하고 도와주고 치유해 주고 희망을 주기 위해 스스로 가장 낮은 자로 임하셨다. 더욱이 예수님께서는 이렇게 말씀하셨다.

"또 자기를 청한 자에게 이르시되 네가 점심이나 저녁이나 베풀거든 벗이나 형제나 친척이나 부한 이웃을 청하지 말라. 두렵건대 그 사람들이 너를 도로 청하여 네게 갚음이 될까 하노라(누가복음 14장 12절)."

무슨 의미인가? 예수님이 가르치는 참된 삶의 핵심은 '내'가 아니라 '남'이라는 것이다. '내'가 좋은 대로 행하는 것이 아니라 '남' 좋을 대로 해야 한다는 것이다. 자기 주체성을 잃지 않으면서도 남을 배려하며 섬기는 행함을 요구하는 것이다.

그러므로 교회사회복지실천을 수행함에 있어 교회사회복지실천가(목회자, 교회사회복지사, 기독교인 사회복지사 등)는 이러한 예수 그리스도의 섬김의 모범을 본받아 실천

---

[37] 김기원, "기독교사회복지 결정 요인에 관한 연구," 한국사회복지학회 추계 학술대회 자료집(1993), pp. 140-145의 내용을 토대로 저자의 생각을 포함하여 재구성하였다.

해야 한다. 공무원이 공복(公僕 : public servant)이라는 자세로 국민들을 대하여야 하듯이 한국교회의 사회복지실천을 수행하는 실천가들은 성복(聖僕 : holy servant), 즉, 거룩한 종, 하나님의 종이라는 자세로 세상과 구별되게 실천개입을 수행해야 한다. 참된 의미의 섬김은 주님께서 사용하시도록 자신을 맡기는 것이다. 참된 섬김은 주님께서 사용하시도록 주님께 순복하는 것이다. 그러면 성령님께서 행위자가 되시며, 우리는 성령님의 도구가 된다. 그와 같은 섬김이 주님께서 모범을 보이신 참된 섬김이다.

"그러므로 무엇이든지 남에게 대접을 받고자 하는 대로 너희도 남을 대접하라. 이것이 율법이요 선지자니라(마태복음 7장 12절)."

2) '거룩'하게 실행

'거룩'에는 예배적인 요소와 도덕적인 요소가 있다. '거룩'은 하나님나라 백성의 본질적인 특성이다.

"여호와께서 모세에게 말씀하여 이르시되 너는 이스라엘 자손의 온 회중에게 말하여 이르라 너희는 거룩하라. 이는 나 여호와 너희 하나님이 거룩함이니라(레위기 19장 1절)."

"그러므로 사랑을 받는 자녀 같이 너희는 하나님을 본받는 자가 되고, 그리스도께서 너희를 사랑하신 것 같이 너희도 사랑 가운데서 행하라(에베소서 5장 1-2절)."

"너희가 순종하는 자식처럼 전에 알지 못할 때에 따르던 너희 사욕을 본 받지 말고 오직 너희를 부르신 거룩한 이처럼 너희도 모든 행실에 거룩한 자가 되라 기록되었으되 내가 거룩하니 너희도 거룩할 지어다 하셨느니라(베드로전서 1장 14-16절)."

교회사회복지실천을 수행함에 있어서 서비스 제공 과정에 관련된 사람들은 자신의 사리사욕을 좇지 않고 이타적인 정신으로 '거룩'하게 실행해야 한다. 참된 의미의 거룩함이란 자신을 자신의 소유가 아닌 하나님의 소유물로 만드는 것이다. 거룩한 사람은 자기에게 맡겨진 소명을 성실과 최선으로 감당한다. 영적인 나태함에 빠지지 않기 위해 해악이 되는 죄와 쾌락을 멀리하고, 소유도 줄인다. 내 생각과 내 욕심을 하나님의 말씀에 비추고 기꺼이 하나님의 뜻을 따른다. 그러므로 거룩한 사람에 의해 수행되는 교회사회복지실천은 하나님의 일, 하나님의 사명이다.

3) 영생을 얻게 하는 실천개입이라는 사명감으로 실행

성경은 교회사회복지실천이 직접적으로 복음을 전하지 않는다고 하더라도 그 사랑의 능력으로 궁극적으로는 사람들을 천국으로 인도하여 영생을 얻게 하는 필수적인 조건임을 천명하고 있다. 예수님께서는 율법의 가장 큰 계명이 하나님 사랑과 이웃 사랑임을 가르치고 계신다.

"네 마음을 다하고 목숨을 다하고 뜻을 다하여 주 너의 하나님을 사랑하라 하셨으니 이것이 크고 첫째되는 계명이요, 둘째도 그와 같으니 네 이웃을 네 자신과 같이 사랑하라(마태복음 22장 37-39절)."

이것은 하나님의 계명을 지키고 동시에 이웃 사랑을 실천할 것을 말씀하신 것으로 기독교적 사회복지실천의 실질적인 모습인 이웃 사랑이야말로 율법의 가장 큰 계명 가운데 하나를 실행하는 것이다. 보다 구체적으로 성경은 강도 만난 자의 이야기를 통해 무엇을 해야 영생을 얻을 수 있는지를 선포하고 있다.

"어떤 율법사가 일어나 예수를 시험하여 이르되 '선생님이여 내가 무엇을 하여야 영생을 얻으리이까?' 예수께서 이르시되 '율법에 무엇이라 기록되었으며 네가 어떻게 읽느냐?' 대답하여 이르되 '네 마음을 다하며 목숨을 다하며 힘을 다하며 뜻을 다하여 주 너의 하나님을 사랑하고 또한 네 이웃을 네 자신 같이 사랑하라.' 하였나이다. 예수께서 이르시되 '네 대답이 옳도다. 이를 행하라 그러면 살리라.' 율법사가 이웃이 누구인지에 대해 묻자 예수께서는 강도 만나 거반 죽은 자를 보고 가서 자비를 베푼 자가 바로 강도 만난 자의 이웃이다."라고 말씀하신다(누가복음 10장 25-37절).

"어떤 관리가 물어 이르되 '선한 선생님이여 내가 무엇을 하여야 영생을 얻으리이까?' 예수께서 이르시되 '네게 아직도 한 가지 부족한 것이 있으니 네게 있는 것을 다 팔아 가난한 자들에게 나눠 주라.' … '하나님의 나라를 위하여 집이나 아내나 형제나 부모나 자녀를 버린 자는 … 내세에 영생을 받지 못할 자가 없느니라' (누가복음 18장 18-30절)."

예수 그리스도께서 자기 영광으로 모든 천사와 함께 올 때에 모든 민족을 그 앞에 모으시고 양과 염소를 분별하듯이 의인과 악인을 구별하시고 의인들은 복을 주사 창세에 예비하신 나라를 상속케 하시어 영생을 누리게 하시고, 악인들은 저주하시어 마귀와 마귀의 사자들을 위해 예비하신 영원한 불에 들어가게 되는 영벌을 받게 됨을 천명하고 계신다. 예수님께서 말씀하시는 의인은 형제 중에 주린 자, 나그네, 헐벗은 자, 병자, 옥에 갇힌 자와 같은 지극히 작은 자들이 고통 속에 신음하고 있을 때 이들 하나에게 베푼 자를 의미하고 이들에게 베푼 것이 곧 자신에게 베푼 것이라 말씀하셨고, 반면에 악인은 이들 지극히 작은 자들이 고통 가운데 있을 때 이들 하나에게 베풀지 아니한 자들을 의미하며, 이들 지극히 작은 자 하나에게 베풀지 아니한 것이 곧 자신에게 베풀지 아니한 것이라 천명하셨다(마태복음 25장 31-46절).

4) 긍휼함으로 실행

성경은 긍휼의 구체적인 모습을 가르쳐 주고 있다. 예수님께서는 여리고로 가는 길에 강도 만나 거의 죽어 가는 사람에 대한 제사장과 레위인과 사마리아인의 태도를 비교하시고 강도 만난 자에게 긍휼을 베푼 사마리아인이 그의 이웃이라 말씀하셨다. 사마리아인이 보여준 긍휼의 모습은 네 단계로 설명할 수 있다.

첫째, 먼저 거의 죽어 가는 처지에 있는 사람, 어려운 처지에 있는 사람을 바라보았다.

둘째, 바라보고 그리고 불쌍히 여겼다. 어려운 처지에 있는 자를 보고 피하여 지나간 것이 아니라 바라보고 연민의 정을 느낀 것이다.

셋째, 거의 죽어 가는 사람에게 가까이 가서 기름과 포도주를 그 상처에 붓고 싸매고 자기 짐승에 태워 주막으로 데리고 가서 돌보아 주었다. 어려운 처지에 있는 사람들이 겪고 있는 현실적 고통을 자기 소유물을 사용하여 완화시켜 준 것이다.

넷째, 사마리아인은 이튿날 은화 두 개를 주막 주인에게 주며 계속 돌보아 주라 부탁하고 추가 비용이 더 들면 자기가 돌아 올 때 갚아 주겠다고 하였다. 즉 고통에 처한 자가 지속적으로 보살핌을 받을 수 있도록 조치를 해주고 계속 관심을 갖고 지켜보는 것이다.

이러한 사마리아인의 모습이 바로 긍휼한 사람의 모습이고 그들이 바로 고통 받는 사람들의 이웃인 것이다(누가복음 10장 30-37절). 나아가 하나님께서 요구하시는 긍휼의 모습은 원수까지 사랑하고 선대하고 은혜를 모르는 자나 악한 자에게도 긍휼을 베푸는 것이다(누가복음 6장 35-36절).

5) 하나님의 영광을 위한 실행

교회사회복지실천을 위한 모든 실천개입 활동은 사람의 영광을 위해서 하는 것이 아니라, 하나님의 영광을 위해서 '예수 그리스도의 이름'으로 행해져야 한다. 병자를 방문하고 가난한 자를 공궤하고 감옥에 있는 자를 도와주는 것을 자신의 이름을 빛내려 하거나 자신의 영광을 구하려는 공명심으로 행하는 것이 아니라, 그리스도의 명령에 대한 순종으로 그리스도의 정의가 이 땅에 실현되도록, 하나님의 영광을 구하기 위해 행해져야 하는 것이다. 즉, 오른손이 하는 것을 왼손이 모르게 은밀한 가운데 실천개입해야 한다.

"사람에게 보이려고 그들 앞에서 너희 의를 행하지 않도록 주의하라. 그리하지 아니하면 하늘에 계신 너희 아버지께 상을 받지 못하느니라. 그러므로 구제할 때에 외식하는 자가 사람에게서 영광을 얻으려고 회당과 거리에서 하는 것 같이 너희 앞에 나팔을 불지 말라 진실로 너희에게 이르노니 그들은 자기 상을 이미 받았느니라. 너희는 구제할 때에 오른손이 하는 것을 왼손이 모르게 하여 네 구제함을 은밀하게 하라 은밀한 중에 보시는 너의 아버지께서 갚으시리라(마태복음 6장 1-4절)."

"사람이 하나님의 뜻을 행하려 하면 이 교훈이 하나님께로부터 왔는지 내가 스스로 말함인지 알리라. 스스로 말하는 자는 자기 영광만 구하되 보내신 이의 영광을 구하는 자는 참되니 그 속에 불의가 없느니라(요한복음 7장 17-18절)."

6) 받은 은사대로 충실히 겸손하게 실천하는 실행

하나님께서는 믿는 사람들에게 서로 다른 직분을 주시고 서로가 자기에 맡겨진 직분에 충실하고 협력하여 서로 하나가 되어 하나님의 뜻을 이루길 원하신다. 한국교회의 사회복지실천을 수행함에 있어서도 어느 한 사람이 모든 업무들을 다하려 하거나 다른 직분의 일까지 하려 하지 말고, 각 사람에게 맡겨진 은사에 따라 충실하게 실천개입하도록 노력해야 한다. 믿음의 형제들인 동료를 사랑하고 서로 우애하고 존경하길 서로 먼저하며, 주의 뜻을 행하는 것이므로 부지런히 그리고 열심히 행해야 한다. 아무 일에든지 다툼이나 허영으로 하지 말고 오직 겸손한 마음으로 실행해야 한다.

"내게 주신 은혜로 말미암아 너희 각 사람에게 말하노니 마땅히 생각할 그 이상의 생각을 품지 말고 오직 하나님께서 각 사람에게 나누어주신 믿음의 분량대로 지혜롭게 생각하라. 우리가 한 몸에 많은 지체를 가졌으나 모든 지체가 같은 기능을 가진 것이 아니니 … 우리에게 주신 은혜대로 받은 은사가 각각 다르니 … 혹 섬기는 일이면 섬기는 일로 … 구제하는 자는 성실함으로 … 긍휼을 베푸는 자는 즐거움으로 할 것이니라. 형제를 사랑하여 서로 우애하고 존경하기를 서로 먼저 하며 부지런하여 게으르지 말고 열심을 품고 주를 섬기라. … 성도들의 쓸 것을 공급하며 손 대접하기를 힘쓰라(로마서 12장 3-13절)."

"그리스도 안에 무슨 권면이나 사랑의 무슨 위로나 성령의 무슨 교제나 긍휼이나 자비가 있거든 마음을 같이하여 같은 사랑을 가지고 뜻을 합하며 한 마음을 품어 아무일에든지 다툼이나 허영으로 하지 말고 오직 겸손한 마음으로 각각 자기보다 남을 낫게 여기고 각각 자기 일을 돌아볼 뿐더러 또한 각각 다른 사람들의 일을 돌아보아 나의 기쁨을 충만하게 하라(빌립보서 2장 1-4절)."

2. 교회사회복지실천 기술

교회사회복지실천을 성공적으로 수행하기 위해서는 다음과 같은 기본적인 실천 기술들을 이해하는 것이 유용하다.

1) 자원개발 기술

이 세상 모든 만물은 하나님께서 창조하셨다. 동시에 그 모든 만물은 하나님의 은혜 가운데 유용한 복지자원이 될 수 있다. 그러므로 교회사회복지실천을 효과적으로 감당하기 위해서는 실천개입 시에 요긴하게 쓸 수 있는 다양한 자원들을 탐색하고 활용할 수 있는 능력이 필요하다. 이를 위해서는 자원에 대한 심도 있는 인식이 교회사회복지실천가에게 있어야 한다.

(1) 자원의 유형과 종류

일반적으로 자원이란 인간의 욕구를 충족시키기 위해 소비되는 이용 가능한 것으로 시설이나 설비, 기관, 제도에서부터 개인의 지식이나 정보, 기술까지 유·무형의 모든 것을 포함하는 개념이다. 따라서 지역사회 자원은 다양하고 복합적인 욕구를 지닌 지역사회 구성원들의 욕구를 충족시키고 그들의 사회적 기능을 향상시키는 데 있어서 필수적인 요소라고 볼 수 있다. 이러한 지역사회 자원의 유형은 그 속성에 따라 몇 가지로 세분화할 수 있다.

① 영적 자원

영적 자원이란 각 사람의 내면에 있는 '하나님을 바라보게 하는 성향인 영성'과 그 영성을 풍성하게 하는 다양한 환경적인 요인들을 지칭한다. 특히 영적 자원의 근간이 되는 기독교 영성은 그리스도 중심적이어야 하며 하나님의 말씀인 성경을 떠나서는 이해할 수 없다. 그러므로 영적 자원의 핵심은 예수 그리스도와 친밀하게 교제할 수 있는 환경 자원이라 할 수 있다. 아울러 하나님의 말씀인 성경을 배우고 접할 수 있는 여건도 포함된다. 예를 들면 지역주민 누구나 언제든 조용히 기도할 수 있는 기도실, 예배당이 있다면 바로 그곳이 훌륭한 영적 자원이 되는 것이다. 또한 성경공부, 예배, 찬양 등 영성적 활동을 할 수 있는 기회가 되는 모든 것들이 영적 자원이 된다. 교회사회복지실천을 통해 이러한 영적 자원이 개발되어야 하고, 누구나 활용할 수 있도록 제공되어야 한다.

② 인적 자원

인적 자원이란 지식, 기술, 태도 등 인간이 지니고 있는 능력과 품성, 그리고 그러한 능력과 품성을 지닌 사람 자체를 의미한다. 따라서 인적 자원은 지역사회 내에 서비스를 필요로 하는 대상자이자 이러한 서비스를 제공하는 서비스 공급자이기도 하다. 따라서 지역사회 내의 인적 자원을 파악하는 것은 지역사회 내 문제 해결이나 복지 향상을 위해 활용될 수 있는 유용하고 가치 있는 자원을 파악하는 것과 동시에 향후 실천을 통한 개입이 요구되는 잠재적인 수요자를 파악하는 활동을 의미한다.

교회사회복지실천과 관련하여 인적 자원의 특성은 다음과 같이 세 가지로 요약할 수 있다.
첫째, 인적 자원이란 교회사회복지실천에 동원될 수 있는 가능한 모든 사람을 의미한다. 즉, 여기에는 교인은 물론이고 교회가 활용할 수 있는 모든 인력을 다 포함한다.
둘째, 인적 자원은 잠재적인 교회사회복지실천 서비스의 수요자이다. 서비스를 제공받던 사람이 이후에는 서비스를 제공하는 유용한 자원이 되기도 한다.
셋째, 지역사회의 인적 자본에 대한 이해는 지역사회 내 의사결정과 실제적인 행동을 가능케 하는 기제를 파악하는 데 유용한 정보를 제공한다. 대체로 지역사회를 구성하는 인적 자원은 크게 지도자 집단, 지식인 집단, 대규모 집단으로 구분하여 설명된다. 여기서 대규모 집단이 일반 주민을 의미한다면, 지도자 집단은 지역사회의 대표로 인식되는 사람들로 지역사회 주민들에게 공식적·비공식적으로 영향력을 행사하는 사람들이다. 또한 지식인 집단은 특정 분야의 전문가 집단(교수, 변호사, 의사 등)이나 특정 신념을 가지고 대중에 영향력을 행사하는 종교지도자(목사, 신부, 스님 등), 정치평론가 그리고 그밖에 특수 직종 종사자들(소방관, 경찰관 등)을 포함한다.

결국 자원 개발에 있어 인적 자본을 이해한다는 것은 교회사회복지실천의 대상이 되는 서비스의 표적 집단을 파악하고 이들의 욕구 충족 및 문제 해결을 위해 활용될 수 있는 잠재적 활동가들을 동원하는 과정을 의미한다. 이 때 지역사회에 영향력을 행사할 수 있는 공식적·비공식적 지도자를 파악하는 것은 지역사회 내에 지지적인 분위기를 조성하고 표적 집단에 대한 접근 가능성을 높임으로써 교회사회복지실천 활동의 목적을 달성하는 데 기여한다.

③ 물적 자원

물적 자원이란 인적 자원과 대비되는 개념으로 물건이나 서비스를 생산하기 위해 필요한 기계, 건물, 사회기반 시설(예; 운송, 통신망, 수도, 전기) 등과 같이 하나님께서 인간을 통해 만들어 낸 가시적 자원을 의미하며, 토지, 강, 바다와 같은 생태학적 환경까지 포괄하는 광범위한 개념으로 사용되기도 한다. 교회사회복지실천이 이러한 물적 자원이 활용됨으로써 이루어진다는 측면에서 지역사회 내의 물적 자원을 파악하고 적절히 연계하는 것은 매우 중요하다.

물적 자원의 조사 대상에는 지역의 기후, 토지 및 토양조건, 농공상업과 관련한 산업자원, 천연자원, 문화관광자원은 물론 교통망, 통신망, 그리고 각종 시설과 설비 등 다양한 내용이 포함된다. 따라서 물적 자원에 대한 이해는 지역사회의 욕구와 교회사회복지실천을 위해 동원 가능한 자원을 파악하는 과정이라고 볼 수 있다. 예를 들어 의료 시설이 지역사회 내에 얼마나 존재하고 지리적으로 어떻게 분포되어 있는지 파악하는 것은 그 지역사회에 의료적 서비스에 대한 욕구의 정도를 평가하는 데 중요한 자료가 될 수 있다. 또한 지역사회의 소외계층에게 의료적 서비스를 제공하고자 하는 경우 이러한 서비스를 제공하기 위해서는 서비스를 제공할 수 있는 의료 전문가라는 인적 자원 이외에도 각종 의료 도구 및 장비는 물론 서비스 제공을 위한 장소가 필요하다. 따라서 서비스의 잠재적 수혜자가 선정되고 서비스를 제공할 수 있는 인적 자원이 확보되었다 하더라도 물적 자원이 적절히 활용되지 않고서는 교회사회복지실천의 목적을 충분히 성취하기 어렵다.

④ 재정 자원

재정 자원이란 사회복지서비스를 제공하기 위해 요구되는 재원을 의미한다. 간혹 이러한 재정 자원은 물적 자원에 포함되는 개념으로 이해되기도 한다. 사회복지서비스 제공을 위해 필요한 재정을 누구로부터 어떠한 방식을 통해 확보할 것인가에 대한 결정은 교회사회복지실천을 계획하는데 있어서 주요한 과업이 된다.

민간 영역에서 사회복지 재원의 유형으로는 정부의 지원금과 다양한 형태의 기금, 기업의 협찬금, 일반 시민의 기부금, 서비스 이용료, 수익 사업 등을 들 수 있다. 정부에서 제공하는 사회복지의 재원은 주로 조세나 사회보험금을 통해 조달된다. 정부의 사회복지 재원 조달 방식의 경우 소득 재분배와 사회공동체 전체의 유익이라는 공익성을 위해 강제적인 수단이 활용된다. 따라서 재정의 안정성 면에서는 우세하다고 볼 수 있으나 복지 지출에 대한 반감이 클 수 있다. 그와 반대로 후원금, 기부금과 같은 민간 영역에서의 재원 조달 방식은 주로 개인이나 조직의 자발성에 의존한다. 따라서 복지 지출에 대한 반감이 상대적으로 낮고 지출에 있어서 빠르게 변화하는 지역사회의 욕구에 민감하게 대응할 수 있다는 장점이 있다. 그러나 재정의 안정성은 상대적으로 낮다. 교회는 민간의 영역에 속하면서도 그 어떤 민간 조직들보다도 가치지향적인 재정 발굴과 확보에 성과를 낼 수 있다.

⑤ 비공식 자원과 공식 자원 그리고 영성적 자원

자원은 그 공급 주체에 따라 공식적 자원과 비공식적 자원, 영성적 자원으로 분류할 수 있다. 복지 공급의 주체로서 비공식 부문의 대표적인 예로는 가족, 친구, 이웃 등을 들 수 있다. 이러한 비공식 부문은 자발적이고 상호부조적인 성격을 띠며, 일상생활에 필요한 도움을 신속하고 탄력적으로 제공할 수 있다는 장점을 지닌다. 반면에 공식 자원의 경우 공식적인 기관을 통해 자원이 제공되는 경우로 중앙정부 및 지방자치단체에 의해 공식적인 절차를 거쳐 주어지는 도움이 가장 전형적인 공식 자원이라 볼 수 있다.

교회는 비공식 및 공식 자원을 효과적으로 활용하되, 교회 스스로가 먼저 모범적인 사회자원이 되도록 헌신해야 한다. 나아가 교회는 하나님으로부터 흘러나오는 영성적 자원을 확보하기 위해 끊임없이 노력해야 한다. 비공식 자원과 공식 자원이 부족한 가운데서도 하나님께서 주시는 힘과 용기, 은혜와 사랑 등과 같은 영성적 자원이 채워질 때, 다시금 비공식 자원과 공식 자원을 발굴하여 엮어낼 수 있는 힘이 생기는 것이다.

(2) 자원개발의 개념

교회사회복지실천을 활성화시키고, 이를 통해 효과적인 서비스를 제공하기 위해서는 지역사회의 자원을 지속적으로 개발할 필요가 있다. 자원개발이란 지역사회의 공동체 의식을 토대로 사회 구성원들이 그 사회의 문제해결과 예방을 위해 자발적으로 자신들의 인적·물적·재정적 자원을 투입하도록 동기를 부여하고 적극적인 참여를 이끄는 과정이다. 여기에서 중요한 것은 자원개발이 무조건적으로 자원을 끌어들이는 활동이 아니라 오히려 지역사회에 널려 있는 무수한 자원들을 지역주민의 삶 속에서 소통되게 하는 일이라는 사실이다. 이런 인식에 기초하게 되면 교회사회복지실천은 일상적인 생활 속에서 능동적으로 자원을 개발할 수 있는 의미 있는 활동이 될 수 있다.

예를 들면 교회사회복지실천 서비스대상자들에게 좋은 공연을 보여주고 싶으면 사회복지시설 안으로 가수나 극단을 초청하여 공연하기보다는 교회를 공연의 현장으로 적극 개발할 필요가 있다. 또한 사회복지 시설 안에 설비를 하고 교회사회복지실천가를 끌어들여서 목욕, 이발 등을 하기보다는 지역사회 일반 주민들이 이용하는 목욕탕과 이미용업소를 활용할 수 있는 방안을 찾는 것도 말할 수 있다. 나아가 자체적으로 캠프를 하기보다는 멋있는 기존의 캠프에 같이 갈 수 있도록 애쓴다든지 등산도 최대한 지역사회의 산악회나 등산 동아리에 섞여 갈 수 있도록 주선하는 것도 좋은 사례가 된다. 더욱이 지역사회복지관을 이용할 수 있도록 돕는 것, 시민회관이나 구민회관, 주민자치센터 등을 이용하게끔 하는 것도 예로 들 수 있을 것이다.

이렇게 자원개발은 지역사회에서, 지역사회로써, 지역주민의 삶과 더불어 함께 다양한 자원들이 서로 소통하도록 풀어내는 것이다. 실제로 우리네 생활 전반에는 수많은 자원들이 보이지 않으면서도 세상에 두루 스며들어 면면히 흐르고 있다. 그래서 교회

사회복지실천가는 교회사회복지실천 서비스대상자들이 일반 사람들이 이용하는 것을 함께 이용하고 일반 사람이 누리는 것을 함께 누리게끔 하면 된다. 다시 말해 교회사회복지실천 서비스대상자의 삶이 일반 사람들의 일상생활과 간격이 벌어지지 않도록 부족한 자원을 연결하고 소통되게 하는 것이 진정한 자원개발의 목표가 되어야 한다.

(3) 자원개발의 기술

① 동기부여 기술

동기부여(motivation)는 개인의 행동을 방향지우고 계속하도록 하거나 행동이 발생하여 계속해 가도록 작용하는 것이라 할 수 있다. 사람들은 누구나 기본적으로 동기부여의 욕구를 가지고 있다. 이를 구체적으로 살펴보면 능력 인정에 대한 욕구, 성취에 대한 욕구, 통제에 대한 욕구, 다양성에 대한 욕구, 성장에 대한 욕구, 소속과 권한에 대한 욕구, 흥미와 독특성에 대한 욕구들을 지니고 있다. 교회사회복지실천은 이러한 사람들의 다양한 욕구들을 성취하고 성장할 수 있도록 돕는다.

특히 동기부여는 교회사회복지실천가를 지속적으로 활동하게 하는 핵심요소이다. 교회사회복지실천의 경험이 실천가들의 특정한 혼합된 동기욕구를 확실하게 충족시켜 그들을 만족스럽게 하면 실천가들은 계속 열정적으로 활동하게 되는 것이다. 동기부여를 통해 실천가의 탈락을 막고, 탈락했다가도 다시 돌아오게 한다면 새로운 실천가의 발굴에 소요되는 시간을 절약할 수 있다. 발굴이 실천가가 충분하지 못한 문제에 대한 해결책이라면, 동기부여를 통해 실천가를 떠나지 않게 하는 것은 그러한 문제를 막는 더 좋은 방법이라고 할 수 있다.

■ 교회사회복지실천가의 동기 찾기

교회사회복지실천가가 지역사회를 위해 실천개입활동을 수행하기로 결심했다면 가장 먼저 사회복지실천은 하나님의 부르심을 향하여 나서는 하나의 소명임을 깨달아야 한다. 흔히 목회나 선교와 같은 직업을 소명으로 받아들이는 것처럼 사회복지도 헌신과 희생을 요구하는 하나님의 소명으로 받아들여야 한다. 다음으로 어떤 종류의 교회사회복지실천이 자신에게 가장 만족을 주는지, 그리고 실천개입에 얼마나 많은 시간을 사용할 수 있는지를 확인하는 것이 필요하다. 또한 자신이 찾고 있는 교회사회복지실천에 대해 보다 자세하게 알게 되면, 자신이 기쁨을 느낄 수 있는 교회사회복지실천의 세부분야를 찾을 기회가 보다 많을 것이다. 이를 위해 구체적으로 다음과 같은 질문을 교회사회복지실천가 자신에게 하도록 할 필요가 있다.

* 교회사회복지실천가로서의 일이 하나님의 소명임을 확신하는가?
  - 이 일은 편안하고 안정된 삶을 영위하기 위한 생활의 방편이 아님을 알고 있는가?
  - 힘들고 괴로워도 끝까지 감당해야 할 사명임을 알고 있는가?

* 어떤 분야의 실천개입을 수행하기 원하는가?
  - 관심 있는 이슈나 분야가 무엇인가?
  - 무슨 실천개입을 가장 먼저 하고자 하는가?
  - 실천개입에서 가장 초점을 맞추려는 것은 무엇인가?

* 실천개입활동을 통해 무엇을 원하는가?
  - 무엇을 변화시키면 좋겠는가?
  - 어떤 기술이나 재능을 사용하고자 하는가?
  - 전문적인 경험이나 접촉의 기회가 될 수 있는가?
  - 하나님 안에서 참된 자기인식을 통해 성장과 성숙을 하는 기회가 될 수 있는가?

■ 처음 활동하는 교회사회복지실천가를 위한 관심과 배려
* 실천개입을 통해 소속감과 자랑스러움을 느낄 수 있도록 교회사회복지실천 전반에 대한 정보를 제공한다.
* 교회사회복지실천가의 재능과 관심, 기대를 파악하여 적절한 과업을 제공한다.
* 교회사회복지실천가가 쉽게 달성할 수 있는 목표보다는 과업수행을 촉진시킬 수 있는 목표를 설정한다.
* 교회사회복지실천가가 자신의 노력과 능력을 최대한 발휘할 수 있도록 활동 전반에 자율성을 부여한다.
* 교회사회복지실천가 스스로가 책임영역을 선택할 수 있는 기회를 제공하고 업무완수에 대해 스스로 책임질 수 있도록 당부한다.

■ 기존 교회사회복지실천가를 위한 지원
* 가능한 한 포기하지 않고 지속적으로 근무하도록 지지와 관심을 전교회적으로 표명한다.
* 다양한 방법을 통해 교회사회복지실천가들의 활동을 널리 알린다.
* 실천개입에 대한 피드백을 제공하고 면담을 통해 교회사회복지실천가의 욕구와 기대를 재평가한다.

② 마케팅과 모금

자원개발을 지역사회에 있는 다양한 자원을 소통되게 하는 것이라고 할 때, 자원을 개발하는 수많은 기술들 중에 가장 핵심적으로 말할 수 있는 방법은 역시 마케팅과 모금이라 할 수 있다. 그런데 교회사회복지실천에서 자원개발을 하기 위해 마케팅과 모금을 해야 한다고 하면 백에 아흔 아홉은 부정적인 인식을 갖게 될 것이다. 왜냐하면 일반적인 마케팅과 모금의 이미지는 매우 세속적이기 때문이다.

그런데 사회복지는 사람을 위한 것이고 사회를 위한 것이다. 예수님께서 이 세상에

속하지 않으셨지만 세상을 위해 보냄을 받으신 것처럼 그리스도인도 세상을 향하여 나가야 한다. 비록 그리스도인의 삶은 주님을 향한 방향이 우선적이어야 하지만 세상을 향한 방향도 포기되어선 안 된다. 영성을 따라 사는 사람은 어느 곳에 있어도 세상을 향한 영향을 흘려보내게 되어 있다. 바로 이런 면에서 교회사회복지실천가는 가장 세상적인 방식이라 할 수 있는 마케팅과 모금을 활용해서 가장 영적이며 숭고한 인간과 세상을 섬기는 일로 전환시켜 매진할 수 있어야 한다.

■ 마케팅

마케팅이란 개인이나 조직이 자신이 생산하는 물품이나 아이디어, 서비스에 대해 소비자가 관심을 가지도록 하는 과정을 의미한다. 교회에 의해 이루어지는 사회복지 마케팅의 경우 일반 기업의 마케팅과 그 목적 면에서 구분된다. 즉, 기업의 마케팅 목적이 소비자의 소비를 촉진함으로써 이윤을 창출하는 것에 있다면, 교회의 마케팅은 예수 그리스도의 정신으로 지역사회 주민들의 어려움을 방지하거나 해결하도록 도움으로써 전체 지역사회의 유익을 추구하는데 그 궁극적인 목적이 있다.

좀 더 구체적으로 교회사회복지실천에 있어서 마케팅이란 실천개입 서비스의 소비자인 교회사회복지실천 서비스대상자, 자원공급자, 주님의 몸된 교회공동체, 지역주민이 교회가 제공하는 서비스에 더욱 관심을 가지도록 하기 위한 활동으로 볼 수 있다. 교회사회복지실천을 수행하는 교회들은 상담, 치료, 교육, 재활, 정보제공, 자원 지원 등의 무형의 사회복지서비스를 제공하고 이를 통해 바람직한 기독교적인 사랑의 가치를 지역사회 내에 실현하고자 한다.

교회사회복지실천 현장에서 요구되는 다양한 자원들이 효과적으로 개발되기 위해서는 하나님의 뜻을 실현하는 실천개입이라는 숭고한 기독교적 가치가 사회의 여러 구성원들에게 인식되어야 한다. 그러므로 교회사회복지실천이 홍보나 계몽 등과 같은 방법을 통해 효과적으로 지역사회와 주민들에게 표현되거나 알려져야 한다. 결국 마케팅은 생각으로만 이루어지는 것이 아니라 마케팅 전략과 목표작성, 구체적인 계획을 통해 연결되어야 한다. 그리고 마케팅은 모금과 직결된다. 다시 말해 모금을 위한 기초 작업은 마케팅 전략의 수립이다. 전략적 계획 없이 성공적인 모금을 할 수 없다. 전략 없이 사업을 진행하거나 모금을 하는 것은 마치 지도 없이 여행을 떠나는 것과 같다. 지역사회 자원개발의 효과를 높일 수 있기 위해서는 다음과 같은 전략적 계획이 필요하다.

첫째, 예수 그리스도의 사랑과 헌신에 기초한 미션(사명)을 작성하는 것이다. 교회사회복지실천을 수행하는 조직이 지역사회에 존재하는 기본적인 목적과 조직의 현재와 미래의 방향을 제시해주는 작업이 미션을 수립하는 것으로 현재 하고 있는 일과 사업의 방향을 분명히 함으로써 조직의 궁극적인 목적과 사명을 구성원들이 명확하게 인식하도록 한다.

둘째, 교회사회복지실천을 수행하는 조직의 목적과 목표를 작성하는 것이다. 이는 교회사회복지실천을 수행하는 조직의 궁극적인 목적과 달성 방법에 대해 기술하는 작업으로, 목적은 미션을 이룩하기 위한 궁극적 방향을 제시해주며, 목표는 목적 달성을 위한 구체적인 실행계획과 방향을 설정하여 목표 달성량, 시간, 방법 등을 지표를 통해 구체적으로 명시해 준다.

셋째, 마케팅 조사를 할 필요가 있다. 가령 교회 내에서 또는 지역사회에서 교회사회복지실천 개입의 후원자가 누구인지, 그들의 욕구는 무엇인지를 찾아내는 작업을 들 수 있다. 곧, 누가 어떤 서비스나 프로그램에 관심과 욕구가 있는지, 언제, 어디에서 서비스나 프로그램 또는 지원을 원하는지, 그리고 어떻게 후원금을 받을 것인지를 분석하는 작업이다.

넷째, 외부환경을 조사하고, 자원을 분석해야 한다. 목표 달성을 위해 교회사회복지실천 개입 조직의 강점(예: 좋은 이미지, 네트워크 능력 등)과 약점(예: 의사결정과정, 내부의 자원 부족 등)이 무엇인지, 기회(예: 지역 욕구에 대한 지역사회의 인식, 지역의 좋은 자원, 새로운 조직과 내부 자원 등)와 위협(예: 경쟁관계 등) 등은 무엇이 있는지 하나씩 점검해 보는 작업이다.

다섯째, 분명한 마케팅의 목표를 설정해야 한다. 마케팅의 목표는 실천개입 조직의 목적 달성을 위한 목표이며, 이는 모금 목표로 다시 세분화될 수 있다. 실천개입 조직의 목표는 미션, 목적, 목표, 프로그램, 실행계획 등과 같이 구분되어 체계적으로 세워져야 하며 동시에 행정, 사업, 모금 등 각각의 목표는 유기적인 관계를 가지고 세워져야 한다. 목표는 구체적이어야 하며 성과 중심적 결과를 측정할 수 있는 지표가 반드시 있어야 한다. 그러면서도 교회사회복지실천의 특성상 서비스 실천개입의 과정이 어떠한지를 살필 수 있는 접근들도 충분히 고려해야 한다. 더더욱 중요한 것은 이 모든 마케팅의 목표가 하나님의 뜻에 부합하는지를 끊임없이 점검해야 한다.

여섯째, 전략적 마케팅 계획을 수립해야 한다. 교회사회복지실천을 수행하는 조직의 마케팅 계획은 자원과 지역사회 개발의 기회를 가지고 목표 달성의 계획을 수립하는 일이다. 마케팅 계획은 다음과 같은 점을 염두에 두고 세워야 한다.

* 마케팅 전략이 예수 그리스도 중심적인 교회사회복지실천의
  전체 목적에 기여하고 있는가?
* 교회가 지향하는 목적 달성의 관점에서 외부의 위협과 지역사회의 기회를
  정확하게 분석하고 반영하고 있는가?
* 외부 환경의 위협 요소를 대처하기 위한
  현재와 잠재적인 교회의 자원과 기술에 대하여 평가하고 있는가?
* 구체적인 목표를 달성하기 위한 마케팅 전략이 세워졌는가?
* 전략 수행을 확실히 하기 위한 마케팅 기능에 필요한 교회의 시스템을 세웠는가?
* 목표 달성과 중간 진행을 체크하기 위한 점검표가 작성되었는가?

일곱째, 실행계획을 수립해야 한다. 모든 목표 계획이 세워지면 이를 수행하기 위한 구체적인 실행계획이 세워져야 한다. 조직, 예산, 일시, 장소, 프로그램, 방법 등에 대한

자세한 기술과 마케팅 믹스(marketing mix)의 요소, 예산 등이 세워져야 하며 이 모든 내용과 진행과정을 점검할 수 있는 진행과정표를 작성해야 한다.

여덟째, 평가 작업을 해야 한다. 최종적으로 마케팅 목표 달성을 위한 과정과 결과에 대한 평가를 실시해야 한다. 평가는 과정평가를 통해 중간 진행과정을 점검하여 피드백을 통해 목표달성을 위한 새로운 실행계획을 수립해야 하며 최종평가를 통하여 그 이후, 즉 모금을 준비하는 마케팅 전략을 위한 작업에도 반영하도록 해야 한다.

■ 모금

교회사회복지실천 조직에서 마케팅과 연결되어 있으면서 동시에 중요한 자원개발 기술이 바로 모금과 헌금 활성화이다. 즉, 후원자 또는 기부자가 바라는 욕구가 생길 수 있는 후원 '상품' 혹은 헌금 '사용의 대상'을 개발하거나 실질적인 후원을 확보하는 기술이 모금이다.

또한 모금은 잠재적 후원자들이 이미 개발되어 있는 후원 프로그램에 쉽게 접근할 수 있도록 교회 또는 교회사회복지실천을 수행하는 조직들로 하여금 구체적인 촉진 전략을 세우게끔 하는 효과도 얻게 한다. 구체적인 촉진 방식으로는 특별 예배나 기도회, 우편물 발송이나 인터넷을 이용한 홍보, 이벤트나 행사, 대중매체 광고 등을 활용할 수 있다. 교회 또는 교회사회복지실천 수행조직 등은 후원 사업의 내용과 기대 효과에 대한 구체적인 진술을 통해 잠재적 후원자(기부자)들이 지속적으로 돕고자 하는 마음이 생길 수 있도록 촉진하는 방법으로 계획하고 실행해야 한다.

③ 마케팅과 모금을 위한 주요하고 세부 기술

효과적인 마케팅과 모금을 위한 주요 세부 방법 내지 기술은 다음과 같다.[38]

---

[38] 다만 여기에서 예배를 포함한 교회의 종교적 의식은 제외하였다. 왜냐하면 기독교적 예식의 경우 이는 그 목적이 하나님을 경배하는 데에 있기 때문이다.

첫째, 우편물(DM) 발송이다. 기부나 후원을 요청하는 편지를 잠재적 기부자나 후원자들에게 보내는 방식이다. 우편물은 겉봉투와, 호소서신, 첨부물, 반송엽서나 봉투로 구성된다. 이 때 겉봉투는 받은 사람이 흥미를 가질 수 있도록 제작되어야 하며, 호소서신에 있어서는 모금 또는 후원자 개발의 목적과 내용이 이해하기 쉽도록 구체적이고 명확하게 제시되어야 한다. 또한 잠재적 기부자 및 후원자들이 돕고 싶은 마음이 일어날 수 있도록 호소력 있는 내용으로 작성되는 것이 바람직하다.

둘째, 자동응답 시스템(ARS)이다. 기부나 후원을 요청하는 방식으로 텔레마케팅이 활용될 수 있다. 텔레마케팅 방식 중 ARS는 적은 금액으로 부담 없이 후원에 참여할 수 있다는 장점이 있어 최근 모금 방식으로 많이 사용되고 있다. 이 시스템을 통해 전화를 걸면 통화 당 일정 금액이 자동으로 전화 요금에 가산되고 이 금액은 기부금으로 제공되게 된다.

셋째, 인터넷과 사회 연결망 서비스(Social Network Service)를 활용하는 것이다. 인터넷 모금의 경우 ARS와 함께 모금 및 후원자 개발을 위한 효율적인 방법으로 그 활용도가 급속도로 증가하고 있다. 기관의 홈페이지를 통하거나 통신회사의 온라인 서비스를 이용하여 모금이나 후원 활동에 참여할 수 있다. 트위터와 페이스북과 같은 사회 연결망 서비스를 활용한 모금 방법도 활발하게 개발되고 점차 확산되고 있다. 지금까지는 사회 연결망 서비스에서 서비스를 인터넷 서비스의 도구로 국한하여 사용하는 경향이 크지만 조만간 '가치를 만드는 모든 활동'을 지칭하는 포괄적인 서비스로의 개념으로 확장될 것이라 전망된다. 자원개발 기술들 중에서 향후 사회적 관계망을 자원으로 활용하려는 경향이 더욱 심화될 것으로 볼 때, 사회 연결망 서비스를 통한 접근은 한층 더 강조될 것이다. 실제로 최근 주목받고 있는 'OTT는 'Over the Top'의 줄임말이다. 인터넷을 통해 방송 프로그램, 영화 등 미디어 콘텐츠를 언제 어디서나 볼 수 있는 서비스를 통칭하는 개념이다. 유튜브, 넷플릭스 등이 이 새로운 미디어 혁명의 선두주자들이다.

넷째, 이벤트이다. 이벤트는 특정 시간과 장소에서 특정 사업에 필요한 모금이나 후원자 개발을 위해 계획된 특별 행사를 실시하는 것이다. 구체적인 예로는 자선음악회, 모금만찬회, 자선바자회, 전시회, 일일찻집 등을 들 수 있다. 이벤트의 장점은 사회 문제에 대한 대중의 관심을 높이고 후원에 대한 공감대를 형성하는 데 기여할 수 있으며, 실천개입활동에 참여하는 교회사회복지실천가들의 적극적인 역할과 리더십 개발 훈련의 기회를 제공한다. 또한 잠재적 후원자들을 개발하고 기부자와의 관계형성 등에도 크게 기여할 수 있다. 그러나 이러한 이벤트를 계획하고 실행하는 데 많은 시간과 비용, 에너지가 요구되는 만큼 의외로 그 효율성이 낮을 수도 있다.

다섯째, 대중매체 광고이다. 주로 영리를 목적으로 하는 기업에서 활용하는 방법으로 TV, 라디오, 신문, 잡지, 인터넷 포털 사이트 등의 매체를 활용하여 상품을 홍보하는 방법이다. 효과적인 방법이지만 비용이 많이 든다는 점에서 재정이 풍부하지 않은 교회에서 활용하기에는 어려움이 있다. 따라서 큰 비용의 지출 없이 대중매체를 활용하는 방법으로 언론 홍보의 활용을 생각해 볼 수 있다. 교회사회복지실천을 지원하고 함께 하는 사람들 가운데 언론 홍보 분야에 종사하는 전문가들이나 유명 연예인들이 있다면 그들을 적극적으로 활용하는 것도 좋은 전략 중 하나라고 본다. 특히 기독교인 연예인들을 발굴하여 홍보 대사로 하는 것도 한 예가 될 것이다.

2) 조직화 기술

교회사회복지실천을 통해 지역사회의 문제를 해결하고 복지를 증진시키기 위해서는 지역사회 내외의 활용 가능한 자원을 동원할 수 있어야 한다. 또한 동원된 자원들이 체계적으로 연결되어 긴밀한 협력 관계를 맺을 때 낭비를 막고 효과적으로 활용될 수 있다. 여기에서 조직화 기술은 성공적인 교회사회복지실천을 위해서 매우 중요하게 대두된다. 조직화 기술이란 주로 지역사회를 조직화하는 것으로 말할 수 있는 데, 지역사회 조직화는 두 범주로 구분될 수 있다. 지역주민, 즉 비공식적 영역을 대상으로 하는 주민조직화와 정부기관, 지역사회 내의 복지 관련 기관과 단체, 조직 등 공식적 영역을 연계하는 네트워킹을 들 수 있다.

(1) 주민조직화

주민조직화는 민주적이고 자발적인 참여를 유도하고 서로 돕는 지역사회를 구성하는 것이다. 지역주민들이 공동체 의식을 가지고 협력을 통해 문제를 해결하고 지역사회를 발전시키는 과정 중심적인 접근이라고 볼 수 있다. 지역주민들이 스스로 지도력을 가지고 공동체의 문제를 해결하고 지역사회를 발전시킬 수 있도록 하는 임파워먼트(empowerment)가 강조된다. 특히 교회는 지역사회에 힘을 불어 넣어 줄 수 있어야 한다. 주민조직화의 목적을 정리해 보면 다음과 같이 제시해 볼 수 있다.

첫째, 주민조직화는 개인적 잠재능력을 증진시키고 동시에 이러한 잠재력을 실현시킬 수 있도록 돕는다. 예를 들어 주민 개개인의 일상생활을 개선시키고 스스로 성취감을 느낄 수 있도록 함으로써 주민 개개인의 잠재력을 증진시킬 수 있다.

둘째, 주민조직화는 지역사회의 문제를 해결하여 주민들의 삶의 질을 향상시키는 데 그 목적이 있다. 지역공동체는 개인으로서 활동할 때 보다 조직화를 통해 더 다양하고 유용한 정보를 공유할 수 있고 더 강력한 영향력을 행사할 수 있게 된다.

셋째, 주민조직화는 보다 형평성 있는 자원의 배분을 통해 지역사회 내부와 권력의 재분배에 기여한다. 교회사회복지실천의 가장 중요한 대상은 가장 낮은 곳에 있는 사람들이고, 큰 성공은 복지를 이루되 그 영광을 주민들과 당사자들이 누리도록 하는 것에 있다. 성공적인 주민조직화는 주민들과 당사자들이 당연히 누려야 할 것들을 일상생활 속에서 누리게끔 한다.

주민조직화의 구체적인 전략으로는 다음과 같다.

첫째, 주민참여 활성화이다. 주민의 자발적 참여는 주민조직화의 기초가 된다. 즉, 어떻게 주민들이 공동체의 문제 해결과 발전을 위해 자발적으로 참여하도록 유도할 것인지가 주민조직화 전략의 핵심적 요소라고 볼 수 있다. 지역주민들을 동원하기 위한 전략으로는 이미 존재하는 지역사회의 구조를 활용하고 강화하는 방법과 지역주민들을 개별적으로 설득하는 방법이 있다. 주민들의 의사 결정과 행동을 유발하는 지역사회의 기제를 파악하고 이를 활용함으로써 지역주민들을 동원할 수 있다. 또한 지역주민 개개인에게 개별적 접촉을 통해 조직의 필요성 및 목적, 그리고 활동에 대한 동의를 얻고 적극적인 관심과 참여를 유발할 수 있다.

둘째, 지역사회 지도자 발굴과 양성이다. 교회사회복지실천을 통한 지역사회 변화 전략의 특징은 주민이 변화의 주체가 된다는 것이다. 지역사회의 자생 능력을 개발하고 향상시키기 위해서는 외부의 지도자보다는 지역주민이 주체가 되어 민주적 과정을 통해 조직의 목적과 수단이 결정되는 것이 바람직하다. 이처럼 지역주민이 주체가 되는 변화를 유도하기 위해서는 선구적으로 지역사회 문제와 주민의 욕구를 잘 이해하고 이를 해결하는 데 헌신적이며 변화의 도입과정에서 나타나는 저항과 혼란을 극복하면서 그 변화를 계획하고 실행해 나갈 수 있는 지역사회 내부의 지도자가 필요하다. 따라서 지역사회 내의 지도자 발굴과 양성은 주민조직화를 위해 필수적인 과업이라고 볼 수 있다. 이미 지역사회 주민들에게 대표로서 인식되고 이들의 행동에 영향력을 발휘하는 공식적 또는 비공식적 지도자를 활용하는 방법이나 지역사회 내의 잠재적 지도자들을 발굴하여 훈련하는 방법 등이 고려될 수 있다.

(2) 네트워킹

지역사회의 물적·인적·재정적 자원과 제도 및 조직들은 지역사회의 문제 해결과 주민들의 삶의 질 향상을 위해 동원, 활용, 조정될 수 있도록 조직될 필요가 있다. 네트워킹이란 지역사회 내 사회복지 관련 주체들이 상호 협력체계를 구축하는 것으로 네트워킹을 통해 주민들의 욕구 충족을 위한 지역사회 내의 자원을 보다 효과적으로 동원하고 효율적으로 활용할 수 있다. 특히, 여기서 네트워킹이란 비공식적 영역에서의 주민 간의 협력을 강조한 주민조직화와 구별하여 공식적 영역에서 교회와 교회사회복지실천 관련 기관이나 조직들 간의 협력체계에 초점을 맞춘다.

이런 측면에서 네트워킹은 교회사회복지실천을 수행하는 조직과 교회들 그리고 사회복지시설들 간의 연대를 강화하는 활동이라고도 볼 수 있다. 즉, 네트워킹이란 조직 간의 상호 조정과 협력을 증진시키는 활동으로 이를 통해 지역사회 문제 해결 및 주민들의 삶의 질을 향상시키기 위한 가용 자원을 증대시키고 그 활용에 있어서 효율성을 높인다. 한 조직이 동원할 수 있는 자원은 한정되어 있다. 그리고 이러한 한정된 자원만으로는 교회사회복지실천의 목적을 성취하기에 어려움이 있다. 따라서 교회사회복지실천을 수행하는 조직은 조직을 운영하고 서비스를 전달하기 위해 필요한 자원과 지지를 얻을 수 있도록 지역사회 여러 조직과 관계를 형성해야 한다.

교회사회복지실천을 수행하는 조직이 활용하게 되는 네트워크 구축의 전략은 교회사회복지실천 서비스대상자의 문제를 해결하기 위해 공동으로 대응하는 과업 중심의 연대활동과 실무자 간의 교류를 통한 연대활동으로 나누어 생각해 볼 수 있다.

첫째, 과업 중심의 네트워킹이다. 가령 문제를 해결하기 위한 과업 중심의 연대활동은 지역사회의 서비스대상자들이 가지고 있는 문제 해결이나 욕구 충족을 위해 지역사회 내의 다양한 기관이나 단체와 협력관계를 구축하는 것이다. 서비스대상자들 대부분이 복합적인 문제 또는 다양한 욕구를 가지고 있고, 이를 한 조직의 제한된 인적·물적 자원만으로 충족시키기에는 어려움이 있다. 따라서 조직은 특정 과업의 성취를 위해 이와 관련된 여러 조직이나 기관과 협력하게 된다. 즉, 특정 과업 성취를 위해 지역사회의 인적·물적 자원을 동원하는 과정이나 서비스를 제공하는 과정에서 다른 조직과의 역할 분담이 이루어질 수 있다. 예를 들어 프로그램 제공에 있어서 한 조직이 필요한 인력을 제공한다면 다른 조직은 물적(재정적) 자원의 동원을 담당하도록 할 수 있다. 또 다른 예로 한 조직이 프로그램의 기획과 실행, 평가를 총괄하는 주도적 역할을 하고, 다른 조직이 특정 영역에 대해 자문을 제공하거나 전문 인력을 보조하는 보조적 역할을 수행할 수도 있다.

둘째, 실무자 간의 네트워킹이다. 교회사회복지실천을 수행하는 조직들과 지역사회 내의 관련 사회복지 조직의 실무자들이 모여 정기적으로 정보를 교류하는 방법이다. 과업 중심의 네트워킹이 일정 과업의 성취 이후 소멸되는 경향이 있다면, 실무자 간의 사회적 관계망은 보다 지속적이며 과정 지향적인 성격을 갖는다. 이러한 실무자 간의 네트워킹을 통해 다양한 정보의 공유가 원활하게 이루어짐으로써 조직 간의 협력을 강화하고 서비스의 불필요한 중복으로 인한 조직 간의 갈등이나 자원 낭비를 효과적으로 예방할 수 있다.

3) 인간관계 기술

인간이 관계적 존재라는 진리는 사람의 흔적이 있는 곳이라면 어디에서나 확인할 수 있는 시공간을 초월한 사실이다. 로빈슨 크루소 이야기나 인간은 사회적 동물이란 서양의 사회학적 관점을 굳이 언급하지 않는다고 해도 우리가 사용하는 인간(人間)이란 단어 자체가 사람 인(人)과 사이 간(間)으로 구성되어 인간은 "인간과 인간 사이에서 의미와 존재 가치를 느끼는 관계적 존재"임을 스스로 정의하고 있다. 관계적 존재로서의 인간관은 인간을 인간답게 만드는 것, 삶의 의미와 가치를 느끼게 해주는 것, 인간에게 힘과 소망을 주는 것, 인간에게 참된 행복과 만족을 가져다주는 것, 인생 자체 등이 무엇인지에 대한 방향성과 답을 제시해 줄 수 있다. 뿐만 아니라 어떤 문제에 봉착해 해결의 실마리를 찾지 못하고, 마치 공전하듯 문제에 갇혀 좌절과 신음 가운데 살아가는 사람들에게 문제를 풀어 갈 수 있는 빛과 열쇠를 제공해 줄 수 있다.

이렇게 인간은 관계적 존재이기 때문에 좋은 만남을 통해 생명력을 느끼고 세상을 직면할 힘과 용기를 갖는다. 관계적 존재인 인간에게 가장 필요한 것은 풍성한 사랑이 있는 좋은 만남이다. 좋은 만남은 생명력을 느끼게 한다. 교회사회복지실천은 이와 같은 인간관계를 효과적으로 활용하면서 교회사회복지실천 서비스대상자의 필요를 채우는데 큰 힘이 되는 활동이다.

따라서 교회사회복지실천의 성패는 교회사회복지실천가와 서비스대상자 간의 좋은 관계를 형성하는 데에 크게 좌우될 수 있다고 본다. 어쩌면 서비스대상자는 좋은 관계에 목말라 있을 수 있다. 우리는 관계적 존재이기 때문에 관계의 불안과 상실감은 깊은 고통과 두려움을 낳는다. 관계적 존재인 인간에게 관계의 단절은 곧 죽음과 비견될 만큼 그 자체가 견딜 수 없는 고통이다. 이 땅위에 의미 있는 관계로부터의 철저한 단절, 가는 사람도 나 홀로 가는 것이고 보내는 사람도 홀로 보낸다는 사실, 함께 갈 수 없다는 사실이 우리에게 견딜 수 없는 고통인 것을 본다. 현재 우리가 경험하고 있는 많은 아픔과 고통은 표면적으로 그렇게 보이지 않는데 깊은 통찰력으로 살펴본다면 대부분 관계의 어려움에서 오는 고통일 것이다. 우리는 그것들을 학업 문제, 결혼 문제, 직장 문제, 부부 문제, 정서적 문제 등으로 볼지 몰라도 본질적인 문제는 관계 문제이다.

이토록 중요한 관계를 회복시키기 위해서 교회사회복지실천에서는 실천가와 서비스대상자 간의 만남을 통해서 효과적인 실천개입활동을 수행하게 됨으로 교회사회복지실천에서 인간관계 기술은 매우 중요하다. 그렇다면 교회사회복지실천 현장에서 활용할 수 있는 기본적인 인간관계 기술에는 어떠한 것이 있는가? 몇 가지 기본 기술을 설명하면 다음과 같다.

(1) 관찰기술

서비스대상자가 말하고 행동하는 것에 주의를 기울여 그를 이해하는 것으로서 관찰은 교회사회복지실천의 전 과정 동안 사용하는 기술이다. 특히 비언어적 표현(서비스대상자의 표정, 손놀림, 눈맞춤, 얼굴 붉힘, 억양 등)은 교회사회복지실천가가 서비스대상자의 감정과 표현의 차이를 분명히 하고 서비스대상자를 이해하는 데 매우 중요하다.

이러한 관찰기술과 다음으로 설명하게 될 경청기술을 잘 사용하기 위해서 전제해야 할 교회사회복지실천가의 자세는 겸손이다. 겸손하여 낮아지는 것은 기독교 영성의 가장 기본적 현상이다. 영성이란 것은 하나님과 인격적 만남의 자리로 들어가는 것인데 하나님 앞에 서면 전능하신 창조주 앞에서 자기를 내세울 재간이 없어진다. 예수 그리스도께서는 하나님과 동등하신 분이지만 사람의 자리로 내려오시고, 다시 종의 자리로 내려가시고, 결국에는 십자가의 자리로 내려가셨다. 그는 예루살렘에 입성하며 메시야로 환영받는 가장 영광스러운 시간에 나귀새끼를 타고 흔들거리며 들어가셨다. 왕이신 주님께서 "겸손하여 나귀새끼"를 타셨다(마태복음 21장 5절). 영성의 최고봉은 가장 낮은 자리로 내려갔을 때 도달하게 된다.

(2) 경청기술

교회사회복지실천 현장에서 서비스대상자를 만날 때, 가장 중요한 기술은 서비스대상자가 무엇을 말하는지, 교회사회복지실천가의 질문에 어떻게 반응하는지를 듣는 것이다. 이를 위해서 서비스대상자의 언어의 일부 또는 전부를 되묻는 '반어법', 이야기하고 싶어 하는 것을 명확한 언어로 되묻는 '명확화 기법' 등을 사용하는 것도 효과적이다.

이렇게 교회사회복지실천가의 경청은 적극적 경청이어야 하는데 이것은 서비스대상자의 어려움에 공감하고 필요한 반응을 하면서 듣는 것으로, 경청만으로도 서비스대상자는 감정의 정화와 마음의 안정을 경험할 수 있다.

이러한 경청은 교회사회복지실천가들뿐만 아니라 교회공동체의 모든 구성원들이 가져야 할 필수적인 신앙생활의 요소로까지 확장되어야 한다. 교회공동체의 가장 소중한 일은 하나님께서 이미 지역사회에서 활동하시는 일이 무엇인지를 경청하는 것이다. 교회공동체의 본질적 삶은 이웃의 삶을 경청하고, 관찰하며, 그 안에 들어가고, 참여하는 일들로 이루어져야 한다. 그 가운데서 교회공동체의 구성원인 하나님의 백성은 예수님께서 행하셨듯이 매일의 일상을 지역사회에서 살아내야 하는 것이다.

(3) 질문기술

서비스대상자로부터 정보를 이끌어내기 위해 가장 많이 사용하는 기술로 서비스대상자에 대한 이해와 문제해결에 필요한 정보를 효과적으로 얻을 수 있다. 그러나 잘못된 질문은 서비스대상자의 잘못을 추궁하거나 대화의 흐름을 막는 역효과를 초래할 수 있다. 대화 중 핵심주제로 급히 전환할 경우 서비스대상자는 교회사회복지실천가가 자신을 전혀 이해하지 못하고 있다는 생각을 가질 수 있어 관계형성에 방해요소로 작용한다. 한편 서비스대상자의 교회사회복지실천가에 대한 사적 질문에 대해 교회사회복지실천가는 사적 질문의 진정한 의미를 이해하고 이에 적절히 대응해야 한다.

(4) 초점 안내, 해석기술

'초점 안내'란 서비스대상자가 말한 것을 재진술 하거나 요약 또는 서비스대상자가 깨닫지 못한 것을 지적해주는 만남기술이다. 또한 해석기술은 서비스대상자의 표현과 행동상황 저변의 단서를 발견하고 그 결정적 요인들을 이해하여 서비스대상자가 깨닫도록 도와주는 방법이다. 그러나 특정상황에 대한 해석이 다양할 수 있고, 노련하지 않을 경우 역효과가 발생할 수 있으므로 조심스럽게 사용하여야 한다.

(5) 분위기 조성 기술

서로에 대한 이해와 개방성을 촉진시킬 수 있는 방향으로 분위기가 형성되어야 한다. 분위기 형성의 중요한 요건은 공감, 진심, 온화함이다. 만남의 분위기를 조성할 때에는 자연스럽게 자신의 관심사에 대해 이야기할 수 있도록 가벼운 일상 대화로부터 시작하여 서비스대상자의 관심사와 문제로 초점을 맞추어 진행하는 것이 바람직하다. 만남을 진행하는 시간을 미리 서비스대상자에게도 알려 서비스대상자도 이에 대해 준비를 하고 만남에 임하게 하고, 시간을 효과적으로 사용할 수 있게 해 줄 필요가 있다.

이 외의 서비스대상자를 만나는 기술로 관심집중, 요약, 감정이입 등이 있다.
관심집중은 서비스대상자에게 계속 관심을 유지하는 것을 말한다. 그렇게 하려면 서비스대상자의 언어적·비언어적 메시지를 주의 깊게 듣고 알아차리는 능력이 필요하다. 즉, '서비스대상자를 향해 앉기', '개방적이고 공손하게 자세 취하기', '서비스

대상자를 향해 몸을 약간 기울이기', '서비스대상자 눈을 직시하기' 등의 기술이 있다.

요약은 만남 시작 전, 이전 만남 내용에서 중요한 부분을 다시 언급할 때, 만남을 진행하고 마지막 부분에, 서비스대상자가 한 얘기가 두서없을 때, 교회사회복지실천가가 언어로 그 내용을 정리해 주는 것을 말한다. 주로 서비스대상자의 감정이 아니라 얘기한 내용을 요약한다.

감정이입은 서비스대상자의 감정과 경험에 동참할 수 있는 능력을 말한다. 이 과정에서 교회사회복지실천가는 자신의 관점과 객관성을 잃지 않으면서 서비스대상자의 감정을 깊이 느낄 수 있어야 한다. 그러나 이것은 분리된 기술로 이해해서는 안 되며 모든 만남 기술에 녹아 있어야 한다.

이상과 같은 인간관계 기술을 사용하는 교회사회복지실천가가 반드시 숙지해야 할 것은 지역주민과 당사자의 주체화를 도모하는 '상대방 존중'의 자세를 늘 가져야 한다는 사실이다. 유장춘(2018)은 사회복지의 핵심이 "사람을 사람답게, 사회를 사회답게"로 정리할 수 있다고 했다. 사람이 사람다워지려면 각 사람이 주체화 되어야 하고, 사회가 사회다워지려고 하면 사회가 상부상조의 공생적 사회가 되어야 한다는 것이다.

이와 같은 핵심적인 진리를 유장훈(2018)은 삼위일체를 통해서 배울 수 있다고 했다. 즉, 창세기 1장 26절에 나타난 하나님은 복수이시고 27절에 나타난 하나님은 단수이시라는 것이다. 두 개의 구절 모두 "하나님의 형상"이 사람의 원형이라고 말하고 있다는 것이다. 사람의 원형인 하나님은 복수이시며 단수이신 것이다. 그렇다면 사람도 복수이며 단수가 되어야 한다. 그것이 2장 23절에 "둘이 합하여 한 몸"으로 제시되고 있다[39]

---

39) 창세기 1장 26절: 하나님이 이르시되 우리의 형상을 따라 우리의 모양대로 우리가 사람을 만들고 그들로 바다의 물고기와 하늘의 새와 가축과 온 땅과 땅에 기는 모든 것을 다스리게 하자 하시고, 창세기 1장 27절: 하나님이 자기 형상 곧 하나님의 형상대로 사람을 창조하시되 남자와 여자를 창조하시고, 창세기 2장 24절: 이러므로 남자가 부모를 떠나 그의 아내와 합하여 둘이 한 몸을 이룰지로다.

고 했다. 복수인간은 사람을 개별화 시킬 때 나타난다. 개별화된 인간은 주체화되고 자율성을 가진 개인으로서 독립적이고 자유롭다. 단수인간은 사람들이 하나로 일치될 때 나타난다. 일치된 인간은 공동체화 되어 일체성을 갖고 관계성을 가진 집단으로서 공생적이며 공동체로서 사랑을 나눈다. 이 두 가지가 사회복지와 교육 그리고 신앙의 궁극적인 목표다. 그것이 삼위일체 하나님의 형상을 회복하는 것이기 때문이다. 개인의 주체성이 존중되어 다양성을 이루고 사회의 공생성이 활발해질 때 일치가 일어나는데 그것이 함께 일어날 때 인간은 복지를 성취하게 된다는 것이다.

교회사회복지실천은 이 삼위일체의 하나님 형상을 복지현장에서 실현해 내야 한다는 것이다. 이렇게 상대방을 존중하면 실천가의 만남에는 생명과 사랑이 풍성하게 나타나는 관계성이 가득하게 될 것이다.

4) 복지목회적인 사회복지실천 기술

복지목회를 구현하기 위해서는 구체적인 개입실천 기술이 필요하다. 특히 교회사회복지실천을 담당하는 실천가들의 직무들과 실제적인 수행 기술에 대한 기본적인 이해가 요구된다. 즉, 실천가는 지역사회와 주민의 어려움을 평가하고 그들의 어려움에 관하여 교회를 이해시키고 함께 활동할 인적자원을 교육해야 한다. 아울러 기존 프로그램을 조정하여 새로운 프로그램들을 개발해야 한다. 교회사회복지실천을 하도록 자원봉사자들을 뽑아 훈련시켜야 한다. 당연히 복지목회를 위한 교회사회복지실천을 구체적으로 개입함에 따른 지속적인 평가를 해야 하며 그 결과를 교회와 지역사회에 제공하는 업무를 감당해야 한다. 이와 같은 직무들에 대한 분명한 인식과 이해, 수행 역량 등이 교회사회복지실천의 기술이라고 할 수 있다. 이에 따라 세부적으로 복지목회를 위한 교회사회복지실천의 기술을 단계별로 설명하면 다음과 같다.[40]

---

[40] 이준우(2001)가 번역한 갈랜드(Diana S. Richmond Garland) 교수의 〈교회사회사업〉 pp. 91-104까지의 내용을 한국의 상황에 대입하여 재구성하였다. 한편, 유사하게 정리된 내용이 수록되어

(1) 1단계 : 복지목회를 구현하고자 하는 교회와 그 대상인 지역사회 파악하기

복지목회를 위한 교회사회복지실천의 첫 걸음은 지역사회의 문제들과 어려움을 파악하는 데에 있다. 이를 위해 교회사회복지실천을 수행하는 실천가는 지역사회 내의 사회복지 관련 시설 및 기관, 병원 그리고 다른 교회들을 방문해야 한다. 아울러 실천가는 핵심적인 정보제공자들을 면접해야 하며 인구사회학적 통계 자료 등을 수집할 필요가 있다. 지역사회 내에 있는 대학교 캠퍼스들도 방문하면 도움이 될 수 있다. 그리고 지자체 공무원들과 시의원, 도의원, 국회의원 등과 같은 지역과 관련된 정치인들과도 회동할 수 있으면 하는 것이 좋다.

이런 과정에 몇 가지 유용한 질문들이 있다. "어떤 유형의 사회복지실천을 귀하의 기관에서는 하고 있나요?", "귀하가 기관 또는 프로그램을 돕기 위해 교회가 무슨 일을 할 수 있겠습니까?", "귀하가 사회복지실천을 하도록 자격을 부여하는 건 누구입니까?" 그리고 "이 지역의 어떤 어려움이 가장 시급하게 해결되어야 할까요?"

또한 실천가는 한국사회복지사협회, 한국사회복지협의회, 지역사회보장협의체 등의 산하 지부들과도 유기적인 소통을 해야 한다. 이와 같은 사회복지 관련 단체들로부터 제공받는 정보들과 지역사회의 이런저런 어려움에 관한 사정 자료와 여타의 다양한 관련 기록들을 주의 깊게 고찰하는 것도 큰 도움이 된다. 지역의 지방 신문이나 인터넷 등 미디어 자료를 포함하여 실천가는 교회사회복지실천을 함께 수행해 나가야 할 교인들을 위하여 기존의 활동과 새롭게 실행하고자 계획 중인 교회사회복지실천 간의 격차를 알고 있어야 한다. 복지목회적인 교회사회복지실천의 성패 여부는 현재의 지역사회 상황과 개입 대상이 되는 어려움을 얼마나 정확하게 파악하고 있느냐에 따라 결정된다.

또한 실천가는 교회가 가용할 수 있는 자원의 목표와 목록 등을 작성해야 한다. 이는

있는 경우는 이준우(2014)가 쓴 〈교회사회복지실천의 새 지평: 복지선교와 복지목회〉 pp. 194-196 까지에 나오는 "지역사회 사정과 프로그램 수립 전략"이다. 본문에서는 앞서 제시된 내용을 보다 충실하게 보완하면서 정리하였다.

교회가 할 수 있는 사업의 범위와 수준을 결정하는 데에 유용하다. 실천가는 개인적 · 집단적 재능과 기술을 평가하기 위하여 교회의 선교기관과 다른 단체들의 모임에 참석해야 한다. 실천가는 교회의 핵심적인 지도자들과 원활하게 소통해야 한다. 복지목회를 위한 교회사회복지실천 프로그램에서 활동하기를 자원한 교인들의 영적 재능 목록표를 만들어 사용하는 것도 효과적이다. 교회학교에서 교사로 일하고 있거나 임원으로 섬기고 있는 교인들과 대화하면서 자원봉사자로 함께할 만한 인재들을 알아볼 수도 있다. 교회 운영진과 교인들 간에 우의를 돈독히 함으로써 교회 생활을 보다 깊게 투시해 볼 수도 있을 것이다.

뿐만 아니라 실천가는 서류를 읽거나 혹은 오랫동안 출석하고 섬기는 고참(?) 교인들과의 대화 등을 통해서 교회의 역사를 공부해야 한다. 그러한 연구를 통해서 교회의 품격, 주제, 전통 등의 여러 국면들을 확인할 수 있다. 대부분의 교회가 매우 자상하고 베푸는 교회로서의 전통과 성향을 가지고 있을 가능성이 크겠지만 복지목회를 위한 교회사회복지실천을 위해 조직적이며 체계적으로 준비되지는 못했을 가능성도 클 것이다. 그러므로 실천가가 지역사회를 향해 복지목회적인 사회복지실천을 감당해야 할 교회 자체에 대한 이해를 갖는 것은 매우 중요하다. 교회에 대한 정확하고 면밀한 이해로부터 출발해야만 실제적인 실천개입에서 교회가 수행해야 할 실천의 대상과 현장을 효과적으로 찾을 수 있는 것이다.

이렇게 실천가가 세심하면서도 광범위하게 교회와 지역사회를 알아갈 때, 교회도 실천가에 대하여 알 수 있게 된다. 교회사회복지실천을 이끌어갈 전문가로서 실천가를 교회가 인정하고 신뢰할 수 있게 되는 것이다. 특히 담임목사가 실천가의 든든한 지지자가 될 수 있다. 한국의 상황에서 교회사회복지실천을 수행하는 실천가들은 부교역자(혹은 부목사)이거나 사회복지를 전공한 평신도 사회복지사 등일 경우가 빈번하다. 그러므로 담임목사와 교회를 운영해가는 중직자(장로, 권사, 집사 등)들로부터 실천가가 환영받는다는 것은 교회사회복지실천에 신뢰감을 주고 지역사회의 어려움을 교인들에게 알려주는 방법이 되기에 매우 중요하다.

(2) 2단계 : 자료 분석과 문제 판별

자료를 분석하고 문제를 판별하는 일은 시간이 많이 걸리며 어떤 교회라도 감당하기 어려운 많은 문제들을 노출시킨다. 지역사회 문제들의 우선순위를 매기는 일은 고역일 수도 있다. 똑같이 절박한 어려움 중에서 선택을 해야 할 경우가 흔할 터이기 때문이다. 예를 들면, 어떤 지역의 높은 유아 사망률은 의료 전문가들에 의하여 그 해결책이 모색될 수 있을 것이며, 가령 다중적인 접근 방법에 의하여 구체적인 개입이 진행되고 있을 것이다. 그에 따라 지역에 있는 교회들은 자원봉사자들을 활용하여 가정방문을 해서 아기용품 일부를 전달하는 활동 등과 같은 단순한 작업에 주로 참여할 것이다. 아니면 빈곤한 가정의 아이를 살리기 위한 경제적 지원에 집중할 수도 있을 것이다. 의료적이며 치료적인 접근은 의료진에서 이미 하고 있기 때문이다. 이렇게 지역사회의 어려운 일에 관한 정보는 세미나, 워크숍, 초청연사, 뉴스레터, 인터넷, 소셜 미디어 서비스(SNS) 그리고 교회 안의 단체들을 위한 설명회 등을 통하여 공유되고 계속 공유될 것이다.

(3) 3단계 : 가능성 고찰 – 어떻게 교회가 응답할 수 있는가?

지역사회의 어떤 문제에 대하여 교회가 응답할 수 있는 가능성이 주의 깊게 고찰되어야 한다. 그 문제가 교회의 '사명 선언서(사회복지실천 헌장)'가 정하고 있는 영역에 속해 있는지, 얼마의 경비가 소요될 것인지, 교인들이 자신들의 시간과 돈을 들여가며 참여할 수 있는지 등과 같이 교인들을 동원해야 하거나 교인들에 의해 운영되어야 하는 프로그램을 구성하는 것은 자원봉사자들의 다양한 관심과 기술에 맞추어 단기적이고 장기적인 여러 가지 자원봉사 활동을 제공하는 것을 의미한다. 이는 교회와 교인들로 구성된 자원봉사자들을 알지 않고서는 불가능한 일이다.

예를 들면, 어떤 교회의 교인들은 가난의 주기를 깨트리는 하나의 방법으로서 교육의 중요성을 인정하고 있다고 가정해보자. 이때 문해교육 프로그램이 채택될 수 있을 것이다. 이는 지역사회가 필요로 하는 일에 대한 응답으로 교인들에게 선뜻 수용된 결과일 것이다. 교회의 문해교육 프로그램은 자원봉사 활동을 위하여 시간이 넉넉하진 못함에도 불구하고 교회 내에 있는 전문직에 종사하는 많은 고학력 교인들이 참여할 수도 있을 것이다.

(4) 4단계 : 일반 사회복지실천에서 제외되어 있음에도
　　　　　　가장 필요한 욕구에 대응하기

교회사회복지실천가는 지역사회에 대한 사정을 통해서 지역사회에서 가장 필요로 함에도 불구하고 복지사각지대에 있는 대상과 욕구들을 발견한 후, 적극적으로 대응해야 한다. 복지목회를 위한 교회사회복지실천에서 중요하게 관심을 기울여야 하는 대상은 일반 사회복지실천에서 개입하지 못하는 부분이다. 왜 중요하고 필요함에도 일반 사회복지실천에서 다루지 못하는지를 면밀하게 살펴봐야 한다. 이를 위해서는 관련된 자료들을 전문적으로 꼼꼼하게 재검토하는 것으로부터 시작해야 한다. 특히 여기에서 유용한 자원들을 확인하고 촘촘하게 찾아야 한다. 그런 후, 교회와 실천가는 관련 전문가 및 시설과 기관 등으로부터 반드시 자문을 받아야 한다. 그 다음에 교회가 감당할 수 있는 범위와 수준을 정하고 구체적으로 개입실천을 해야 한다.

(5) 5단계 : 프로그램 설계 – 행동으로 실천하기

교회에서 실행하는 복지목회적인 사회복지실천은 지역사회에서의 어떤 어려움을 파악하고, 그 어려움을 해결하도록 의도된 프로그램들을 연계시키거나 혹은 자체 프로그램을 계획하여 시행함으로써 시작된다.

아래의 내용은 이상에서 제시한 복지목회적인 사회복지실천 기술을 충실하게 활용한 교회들의 실제적인 사례들이다.

사례

지역사회의 필요를 알고 채우는 **도림교회**(담임 정명철 목사)는 지난 30년간 꾸준히 지역사회를 섬겼다. 도림교회의 지역봉사는 교회 부설 기관인 디아코니아센터를 통해 이뤄지며, 열악한 주거환경에 처한 지역주민들을 돕는 사랑의집수리봉사단도 이 센터의 소속이다.

도림교회는 주거환경개선의 필요성을 알게 된 후 지역수요조사를 실시하여 지역사회의 필요를 확인하였고, 사역 지속성의 여부를 검토하였다. 그리고 교회 내 봉사자를 모집하고, 집수리 관련 단체에 자문을 받아 2009년 4월 집수리봉사단 발대식을 통해 본격적인 사역을 시작했다.

사랑의집수리봉사단은 매주 토요일마다 봉사활동을 진행한다. 1년에 40여 건의 집수리 신청서가 접수되며, 신청서를 기준으로 집수리 대상을 선별한다. 이후 전문가들이 가정 방문을 통해 견적과 인력구성을 한다. 그리고 집 주인과 수리에 대한 협의를 하여 세입자와 집주인 사이에 발생할지 모르는 문제를 예방한다. 또한 집수리가 끝나면 후속 사역으로 2~3회 가량 추가 지원을 진행하여 단발적인 봉사로 끝나지 않게 섬긴다.

도림교회는 주거 환경 개선을 시작으로 그 가정의 전반적인 부분을 돕는 복지사역을 한다. 가정의 욕구와 필요를 사정하여 지역자원과 교회자원에 연계하는 사례관리 사역이 이뤄진다. 하나의 프로그램으로 끝나는 것이 아니라 철저한 섬김으로 지역사회에 하나님의 사랑을 전달한다.

한남제일교회(담임 오창우 목사)는 유흥가 주변에 위치해 있다. 교인들 중에도 지역 업소 직원이 있었고, 교인과 지역주민들의 현실적인 삶을 보며 지역 선교사가 되기로 오 목사는 다짐했다.

오 목사가 지역을 섬기겠다는 기도제목을 품고 나니 지역사회가 보이기 시작했다. 오 목사는 지역행사를 통해 지역주민과 유지들과 만나며 지역의 필요를 묻고 채우기 시작했다. 쌀 나눠주기 행사부터 시작하여 지역 곳곳을 돌아다니며 섬기다보니 자연스럽게 한남제일교회가 지역사회를 섬기는 많은 일에 쓰임 받게 되었다.

교회가 지역을 섬기는 역할에 몰두하다보니 자연스럽게 지역주민들이 교회와 교인들을 칭찬했다. 지역주민의 칭찬은 교인, 교회를 향했지만 결국은 하나님을 향한 칭찬이 되었다. 교인들은 지역사회를 섬기는 자부심을 갖게 되고 그 자부심이 더 많은 지역사회 섬김을 낳게 되는 선순환구조를 만들었다. 또한 지역사회 섬김의 방법은 교회가 기획하고 준비했던 초기 모형에서 지자체의 사업 속에서 필요성을 찾아 채우는 새로운 모형으로 점차 발전되었다. 교회가 특별히 행사를 기획하지 않아도 지역에는 이미 많은 사업이 진행되고 있었기 때문에 지역과 연계하는 구조로 변화된 것이다. 이러한 상황 속에서 결과적으로 교회가 지역의 지도자적인 위치를 갖게 되었고, 지역이 교회 중심으로 공동체를 이루게 되었다.

더불어숲동산교회(담임 이동영 목사)가 위치한 봉담읍은 마을 구성원 대부분이 30~40대 젊은 부부여서 지역인구의 30%가 어린이와 청소년으로 구성되어있다. 하지만 어린이와 청소년을 위한 지역 기반 시설이 부족하다는 현실적 문제가 있다. 이러한 지역조사를 바탕으로 더불어숲동산교회는 카페, 도서관, 마을 서재로 구성된 페어라이프센터를 구축하고 교회의 모든 재산을 지역사회 공유재산으로 변환시켰다.

페어라이프센터 내의 카페는 아름다운 커피와 MOU를 맺어 공정무역 카페로 운영하고 있다. 모든 수익이 공정한 경제 원리 속에서 이뤄져 공정무역 카페를 통해 하나님의 공의를 드러내기 위해서다. 또한 도서관의 도서도 공공성 실현을 위해 기증으로 시작하였고, 복합문화 공간으로 활용하고 있는 마을 서재도 지역사회의 공유재산으로 열려있다. 또한 사회적 협동조합인 페어라이프센터에서 나오는 모든 수익금은 지역의 취약계층, 고아원, 소년소녀가장을 돕는 기부금으로 사회에 환원된다.

더불어숲동산교회는 시부야대학에서 교육 모티브를 착안하여 강사와 수강생이 따로 정해지지 않은 모두가 강사고 모두가 수강생인 교육 프로그램을 운영한다. 지역주민들은 자신의 강점을 자원으로 활용하여 자유롭게 강좌를 개설하고 다른 지역주민들은 원하는 강좌를 수강한다. 만약 원하는 강좌의 강사가 없을시 강사를 초빙하여 교육을 이수한 후 수강생은 강사가 되어 다른 지역주민에게 자신이 배운 내용을 나눠준다. 또한 토요대안학교와 토요예술학교를 통해 교육시설과 문화시설이 부족하여 소외된 아동, 청소년들에게 교육을 제공한다. 특히 토요대안학교는 경기문화재단 공모 사업을 통해 지원받아 운영하였는데, 마을 서재처럼 지역 주민들이 강사가 되어 아이들을 직접 가르치고 키우며 마을에서 아이들을 교육하고 양육하는 구조를 갖춰가고 있다.

이처럼 더불어숲동산교회는 지역사회가 교회의 네트워크를 통해 하나님나라를 이루는 마을 공동체로 회복되고, 교회의 공동체성과 공공성이 실현되도록 지속적으로 지역사회를 섬기고 있다.

신동리교회(담임 오필승 목사)는 충남 홍성군에 위치한 농촌교회다. 신동리교회는 농촌사역을 위한 해답은 농촌에 있다는 것을 붙잡고, 농촌 살리기 운동을 전개하고 있다.

담임목사인 오필승 목사는 2006년 농사를 짓기 시작하여, 2010년 충청남도 농업기술원의 귀농대학을 이수하며 농촌 살리기 운동을 본격적으로 시작했다. 오 목사는 농촌마을의 고령화와 마을의 공동화를 막는 대안이 '귀농상담'이라고 생각했다. 그래서 2011년 홍성군 귀농인 단체 귀촌귀농지원연구회를 구성하여, 귀농자들이 서로 돕고, 선배귀농인이 예비 귀농인과 새내기 귀농인들을 도울 수 있도록 하고 있다. 또한 홍성군 농업기술센터에서 귀농귀촌지원센터로 발전시켜 다양한 계층을 대상으로 귀농상담을 진행하고 있다.

이러한 활동 속에서 오 목사는 신동리 주민들의 적극적인 지지로 2013년부터 마을 이장으로 지역사회를 섬기고 있다. '살기 좋은 마을 만들기'라는 비전을 가지고 마을 주민의 생각을 바꾸고, 마을의 필요를 채우는 '오누이 권역 농촌 마을 종합 개발 사업'을 준비하여 진행하고 있다. 마을의 역사 문화 홍보관을 2015년 개소하였고 마을에 필요한 시설들을 점차 확충하고 있다. 교회에만 국한된 목회가 아닌 마을 전체를 목회현장으로 보고 지역사회를 섬기고 있다.

3. 한국교회 사회복지실천이 감당해야 할 핵심 역할

1) 교회사회복지실천가들의 역할

한국교회가 실질적으로 사회복지실천을 실행해 나갈 때, 실천가들이 염두에 두어야 할 핵심적인 역할들을 정리해보고자 한다.

첫째, 역동적인 사랑의 실천가로서의 역할이다. 한국교회는 성경에 기초해 가난한 사람들을 적극적으로 도와야 한다. 가난한 사람들을 멸시하거나 업신여기지 않고(잠언 14 : 21), 가난한 사람을 인격적으로 대하며 궁극적으로 자립할 수 있기까지 도움으로써 이 땅에 하나님나라를 구현해야 한다(누가복음 18 : 22; 잠언 11 : 24). 그러므로 궁핍한 형제를 말로만 사랑하지 말고 오직 행함과 진실함으로 자신의 몸과 같이 사랑해야 한다(요한일서 3 : 18; 눅 10 : 25). 사람이 선을 행할 줄 알고도 행치 아니하면 죄가 된다(야고보서 4 : 17). 한국교회는 이와 같이 빈곤문제와 관련해서는 매우 능동적으로 대처해야 한다.

둘째, 사회적 이슈를 해결해 나가는 촉진자로서의 역할이다. 사회적 이슈란 어떤 문제가 공공의 관심을 집중시켜 공공정책상의 논점으로 제시되어 관련된 사람들의 이해갈등이 나타난 경우이다. 이슈를 해결해 나가기 위해서는 사회문제를 해결하기 위해 그 문제의 본질을 정확하게 파악하고 주민들에게 널리 인식시켜서 지역주민 스스로가 문제를 해결해 나가기 위해 애쓰도록 지역주민의 역량을 촉진하고 지지하는 것이 필요하다. 가령 빈곤 가운데 살아가는 사람들은 대체로 자신의 문제를 감추려는 경향이 있다. 또한 설령 사회에 알리려고 해도 이를 체계적으로 알리기 위한 자원과 수단이 없거나 접근하기가 어려운 경우가 많다. 이런 경우 한국교회는 이들을 대신해서 이들이 겪는 고통과 문제를 정부나 국민을 상대로 인식시키고 공공정책상의 논점으로 끌어갈 수 있도록 사회적 이슈를 해결해 나가는 촉진자로서의 역할을 할 수가 있다. 한국교회의 이러한 역할들은 사회행동가(social actor)로서 그리고 의식집단(conscious group)으로서 수행될 수 있다.

셋째, 서비스제공자의 역할이다. 경제성장 결과 전반적으로 국민의 소득은 향상되었지만 아직도 절대빈곤 하에 고통을 받고 있는 사람들이 우리 주위에 있다. 한국교회는 빈민들이 겪는 고통을 완화해주기 위해 인적·물적 서비스를 제공해줌으로써 이웃 사랑을 직접 실천하는 서비스제공자로서의 역할을 수행할 수 있다. 한국교회는 교인들이 빈민들에게 음식을 만들어 대접하거나 주거를 제공해 줄 수 있다. 또한 일정한 날에 아기를 위한 식품, 분유, 기타 유아용물품 등을 수집하여 유아가 있는 가난한 사람들에게 나누어주기도 한다.

넷째, 사례관리자로서의 역할이다. 사례관리자는 수혜대상자를 확인하고 그들의 욕구를 조사하며, 적절한 서비스를 찾아내어, 서비스 계획을 세우고, 수혜대상자와 자원을 연결시켜 적시에 적절한 서비스가 전달되도록 서비스 전달과정을 감독하는 역할을 담당한다. 교회의 인적·물적 자원이 부족한 경우 교회는 직접적인 서비스제공자로서의 역할을 수행하기가 어려운 경우가 많다. 이러한 경우 교회는 지역사회에서 도움이 필요한 자를 확인하고 이들에게 도움을 줄 수 있는 지역사회 자원을 찾아낸 후 당사자들의 동의를 얻어 도움을 필요로 하는 자와 도움을 주고자 하는 자를 연결시켜 주고, 양자 간에 필요한 재화나 서비스가 잘 전달되도록 도와주는 사례관리자의 역할을 수행할 수 있다. 이러한 사례관리를 통해 교회는 빈곤으로 인한 고통 가운데 살아가는 이웃에게 힘이 되고, 자원 제공자에게는 선행을 할 수 있는 기회를 제공해줌으로써 이웃과 더불어 살아가는 공동체를 건설하는 계기를 만들 수 있다.

다섯째, 프로그램 개발자로서의 역할이다. 한국교회는 정부나 일반 민간 사회복지 기관들과는 달리 지역사회 주민이 곧 교인이므로 주민의 문제와 욕구를 가장 정확하게 파악할 수 있는 장점이 있다. 문제가 무엇인지, 욕구가 무엇인지, 누가 그 문제로 고통을 받고 있는지, 문제가 얼마나 심각한지, 얼마나 광범위하게 퍼져 있는지, 문제를 발생시킨 원인이 무엇인지, 프로그램은 실현 가능한지 등에 관해서 지역사회의 교회는 정확하게 확인할 수가 있다. 따라서 지역교회는 이러한 정확한 정보에 근거해서 그가 위치한 지역사회의 특성과 수혜대상자에 가장 적합한(client-friendly) 빈곤퇴치 프로그램이나 빈곤완화 프로그램을 개발해 낼 수 있는 프로그램 개발자로서의 역할을 수행할 수 있다. 개발된 프로그램은 지방정부나 지역사회의 복지기관에 제공해 줄 수 있다.

여섯째, 사회교육자로서의 역할이다. 한국교회는 사람들이 빈곤에 빠지지 않도록 근면하게 생활할 것을 가르치며, 그가 속한 사회의 행동기준이나 건전한 문화를 수용하고, 독립된 주체로서 사회생활을 해 나가는데 필요한 원리나 기술을 학습시키는 역할을 수행할 수 있다. 청소년 비행의 원인 가운데 하나가 빈곤이다. 한국교회는 영성교육과 소양교육을 통해 빈곤상황에 빠지지 않도록 도와주거나 현재의 빈곤상태를 탈피할 수 있도록 지원해 줄 수 있다.

일곱째, 재원 조달자로서의 역할이다. 한국교회는 지역사회의 문제와 욕구를 해결하기 위한 재원을 자발적으로 마련할 수 있는 위치에 있다. 고아, 과부, 임시 체류 외국인, 유산이나 재산이 없는 목회자를 돕기 위해 소득의 십분의 일을 봉헌(신명기 14 : 29)하는 십일조는 대표적인 교회 사회복지실천의 재원이 될 수 있다. 목적에 따른 특별헌금도 교회사회복지실천의 유용한 재원으로 사용될 수 있다. 한국교회는 사회복지실천을 위한 기금 마련을 목적으로 하는 특별한 행사를 실시할 수도 있다. 이런 기금은 굶주림에 고통을 받는 사람과 지역사회의 필요에 소요되는 사업 운영을 위해 사용될 수 있다. 또한 자선음악회를 열거나 일일장터를 열어 자선기금을 모금하기도 한다.

2) 사례관리 실천

일반 사회복지실천의 대표적인 방법들 중의 하나인 사례관리[41]는 교회사회복지실천에서도 매우 유용하게 활용될 필요가 있다. 특히 사례관리는 긴급한 위기개입 시에 위력을 발휘할 수 있다. 공공적인 사회복지전달체계에서 소외되는 복지 사각지대에 있는 열악한 서비스대상자들에게 교회의 사례관리는 큰 도움이 될 수 있다. 지역사회에 거주하는 어려운 가정을 대상으로 하는 구체적이며 실질적인 개입을 사례관리를 통해 효과적으로 수행할 수 있다. 그러면 교회는 어떻게 사례관리를 수행할 수 있는가? 교회가 교회사회복지실천의 방법과 기술로 효과적인 사례관리를 실행하기 위해서는 무엇보다도 교회의 특성에 적합한 사례관리 방법을 적용하여 실행하는 것이 필요하다. 세부적으로 고려해야 할 사항을 살펴보면 다음과 같다(김기원, 2002; 이준우, 2013).

첫째, 사례관리 실천을 수행하는 목적은 복지선교와 복지목회를 효과적으로 실현하는 데에 있음을 명확하게 알고 있어야 한다. 사례관리 서비스를 제공받는 대상자가 하나님의 사랑을 사례관리를 통해 느끼고 깨달아서 지금 현재의 어려움을 극복하기 위해서 필요한 자원을 받되, 향후에는 지원 없이도 스스로 자립하겠다는 강한 의지와 결단을 하게끔 하는 것이 사례관리의 목적이 되어야 하는 것이다. 따라서 사례관리를 제공하는 목적을 이러한 관점에서 명확히 규정하고, 도움을 필요로 하는 집단을 확인한 후, 사례관리를 수행해야 할 서비스 대상자를 선정해야 한다.

둘째, 사례관리 실천을 수행해야 할 서비스대상자 집단의 욕구를 파악해야 한다. 사례관리는 서비스대상자가 필요로 하는 욕구를 충족할 수 있도록 수행되어야 한다. 교회 내와 교회 주변에는 독거노인, 빈곤 장애인, 소년소녀가장 등의 취약계층이 있고 이들

---

[41] 이준우(2014)가 쓴 〈교회사회복지실천의 새 지평: 복지선교와 복지목회〉 pp. 200-202까지에 나오는 "사례관리"의 내용을 수정 보완하여 요약 정리하였다.

중 극심한 삶의 어려움들로 인해 고통을 받고 있는 대상자도 상당수에 이른다. 특히 교회가 위치한 지역사회 내에 공공복지의 혜택에서 소외된 위기개입 대상자들도 거주하고 있다. 따라서 사례관리를 수행하는 실천가는 서비스를 필요로 하는 서비스대상자 집단을 확인하고 사정을 통하여 이들의 욕구를 명확히 파악하는 과정을 밟아야 한다.

셋째, 사례관리를 실시하는 주체가 되는 교회 조직의 특성을 고려해야 한다. 즉, 조직의 유형, 조직의 규모, 전문적 기술의 수준, 동원할 수 있는 서비스 관계망 등에 근거하여 사례관리의 양과 질을 설계해야 한다. 실천가는 전문적인 사회복지 훈련을 받은 목회자로서 혹은 전문 사회복지사로서 체계적으로 사례관리자의 역할을 수행할 수 있다. 한편, 전문적인 실천가가 없을 경우에는 인근 지역사회에 있는 사회복지시설 종사자들 가운데에 그리스도인 사회복지사를 연계하여 협력적으로 사례관리를 수행할 수도 있다. 중요한 것은 사례관리는 가능한 한, 비전문가에 의해서 수행되지 않도록 주의할 필요가 있다는 사실이다.

넷째, 사례관리를 통해 효과적인 '연대'를 실현해야 한다. 효과적인 실천이 되기 위해서는 기본적으로 서비스 당사자와의 신뢰 관계가 형성되어야 한다. 이러한 신뢰 관계를 기반으로 진정한 원조적인 관계를 맺게 되며 참된 연대감에 기초한 끈끈한 관계망이 수립되어야 한다. 이와 같은 연대적 관계망은 다양한 삶의 문제를 해결하는 데에 큰 힘이 될 수 있다.

다섯째, 사례관리를 수행하는 가운데에 옹호를 해야 할 상황에서는 적극적인 옹호 활동을 펼쳐야 한다. 옹호는 하나님의 모성적이고 보호적인 특성을 받아들이고 약자들의 고통에 참여하며 뜨거운 감성으로 열정을 갖는 활동이다. 옹호는 서비스대상자가 받을 권리를 유지하도록 정책 변화 운동에 적극적으로 참여하거나 지지하는 것이다. 서비스대상자가 직접 나서기 어려운 분야를 대신함으로써 대상자가 받을 권리를 유지하게 된다.

여섯째, 사례관리를 통해 효과적인 위기개입을 하여야 한다. 위기적 상황 아래 놓인 서비스 대상자들에게 교회사회복지사가 일시적으로 개입하여 역경을 이길 수 있도록 돕는 것이다. 교회야말로 심각한 위기상황에 처한 서비스대상자들을 효과적으로 도울 수 있는 공동체라 할 수 있다. 위기개입 실천은 긴박한 상황에 효과적인 해결이 가능하다. 이러한 위기개입 실천은 자기 이익을 초월하고, 타인의 입장에 설 수 있다는 면에서 영성적 특징을 갖는다.

> 우리가 알거니와 하나님을 사랑하는 자 곧 그 뜻대로 부르심을 입은 자들에게는 모든 것이 합력하여 선을 이루느니라.
>
> (로마서 8장 28절)

Korean Church
Social Welfare Practice,

Inside
and
Out

:

에필로그
참고문헌
저자소개

에필로그

* 나는 이 책을 쓰기 위해 먼저 거슬러보았다. 한국교회 사회복지실천의 역사적 변천 과정에 대한 전반적인 탐색을 한 것이다. 다음에는 들여다보았다. 즉, 한국교회 사회복지실천을 공공신학 관점으로 분석하였다. 그런 후에 내다보았다. 바로 한국교회 사회복지실천의 미래를 전망하고 비전을 수립하는 작업이었다. 끝으로 나는 구체적으로 한국교회가 실행할 수 있는 유용한 사회복지실천 방법과 기술을 제시하였다.

이렇게 하다 보니 어느덧 책이 완성되었다. 그런데 초고로 나온 글들을 다시 한 번 전체적으로 꼼꼼하게 읽다가 보니 내가 말하고 싶었던 핵심적인 내용들을 몇 가지 주제어로 요약할 수 있었다. '주제어'라고 하니 뭐 대단한 말이라도 되면 좋겠는데 실은 좀 웃긴다.

'3상(이상, 상상, 현상)', '3망(실망, 절망, 사망)', '2망(희망, 소망)', '3미(재미, 의미, 흥미)'다. 나는 한국교회의 사회복지실천을 거슬러보고, 들여다본 후 '3상(이상, 상상, 현상)'을 떠올렸다. 아울러 한국교회의 사회복지실천이 나아가야 할 바를 전망하면서 한국사회의 '3망(실망, 절망, 사망)'을 '2망(희망, 소망)'으로 전환시킬 수 있는 비전과 과제를 도출하였다. 그리고는 실제로 실행하는 데에 도움이 될 수 있는 '3미(재미, 의미, 흥미)'가 담겨진 교회사회복지실천의 방법들과 기술들을 정리하였다.

그렇다면 내가 말하고 싶었던 '3상'이란 구체적으로 무엇인가?

먼저 한국교회의 사회복지실천이 '이상'으로 삼아야 할 것은 무엇인가? 나는 하나님나라를 구현하는 것이 진정한 '이상'이어야 한다고 생각했다. 내게 있어서 하나님나라는 3개의 차원으로 이루어진다. '심상천국', '지상천국', '천상천국'이다. 개인이 예수 그리스도를 구주로 영접함으로써 그 심령 속에 '샬롬(평안과 기쁨, 평화)'의 상태가 이뤄지는 것이 마음속의 하나님나라, 즉 '심상천국'이다. 교회사회복지실천 서비스를 제공하는 사람들은 말할 것도 없고, 서비스를 제공받는 사람들도 자신의 마음속에 예수 그리스도를 모실 수 있어야 한다. 그래야만 세상이 줄 수 없는 평안을 누리며 그 평안의 힘으로 이 땅을 행복하게 살아갈 수 있다. 마음에 평화가 가득할 때, 혼탁한 이 세상도 평화의 마음으로 평화롭게 만들어 갈 수 있는 것이다.

그와 같은 '심상천국'의 힘으로 이 땅에도 '샬롬'의 상태를 실현해야 하는 것이다. 바로 이 세상에서의 하나님나라, 즉 '지상천국'이다. 그러나 이 땅에서는 온전한 하나님나라가 완전히 이루어지기는 어렵다. 주님께서 다시 오실 그때가 되기 전까지는 이루어질 수 없다. 그러기에 '심상천국'을 이루고, '지상천국'을 만들어가기 위해 수고하고 애쓰는 그리스도인들과 교회는 천상에 있는 하나님나라, 다시 말해 '천상천국'을 바라보면서 힘을 내어 오늘도 살아가야 하는 것이다. 그런 면에서 한국교회 사회복지실천의 '이상'은 하나님나라가 개인과 가족, 집단, 지역사회에 이루어지기를 간절히 소망하며 노력하는 열망이다. 아울러 천국을 확신하면서 천국의 모습을 끊임없이 세상과 사람들에게 실현하고자 행동하는 데에 있다.

나는 이 책을 쓰는 내내 한국교회의 사회복지실천이 '이상'으로 삼아야 할 '하나님나라 건설'을 어떻게 현실로 이뤄내어야 할지를 행복한 마음으로 맘껏 '상상'했다. 그리고 그 '상상'은 과거와 현재에 진행되었거나 진행되고 있는 '현상'인 한국교회 사회복지실천의 실제 모습들을 심도 있게 살펴보고 분석한 결과에 기초하여 제시한 실천방법들과 기술들을 통해 구체화되었다.

한편 한국에서 일반 사회복지는 최근 20여 년 동안 크게 확장되어 왔지만 우리 사회에는 아직도 실망과 절망에 몸부림치는 사람들의 암울한 현장이 존재한다. 그러므로 한국교회가 사회복지실천을 통해 감당해야 할 일들은 여전히 차고 넘친다. 특히 심각한 문제는 실망과 절망의 끝에서 사망을 선택하는 사람들이 오히려 늘어났다는 것이다. 여기에서 말하는 사망이란 단지 생명의 끝뿐만이 아니라 자신의 꿈과 희망을 완전히 포기하는 것까지를 포함한다. 살아갈 이유와 소망을 잃어버린 채 유지되는 생명은, 살아있으나 죽은 거나 매한가지다. 한국사회에는 '3망'의 모습들이 곳곳에 산재해 있다. 실망, 절망, 사망으로 말이다. 일자리가 없어 실망하고 절망하고 사망에 이르는 젊은이들의 통곡소리가 들린다. 저녁이 있는 삶은 고사하고 호구지책으로 밤낮없이 일만 해야 하는 근로자들의 소리 없는 탄식도 보인다. 학대받고 방임된 어린 아이들의 피멍으로 얼룩진 몸과 마음의 상처가 보인다. 장애자녀를 보낼 학교가 없어 낙심하고 있는 부모들의 처절한 눈물이 보인다. 부자 노인의 여유로운 일상은 일부일 뿐 지금도 거리에서 노숙하거나 보일러도 가동되지 않는 차디찬 방에서 잠을 청해야 하는 어르신들이 가슴에 다가온다.

　감사하게도 여러 한국교회들이 이와 같은 현실에 주목했고 발 빠르게 대응했다. 사회복지실천을 통해서 적극적으로 개입했다. 때로는 교회가 온전히 인적·물적 자원을 부담하면서 사회복지실천을 수행하기도 했고 또 때로는 선도적으로 이를 사업화 하고, 정부와 민간의 지원을 이끌어내기도 했다. 이로써 한국교회는 한국사회에 새로운 희망과 소망의 싹을 심을 수 있었다. 희망은 '바라는 것'이다. 소망은 '바라는 것을 간절하게 바라는 것'이라고 생각한다. 그리고 이와 같이 사회복지실천을 적극적으로 수행했던 한국교회들은 재미있으면서도 의미가 있었고, 대단히 흥미로운 사회복지실천의 방법들과 기술들을 개발하여 실행하였다.

* 기독교 복음이 이 땅에 전래된 이래 지난 130여 년 동안 한국교회는 우리나라의 사회복지에 크게 공헌하여 왔다. 특히 20세기 전반에 걸쳐 한국교회는 근대적인 교육·의료·사회복지 제도를 태동시켰고 또 견인차로서의 역할을 담당해왔다. 교육·의료·

복지시설을 설립하여 사업을 진행시켰고, 전문 사회복지실천가들을 양성했으며, 각 분야의 지식과 경험을 축적함으로써 오늘날 지역사회의 문제들과 욕구들을 해소해 나가는 데에 기여할 수 있는 사회복지적인 능력을 갖추게 되었다.

무엇보다도 한국교회는 빈곤과 장애, 차별과 배제 등과 같은 어려운 사회문제들에 대하여 공동체적 차원에서 함께 책임을 지고 도와야 한다는 기독교 복음의 메시지와 신앙적 신념에 입각하여 사회복지실천을 전개하면서 우리 사회에 선한 영향력을 발휘해 왔다. 나아가 한국교회의 사회복지실천은 우리나라 근대사회복지의 이념을 창출시키는 데도 크게 공헌하였다.

구한말 외세의 침입과 정치지도자들의 무능과 무책임감, 일제의 가혹한 식민통치, 민족의 해방과 남북분단 및 소모적 대결, 동족상잔의 6.25 한국전쟁, 군사독재정권의 횡포, 재벌독점경제체제하의 빈부격차 등과 같은 많은 시련을 겪어왔던 우리 역사의 소용돌이 속에서, 그때마다 이름도 없이 빛도 없이 가난하고 소외된 사람들과 함께 살아가고 섬기며 사랑의 실천을 해 왔던 한국교회의 사회복지실천이 있었기에 오늘의 한국사회와 한국교회가 망하지 않고, 존재하는 것이다.

* 이렇게 한국교회는 사회복지실천을 통해 지역사회의 문제와 욕구를 해결하고자 부단히 애써 왔다. 하지만 안타깝게도 일각에서는 교회사회복지실천에 대한 한국사회의 냉정한 평가를 다음과 같이 단언적으로 한다. "교회가 주체가 된 교회성장을 추구하는 교회 사역의 일환이었다."는 것이다.

교회성장이 강조될 때에는 성직자의 역할이 교인 수의 양적 증가를 이뤄내는 카리스마적인 리더십으로 강조된다. 지난 세월 동안 한국교회의 평신도들은 열심히 전도하면서 많은 새신자를 만들었다. 그럼에도 평신도의 의식구조 속에는 전도는 목사, 전도사 등 특별한 훈련을 받은 사람이 하는 것으로 생각되어져 왔다. 사실 하나님께서 믿음 있는 평신도들에게 준 하늘나라의 재능(달란트)은 신학이나 목회가 아닌 자신의 생업(예:

의학, 공학, 교육학, 간호학, 건축업, 주부, 사회복지 등)과 관련된 것들이었다. 문제는 자신들의 달란트가 직접적인 전도와 어떻게 연결되는지를 모르기 때문에 전도는 자신의 최고 달란트를 사용하기보다는 이차적인 훈련(전도훈련)을 통한 차선의 달란트를 쓰고 있다는 느낌을 갖고 있었다.

 이와 같은 현실은 많은 평신도들이 자신의 가정, 직장, 지역사회 생활에서 펼쳐지는 선교의 다양한 기회를 활용하지 못하고 상실하는 안타까운 현실에 직면하게 하였다. 그래서 이들은 사회에 나가서는 소극적인 그리스도인이 되었다가 교회에 와서는 적극적으로 교회를 섬기는 간접적인 전도 역할을 하는 것이 사실이었다. 그 결과 교회의 지도자들은 전도와 교회 업무를 책임지는 과도한 업무에 그 복지선교적인 효율성이 저하되는 경향이 있었다.

 그러므로 이제 한국교회가 지역사회를 대상으로 지역사회의 욕구 해결을 위해 사회복지실천을 펼쳐나갈 때 평신도를 사회복지실천가로 변환시키는 작업은 필수적이라고 본다. 그것은 신앙생활의 '장'이 교회 내에서 뿐만이 아니라 교회 밖의 지역사회로 확장되고, 다양한 형태의 사회복지실천을 책임 있게 지속적으로 진행시키면서 지역사회가 행복한 하나님의 나라가 되도록 해야 할 것이기 때문이다. 그러므로 기존의 교회 내에서 목회자 중심의 사회복지실천에서 진일보하여 목회자에 의하여 선포되는 말씀이 평신도에 의하여 지역사회 내에서 실천됨으로써 "평신도의 선하고 전문적인 사회복지실천을 체험한 지역주민들이 자기 역량이 강화되어 주체적이며 자립적인 삶을 살 수 있도록" 해야 할 필요가 있다. 자연스럽게 그들 가운데에서 교회에 대한 신뢰가 쌓이고, 그 결과 예수님을 믿고 하나님께 영광을 돌리는 사례들이 생겨날 것이다. 곧 "하나님나라"에서 평신도들은 능동적인 교회사회복지실천가로 교회 지도자인 목회자와 사회복지실천 동역자의 역할을 감당하게 될 것이다. 이제는 평신도에 대한 보다 심도 있는 관심과 집중이 필요한 때다.

* 지역사회를 대상으로 하는 한국교회의 사회복지실천이 효과적이며 효율적으로 수행되기 위해서는 공공성과 공공선을 지향해야 한다. 이를 통해 사회적 신뢰를 획득하는 것이 중요하다. 이를 위해 교회가 할 수 있는 사회복지실천의 범위를 분명히 설정하고 지역사회와 함께 지역사회를 해결하기 위한 책임을 분담하는 방안이 고려되어야 할 것이다. 이 과정을 통해 교회는 지역주민과 함께 일하는 교회, 그리고 교회는 지역주민의 교회가 될 수 있다. 곧 교회가 하는 지역사회복지실천이 시군구청, 읍면동 주민센터, 지역주민, 시민단체, 동네 어른들이 원하는 복지욕구들을 감안하여 그것들 중에서 교회가 할 수 있는 범위와 수준에서 최선을 다하는 모습을 가져야 한다.

이제 한국교회의 사회복지실천과 사회복지시설 운영 그리고 한국교회가 지원하는 사회복지재단을 통한 체계적이고 전문적인 실천개입 활동의 접근 방식을 다음과 같이 설정해 보고자 한다. 물론 이는 앞에서도 이미 여러 번 강조했던 바이기도 하다. 그럼에도 다시금 압축적으로 정리하여 제시하는 이유는 그만큼 중요하기 때문이다. 단언컨대 이렇게 한국교회가 여기에 제안하는 대로 실행해 나간다면 지역사회에서의 공공성과 공공선은 당연히 확보될 것이며 이는 결국 지역사회의 신뢰와 인정으로 고스란히 교회로 되돌아 올 것이라 확신한다.

첫째, 자선적이며 시혜적인 접근을 철저히 지양하고 인권적이며 지역사회의 필요와 욕구에 기초하는 지역사회 중심의 실천 개입을 해야 한다. 서비스를 제공하는 교회와 사람의 입장이 아닌 서비스를 제공받는 사람들의 마음을 헤아리는 방식을 지향해야 한다. 서비스를 받아들이는 사람을 낙인화하거나 전도의 대상으로만 여기지 않고 인격적인 관계를 소중하게 인식하는 접근이 되어야 한다.

둘째, 일반 사회복지실천과 비교해도 손색이 없을 정도로 전문성을 확보한 실천개입을 수행해야 한다. 교회가 사회적 환경과 그 속에서 살아가는 사람들의 상황과 요구 및 필요 등의 변화를 인식하지 못한 채 전문성 없이도 가능한 급식, 목욕 등 일차적인 욕구를 채워주는 수준에 쏠려 있는 경우가 빈번한 지금의 현실을 빨리 극복해야 한다. 이미 공공복지 전달체계에서 인간의 기본적인 의식주 문제에 대한 대응은 읍면동 주민센터를 통해 광범위하게 접근해 나가고 있음을 알 필요가 있다. 이제는 교회만이 할 수 있는 영성적이면서도 전문적인 교회사회복지실천을 창의적으로 개발하여 시행해야 한다. 아울러 개교회들 간의 상호 경쟁이나 견제를 불식하고 교회들이 연합하여 서로 분담할 것은 분담해서 지역사회의 문제를 협력적으로 해결해 나가야 한다.

셋째, 절대(!) 교회사회복지실천을 교세 확장의 수단이나 양적 성장의 방편으로 사용해서는 안 된다는 것이다. 지금까지 많은 교회들이 열심히 사회복지실천을 함에도 불구하고 욕을 먹거나 지역사회로부터 좋은 평가를 받지 못했던 이유가 여기에 있다. 앞서 살펴본 대로 선교 초기 한국교회는 공적 책임을 충실하게 수행했었고, 일체치하에서의 3.1운동과 광복, 한국전쟁과 군부독재 등과 같은 숱한 역사적 고비마다 치열한 사회복지실천과 사회운동 등 공공성과 공공선을 회복하기 위해 애써왔다. 그런데 1980년대를 지나오면서 한국교회가 양적 성장 중심으로 고착화되면서 사회복지실천도 교회성장과 교세확장을 위한 방편으로 이해하는 경향이 커졌다. 바로 그와 같은 많은 한국교회의 모습들로 인해 지금의 한국교회의 대 사회적 이미지 추락이 가속화된 것을 명심해야 한다.

넷째, 교회의 본질적인 사명으로서 철저한 지역사회 중심의 교회사회복지실천을 적극적으로 실행해야 한다. 교회는 지역에 자리 잡고 있는 거룩한 사람들만의 모임이 되어선 안 된다. 교회는 지역사회 안에서 지역사회를 위해 지역주민 모두를 위한 교회가 되어야 한다. 이를 위해서는 가장 먼저 지역사회에 대한 심도 있는 이해를 가져야 한다. 당연히 관심과 애정이 뒷받침 되어야 한다. 지역사회

친화적이면서 지역사회에 밀착된 사회복지실천을 개발하여 실행해야 한다. 즉 지역사회의 자원을 면밀히 파악하고 지역주민의 필요와 요구 및 욕구에 부응하는 사회복지실천을 구현해야 한다. 특히 지역사회에서 가난하고 소외된 사람들을 지지하고 힘을 부여해 줌으로써 궁극적으로는 그들 스스로 자립하고 자활할 수 있게끔 도와야 한다. 아울러 지역사회와 주민의 의견에 귀 기울이고 그들의 의견을 대변하거나 때로는 옹호할 수 있는 지역의 거점 센터와 같은 역할을 교회가 감당해야 한다.

다섯째, 아낌없이 교회 시설을 지역사회에 활짝 개방해야 한다.

교회의 시설 개방은 교회의 사명을 실현하는 차원에서 이해할 필요가 있다. 즉 교인을 확보하거나 교세를 키우기 위한 전략적인 방법이 되어서는 안 된다. 지역사회와 함께 사랑과 생명의 공동체를 이루며 세상을 주님의 마음으로 섬긴다는 각오로 실행해야 한다. 이렇게 교회 시설을 교회가 기쁘게 개방하면 지역주민들은 자연스럽게 교회에 호감과 친밀감을 갖게 된다. 그 결과, 지역주민들은 교회 시설을 자유롭게 이용하게 되고 이는 지역사회와 함께 호흡하고 상생하는 교회의 본질과 공신력을 회복하는 데에 큰 도움이 된다. 뿐만 아니라 교회 시설 개방은 교회가 각종 사회복지실천을 수행할 수 있는 훌륭한 공간을 제공하는 효과를 거둘 수 있다. 이를 통해 교회는 지역사회와의 연대를 꾸준히 증진시킬 수 있게 된다. 나아가 지역사회와 교회가 상호 연계적이며 지지적인 관계성을 형성할 수 있게 된다.

* 교회는 공의를 주장할 뿐만 아니라 실제로 공의로워야 한다. 공공성과 공공선을 지향할 뿐만 아니라 실제로 공공성과 공공선을 실천해야 한다. 그리고 그와 같은 공공성과 공공선을 지역사회에 실현함으로써 이 지역사회와 하나님나라의 공유영역이 확장되어야 한다.

* 사람은 참 희한하다. 자기가 생각한 대로 말하고 행동하기 때문이다. 잠시 잠깐은

감출 수 있고, 꾸밀 수 있을지 모르나 신통하게도 조금만 지나면 본래 생각한 대로 나타난다. 놀랍게도 아무리 행동하는 능력이 뛰어난 사람일지라도 그의 행동이 자신의 생각을 벗어날 수는 없다. 어떤 모양이든 인간의 행동은 반드시 그가 품고 있는 생각의 테두리 내에서만 이루어진다. 잘못된 생각에 사로잡혀 있으면 바른 행동을 할 수 없다. 악한 생각을 품고 있으면 거룩한 행동을 할 수 없다. 불의한 생각을 쫓으면 의로운 행동을 할 수 없는 것이다. 그러므로 바르게 생각하며 산다는 것은 대단히 중요하다. 행동을 규정짓는 것은 결국 생각이기 때문이다. 하나님께서도 즉흥적으로 혹은 아무렇게나 행동하시지 않는다. 이사야 14장 24절은 이렇게 말한다. "만군의 여호와께서 맹세하여 이르시되 내가 생각한 것이 반드시 되며 내가 경영한 것을 반드시 이루리라." 하나님께서도 모든 것을 생각하신 다음 행동하시고 경영하신다.

그리스도인이란 무엇보다도 하나님을 먼저 생각하는 사람이다. 하나님을 먼저 생각하는 것이야말로 진정한 '경건'이다. 하나님에 대한 생각이 선행되지 않고서는 바른 그리스도인의 삶을 살 수 없다. 바꾸어 말하면 하나님에 대한 생각이 깊으면 깊을수록 그만큼 더 성숙하고 더 진지한 삶이 수반된다. 그리스도인이라면 누구든지 하나님의 뜻을 행하기를 원한다. 그렇지만 아무나 하나님의 뜻을 다 행할 수 있는 것은 아니다. 하나님의 뜻이 무엇인지를 생각하는 사람만 하나님의 뜻을 행할 수 있다. 요한복음 6장 40절은, '하나님의 뜻은 사람을 살리는 것'임을 밝혀 준다.

* 나는 확신한다. 사람을 살리는 일이 교회가 수행하는 사회복지실천이라고 말이다. 하나님께서 이 땅에 이루고자 하시는 뜻은 교회가 빛을 회복하는 일일 것이다. 곧 '교회사회복지실천'이다. 나는 생각한다. 교회사회복지실천가는 이 땅에 하나님의 나라를 확장해나가는 사람이라고 말이다. 그런 면에서 교회사회복지실천가는 하나님과 인간의 삶의 공유영역을 확장시키는 전문가이다. 하나님과 인간의 삶의 공유영역이 무엇인가? 나는 그 삶의 공유영역이 하나님의 나라라고 믿는다. 정의와 평화가 풍성하게 흘러넘치는 행복한

사회, 바로 그 사회에서 살아가는 삶이 하나님께서 인간과 이 세상에 구현하시고자 하는 삶의 공유영역일 것이다.

* 내가 하고 싶었고, 할 수 있었던, 그래서 반드시 해야만 했던 일이 한국교회가 생각하고 행동해야 하는 교회사회복지실천을 정리해 내는 일이었다. 그 일을 끝내고 보니 너무 미흡해서 아쉽고 송구하다. 큰 소리쳤는데 용두사미가 된 느낌이다.

* 책을 쓸 때마다 감사한 분들이 계신다. 내 평생의 스승이신 박종삼 교수님과 영적 은사이신 홍정길 목사님, 이동원 목사님께 감사드린다. 특별히 이 책이 나올 수 있도록 물심양면으로 지원해주신 밀알복지재단 상임대표이신 정형석 목사님, 출판의 모든 업무를 도맡아 수고해주신 한국밀알선교단 단장 조병성 목사님과 박미희 간사님께도 감사드린다. 또한 이 책을 집필하는 데에 자료수집과 정리 등으로 큰 도움이 되어준 박종미 교수(강남대학교 사회복지전문대학원 박사과정 수료)와 강이슬 조교(강남대학교 일반대학원 사회복지학과 석사과정)에게 고마운 마음을 전한다. 더욱이 언제나 내 삶에 든든한 지원군이자 큰 힘이 되는 아내와 세 자녀에게 감사하다. 지금 이 순간도 한국교회를 사랑하시며 한국교회를 들어 쓰시는 하나님께 영광과 감사를 올려 드린다.

> " 주의 성령이 내게 임하셨으니 이는 가난한 자에게 복음을 전하게 하시려고 내게 기름을 부으시고 나를 보내사 포로 된 자에게 자유를, 눈 먼 자에게 다시 보게 함을 전파하며 눌린 자를 자유롭게 하고 주의 은혜의 해를 전파하게 하려 하심이라 하였더라. "
> (누가복음 4장 18-19절)

2018년 12월 10일
강남대학교 연구실에서
이 준 우

참고문헌

*강아람(2014). 선교적 교회론과 선교적 해석학. 선교신학, 36, 11-45.
*기독교사회복지엑스포 조직위원회(2005). 통일시대의 복지목회 실천전략과 교회의 연합. 기독교 사회복지엑스포 2005 목회자대회 자료집.
*기독교윤리실천운동 사회복지위원회(2003~2012). 지역사회와 함께 하는 교회상 시상식. 자료집.
*기독교윤리실천운동(2017). 2017년 한국교회의 사회적 신뢰도 여론조사 결과 발표 세미나. 자료집.
*김기석(2010). 삶이 메시지다. 서울: 포이에마.
*김기원(1993). 기독교사회복지 결정 요인에 관한 연구. 한국사회복지학회 추계 학술대회 자료집.
*김기원(2002). 교회사회사업을 위한 지역사회자원연계. 한국교회사회사업학회 창립총회 자료집.
*김동배(2018). 실행하는 교회사회복지. 서울: 도서출판 좋은피알.
*김용복(1988). 한국 민중과 기독교. 서울: 형성사.
*김희수(2016). 예수 그리스도를 따라서 가난으로 억압된 사람들과 함께. 한국기독교사회복지실천학회 창립총회 및 학술대회 자료집, 실천사례발표 2, 74-96.
*노영상(2008). 21세기 기독교의 사회적 책임에 대한 논구: 공공신학의 신학적 의의와 윤리적 과제. 공적신학과 교회연구소 제2회 정기논문 발표회 자료집.
*노치준(1986). 해방 후 한국 장로교회 분열의 사회사적 연구 : 世俗化와의 관련을 중심으로. 사회와 역사, 5, 11-48.
*민경배(1980). 한국교회의 사회의식과 그 운동사: 1930년대의 저항과 전향. 기독교 사상, 267, 73-88.
*민경배(1987). 한국기독교사회운동사(한국기독교백년사계 4). 서울: 대한기독교출판사.
*민경배(2001). 한국교회의 일치와 부흥운동사(I),(II). 연세대학교 신과대학·연합신학대학원 세미나 자료집.

*박보경(2008). 선교적 해석학의 모색. 선교신학, 18, 77-108.
*박선홍(1994). 광주 1백년: 개화기 이후 풍물과 세속. 서울: 금호문화.
*박영신(1989). 현대사회의 구조와 이론. 서울: 일지사.
*박영신(2001). 한국 기독교와 사회의식. 기독교역사문화연구소 편. (11명의 전문가가 본) 한국의 기독교. 서울: 겹보기.
*박종삼(2000). 교회사회봉사의 이해와 실천. 서울: 인간과복지.
*박종삼(2016). 한국사회의 변화에 대응하는 기독교사회복지실천. 한국기독사회복지학회 · 한국교회사회사업학회 2016년도 춘계 공동학술대회 자료집.
*백낙준(1973). 한국개신교사 : 1832~1910. 서울: 연세대학교 출판부.
*백낙준(1989). 시냇가에 심은 나무. 서울: 미문출판사.
*서울특별시(2018). 사회복지시설 종사자에 대한 인권침해 방지 철저 요청. 서울특별시 복지정책과 공문.
*서정민(2002). (하룻밤에 읽는) 한국교회사 이야기 (상) : 한국교회 사회 운동사. 서울: 말씀과 만남.
*손의성(2014). 지속가능한 생명 공동체를 위한 사회적 책임으로써의 교회의 지역복지거버넌스 참여. 한국기독교신학논총, 92, 311-336.
*신용하(1984). 한국 기독교와 민족운동. 선교 100주년 기념 기독교사상 심포지엄 자료집
*신용하(2001). 3 · 1운동과 독립운동의 사회사. 서울: 서울대학교출판부.
*양국주 · 제임스 리(2012). 선교학개론: 평양에서 전주까지. 서울: 서빙더피플.
*유장춘(2018). 이세종 선생의 영성과 삶이 제시하는 기독교사회복지의 정신과 실천원리. 공(空), 이세종 선생 탄생 137주년 기념세미나 자료집.
*윤경로(2011). 1910년대 국외독립운동사연구의 동향과 과제. 한성사학, 26, 33-58.
*이덕주(1991). 한국감리교 여선교회의 역사 1897~1990. 서울: 대한기독교감리회 여선교회 전국연합회.
*이덕주(1993). 태화기독교사회복지관의 역사 1921~1993. 서울: 태화기독교사회복지관.
*이덕주(2011). 기독교 사회주의 산책 : 새로운 역사를 향한 우리의 성서 읽기. 서울: 홍성사.
*이만열(1987). 한국 기독교의 민족사적 의미. 김영한 편. 한국 기독교와 기독지성인. 서울: 풍만.
*이만열(1998). 한국 기독교 수용사 연구. 서울: 두레시대.

*이용교 편(2013). 한국사회복지를 개척한 인물. 광주: 광주대학교 출판부.
*이원규(1992). 한국교회의 사회학적 이해. 서울: 성서연구사.
*이원규(1996). 종교사회학적인 관점에서 본 한국교회에 대한 분석과 전망. 총신대학교부설 한국교회문제연구소 편. 한국교회의 갈 길과 교회문화. 서울: 여수룬.
*이준우 외 2인(2015). 기독교 이해 그리고 삶. 고양: 서현사.
*이준우 외(2012). 기독교 이해. 고양: 서현사.
*이준우(2005). 장애인복지선교 강의안. 서울: 남서울은혜교회 사이버농인사역부.
*이준우(2010). 하나님나라 운동과 장애인복지선교. 교회사회사업, 12, 7-50.
*이준우(2012). 한국 기독교사회복지재단의 현황과 방향성. 교회사회사업, 19, 73-121.
*이준우(2014). 교회사회복지실천의 새 지평: 복지선교와 복지목회. 파주: 나남.
*이준우(2015). 교회 협력에 기초한 장애인복지실천에 관한 사례연구 : 남서울은혜교회와 한국밀알선교단·밀알복지재단 간의 상호연계 사례를 중심으로. 한국사회복지조사연구, 43, 263-299.
*이준우(2015). 한국 기독교사회복지실천 역사 이야기 - 한국 기독교사회복지실천의 형성과 전개에 대한 역사적 의미와 과제. 사회복지법인 밀알복지재단 위탁과제 연구용역보고서.
*이준우(2016). 한국 기독교사회복지실천의 역사적 변천과정과 성과 연구. 한국기독사회복지학회·한국교회사회사업학회 2016년도 춘계 공동학술대회 자료집.
*이준우(2017). 공공신학 관점에서 본 한국교회사회복지실천의 성격과 과제. 한국기독교신학논총, 104, 333-366.
*이준우(2017). 장애인과 함께 가는 교회. 서울: 인간과복지.
*이준우(2018). 한국교회 사회복지시설 운영의 전망과 과제 - 공공신학 관점에서 한국교회의 사회복지실천과 사회복지시설 운영 들여다보고 내다보기 - 한국교회봉사단 제2회 디아코니아 포럼 자료집.
*이준우·박종미·김주영·최수진(2014). 태화 기독교사회복지실천의 역사적 의미와 과제. 사회복지법인 감리회 태화복지재단 기독교사회복지실천 역사 연구 보고서.
*이형기(2009). 하나님나라와 공적 신학. 파주: 한국학술정보.
*장신근(2008). 공공신학이란 무엇인가: 공공신학의 형성 배경과 지형에 대한 연구. 공적신학과 교회연구소 제1회 정기논문 발표회 자료집.

*전대련 · 노종호 편(1986). 한국 기독교 사회운동 - 형성 · 전개 · 과제. 서울: 로출판.
*정성구(2000). 한국교회 설교사. 서울: 총신대학교출판부.
*정승현(2007). 하나님의 선교와 선교적인 교회 빌잉겐 IMC를 중심으로. 선교와 신학, 20, 185-212.
*정승현(2012). 선교의 성경연구 동향분석. 미션네트워크 1.
*조용선(2017). 삶을 나누고, 모범을 보이는 교육자, 한경직. 김도일 외. 사회적 신앙인의 발자취. 서울: 동연.
*지명관(1981). 한국기독교의 사회참여. 김용복 외. 한국기독교와 제3세계. 서울: 풀빛.
*최무열(1999). 한국교회와 사회복지. 서울: 나눔의집.
*최무열(2008). 한국교회 신학교육기관의 사회복지관련 교육의 현황과 과제. 교회사회사업, 6, 25-62.
*최성균 · 이준우(2017). 한국 사회복지실천과 복지경영. 서울: 파란마음.
*한국교회봉사단(2017). 한국교회 사회봉사 국민인식 조사.
*한국교회봉사단(2017). 한국교회봉사단 창립 10주년 기념자료집: 섬기면서 하나 되고 하나 되어 섬기는 한국교회. 서울: 도서출판KD.
*허준수(2014). 한경직 목사의 교회봉사 사역. 김은섭 편. 한경직 목사의 사상과 사역. 서울: 나눔사.
*Bosch, David J. (1991). Transforming Mission: Paradigm Shifts in Theology of Mission. 김병길 · 장훈태 역(2010). 변화하고 있는 선교: 선교신학의 패러다임 전환. 서울: 기독교문서선교회.
*Garland, Diana S. R. (1992). Church Social Work: Helping the Whole Person in the Context of the Church. 이준우 역(2001). 교회사회사업. 서울: 인간과복지.
*Hainsworth, D. K., Paeth, S. R. (2010). Public Theology for a Global Society: Essays in Honor of Max L. Stackhouse. Grand Rapids, MI: WB Eerdmans.
*Newbigin, Lesslie. (1989). The Congregation as Hermeneutic of the Gospel. The Gospel in a Pluralist Society. Grand Rapids: Eerdmans.
*Newbigin, Lesslie. (1995). Truth to Tell: The Gospel as Public Truth. Grand Rapids: Eerdmans.
*Stackhouse, M. L. (2014). The Pastor as Public Theologian. Shaping Public Theology:

Selections from the Writings of Max L. Stackhouse.

*Volf, Miroslav. (2011). A Public Faith: How followers of Christ should serve the common good. Brazos Press.

*Wright, Christopher J. (2006). The Mission of God: Unlocking the Bible's Grand Narrative. 정옥배 · 한화룡 역(2010). 하나님의 선교: 하나님의 선교 관점으로 성경 내러티브를 열다. 서울: IVP.

참고기사
아이굿뉴스(2017.09.13). "기장 1년새 교인 '9% 감소', 통합은 6년째 줄어".

목회와 신학
권문상(2014). 이달의 세미나. 목회와 신학, 306, 145-147.
김문석(2014). 강남대학교 사회복지전문대학원 이준우 교수 인터뷰. 목회와 신학, 298, 130-131.
김문석(2015). 특집. 목회와 신학, 312, 68-73.
김보경(2014). 스페셜 인터뷰. 목회와 신학, 305, 51.
김보경(2015). 스페셜 인터뷰. 목회와 신학, 310, 40.
김보경(2015). 스페셜 인터뷰. 목회와 신학, 317, 48-55.
김선일(2014). 목회. 목회와 신학, 300, 134-139.
김이석(2015). 지역사회와 함께하는 교회2. 목회와 신학, 313, 78.
배성우(2014). 창의적 목회(14). 목회와 신학, 297, 120-123.
배성우(2014). 창의적 목회(15). 목회와 신학, 298, 140-144.
배성우(2014). 창의적 목회(17). 목회와 신학, 300, 130-133.
배성우(2014). 창의적 목회(22). 목회와 신학, 306, 138-141.

배성우(2015). 창의적 목회(25). 목회와 신학, 309, 88-93.
배성우(2015). 창의적 목회(28). 목회와 신학, 312, 76-81.
배성우(2015). 창의적 목회(31). 목회와 신학, 316, 80-83.
배태훈(2016). 목회. 목회와 신학, 326, 126-128.
배태훈(2016). 목회. 목회와 신학, 328, 116-119.
배태훈(2017). 디아코니아 교회를 찾아서(4). 목회와 신학, 333, 110-113.
배태훈(2017). 디아코니아 교회를 찾아서(5). 목회와 신학, 334, 116-118.
백소영(2014). 이슈와 진단. 목회와 신학, 306, 209-211.
서희연(2015). 특수 선교(14). 목회와 신학, 309, 122-125.
서희연(2015). 특수 선교(17). 목회와 신학, 312, 112-115.
서희연(2015). 특수 선교(22). 목회와 신학, 317, 127-130.
성석환(2014). 특별기고. 목회와 신학, 302, 112-119.
성석환(2014). 해외 세미나 참관. 목회와 신학, 297, 108-111.
성석환(2015). 특집. 목회와 신학, 312, 56-57.
손병덕(2016). 섬김과 봉사를 실천하는 해외 교회(10). 목회와 신학, 329, 123-125.
손병덕(2016). 섬김과 봉사를 실천하는 해외 교회(11). 목회와 신학, 330, 115-117.
손병덕(2016). 섬김과 봉사를 실천하는 해외 교회(4). 목회와 신학, 322, 120-123.
손병덕(2016). 섬김과 봉사를 실천하는 해외 교회(5). 목회와 신학, 323, 119-121.
손병덕(2016). 섬김과 봉사를 실천하는 해외 교회(6). 목회와 신학, 324, 125-127.
손병덕(2016). 섬김과 봉사를 실천하는 해외 교회(7). 목회와 신학, 325, 131-133.
손병덕(2016). 섬김과 봉사를 실천하는 해외 교회(8). 목회와 신학, 326, 123-125.
손병덕(2016). 섬김과 봉사를 실천하는 해외 교회(9). 목회와 신학, 328, 120-122.
스티브 차(2015). 편집장의 글. 목회와 신학, 312, 41.
스티브 차(2015). 편집장의 글. 목회와 신학, 313, 45.
신국원(2016). 북리뷰. 목회와 신학, 325, 206-207.
오정호(2015). 지역사회와 함께하는 교회2. 목회와 신학, 313, 77.
오종향(2014). 미국 교회의 처치 플랜팅 사역(8). 목회와 신학, 306, 110-117.

오창우(2015). 특집. 목회와 신학, 312, 65-67.
이동환(2015). 개척 교회가 달린다(1). 목회와 신학, 308, 104-107.
이동환(2015). 개척 교회가 달린다(2). 목회와 신학, 310, 104-108.
이동환(2015). 개척 교회가 달린다(3). 목회와 신학, 312, 102-105.
이동환(2015). 오지 교회를 가다(4). 목회와 신학, 313, 100-104.
이동환(2015). 오지 교회를 가다(6). 목회와 신학, 317, 120-123.
이동환(2015). 인터뷰. 목회와 신학, 317, 124-126.
이동환(2016). CGN TV와 함께하는 오지 교회를 가다(10). 목회와 신학, 325, 126-130.
이동환(2016). CGN TV와 함께하는 오지 교회를 가다(11). 목회와 신학, 327, 130-133.
이동환(2016). CGN TV와 함께하는 오지 교회를 가다(12). 목회와 신학, 329, 120-122.
이동환(2016). CGN TV와 함께하는 오지 교회를 가다(8). 목회와 신학, 321, 112-115.
이동환(2016). CGN TV와 함께하는 오지 교회를 가다(9). 목회와 신학, 323, 110-113.
이동환(2017). 오지 교회를 가다(13). 목회와 신학, 331, 112-115.
이동환(2017). 오지 교회를 가다(14). 목회와 신학, 333, 97-99.
이상진(2015). 농촌의 미래를 살리는 영농협동조합 사역자. 목회와 신학, 309, 70.
이상훈(2015). 북미 지역 교회 생신운동의 현장을 찾아서(1). 목회와 신학, 316, 126-133.
이상훈(2016). 이상훈 교수의 북미 지역 교회 갱신 운동의 현장을 찾아서(10). 목회와 신학, 325, 160-169.
이상훈(2016). 이상훈 교수의 북미 지역 교회 갱신 운동의 현장을 찾아서(11). 목회와 신학, 326, 165-173.
이상훈(2016). 이상훈 교수의 북미 지역 교회 갱신 운동의 현장을 찾아서(15). 목회와 신학, 330, 139-147.
이상훈(2016). 이상훈 교수의 북미 지역 교회 갱신 운동의 현장을 찾아서(6). 목회와 신학, 321, 140-147.
이상훈(2016). 이상훈 교수의 북미 지역 교회 갱신 운동의 현장을 찾아서(8). 목회와 신학, 323, 149-155.
이상훈(2016). 이상훈 교수의 북미 지역 교회 갱신 운동의 현장을 찾아서(9).

목회와 신학, 324, 144-151.
이선학(2015). 지역사회와 함께하는 교회2. 목회와 신학, 313, 74-75.
이원돈(2015). 지역사회와 함께하는 교회2. 목회와 신학, 313, 80.
이원석(2017). 이슈와 진단. 목회와 신학, 333, 165.
이준우(2014). 교회 사회복지 실천(1). 목회와 신학, 300, 140-143.
이준우(2014). 교회 사회복지 실천(2). 목회와 신학, 301, 134-137.
이준우(2014). 교회 사회복지 실천(3). 목회와 신학, 302, 120-123.
이준우(2014). 교회 사회복지 실천(4). 목회와 신학, 303, 130-136.
이필행(2016). 디아코니아 교회를 찾아서(2). 목회와 신학, 330, 112-114.
이필행(2016). 옥수중앙교회. 목회와 신학, 322, 124-126.
정인수(2016). 섬김과 봉사를 실천하는 해외 교회(3). 목회와 신학, 321, 120-123.
최무열(2015). 특집. 목회와 신학, 312, 52-53.
최창범(2015). 지역사회와 함께하는 교회2. 목회와 신학, 313, 76.
편집부(2017). 특집. 목회와 신학, 333, 68-69.

참고 인터넷 사이트

가나안복지재단. http://foundation.cana1004.or.kr
개척자들. http://wcfgw.nayana.kr
거제도애광원. http://www.akw.or.kr
구세군대한본영. http://www.salvationarmy.or.kr
국제푸른나무. http://www.greentreekorea.org
굿네이버스. http://www.goodneighbors.kr
굿피플. http://www.goodpeople.or.kr
글로벌케어. http://www.globalcare.or.kr
기독교대한감리회. http://www.kmc.or.kr

기독교대한감리회 사회복지재단. http://www.kmcswf.or.kr

기독교대한성결교회. http://kehc.org

기독교세진회. http://www.sejin.org

기독교윤리실천운동. http://cemk.org

기독교한국침례회. http://www.koreabaptist.or.kr

기아대책. http://www.kfhi.or.kr

꿈의교회(굿프렌드복지재단). http://www.dream10.org

나눔과기쁨. http://www.joyofsharing.kr

나섬공동체. http://nasom.or.kr

남북나눔. http://www.sharing.net

다니엘. http://daniel.ne.kr

다일공동체. http://www.dail.org

대길사회복지재단. http://daegilwelfare.com

대한성공회. http://www.skh.or.kr

대한예수교장로회 고신총회. http://www.kosin.org

대한예수교장로회(합동측)복지재단. http://www.gapck.org/welfare

대한예수교장로회(합신). http://www.hapshin.org

대한예수교장로회총회 통합. http://www.pck.or.kr

대한예수교장로회총회 합동. http://www.gapck.org

대한예수교장로회총회(백석대신). http://www.pgak.net

덕천교회(로뎀복지재단). http://dcpc.or.kr

동산복지재단. http://forest.modoo.at

말아톤복지재단. http://www.malaton.or.kr

명성복지재단. http://www.mswf.or.kr

목회와 신학. http://moksin.duranno.com

무지개동산 예가원. http://www.rainbowhill.org

밀알복지재단. http://www.miral.org

밀알천사. http://www.miral1004.org
밥상공동체 연탄은행. http://www.babsang.or.kr
베데스다복지재단. http://www.btsd.kr
부스러기사랑나눔회. http://www.busrugy.or.kr
분당우리복지재단. http://blog.naver.com/wooriwf
빛과소금복지재단. http://www.thesarang.org
사랑과평화복지재단. http://www.lovepeace.kr
사랑의복지재단. http://www.sarangfare.org
새문안교회(새문안교회사회복지재단). http://www.saemoonan.org
샘복지재단. http://www.samcare.org
선한사마리아인운동본부. http://www.kgsn.org
성민. http://wfsm.or.kr
성민원. http://www.sungminwon.org
세이브더칠드런 코리아. https://www.sc.or.kr
수원순복음교회유지재단. http://swmf.or.kr
수원중앙복지재단. http://www.icentral.or.kr
신망애복지재단. http://www.shma.kr
안산이주민센터. http://www.migrant.or.kr
안산제일복지재단. http://www.ansan1.co.kr
양무리마을. http://www.yangmury.kr
에덴복지재단. http://www.edenwelfare.org
엔젤스헤이븐. http://www.angelshaven.or.kr
엘림복지회. http://www.elimtown.org
여전도회작은자복지재단. http://www.theleast.or.kr
영락사회복지재단. http://www.ynswf.co.kr
예수교대한성결교회 총회. http://www.sungkyul.org
우양재단. http://www.wooyang.org

월드비전. http://www.worldvision.or.kr
이레전원교회(이레복지선교회). http://www.irechurch.com
주안복지재단. http://www.juanwf.or.kr
지구촌사회복지재단. http://www.jiguchonwelfare.or.kr
참사랑복지재단. http://www.chamlove.org
초록우산어린이재단. http://www.childfund.or.kr
태화복지재단. http://www.taiwhafound.org
평생돌봄. http://www.psdb.or.kr
필그림하우스. http://pilgrimhouse.or.kr
하늘행복나눔재단. http://cafe.daum.net/gcchsw
한국YMCA전국연맹. http://www.ymcakorea.org
한국YWCA연합회. http://www.ywca.or.kr
한국교화복지재단. http://www.pici.co.kr
한국교회봉사단. http://www.koreandiakonia.org
한국기독교교회협의회. http://www.kncc.or.kr
한국기독교사회복지협의회. http://www.kcsw.or.kr
한국기독교사회봉사회. http://www.charity.or.kr
한국기독교의료선교협회. http://www.medicalmission.or.kr
한국기독교장로회. http://www.prok.org
한국기독교총연합회. http://www.cck.or.kr
한국밀알선교단. http://www.kmil.or.kr
한국생명의전화. http://www.lifeline.or.kr
한국장로교복지재단 애란한가족네트워크. http://www.aeranwon.org
한국장애인선교단체총연합회. http://www.kmad.or.kr
한국컴패션. http://www.compassion.or.kr
한국해비타트. http://www.habitat.or.kr
한아봉사회. http://www.hanah.or.kr

한코리아. http://www.hankorea.or.kr
함께하는사랑밭. http://www.withgo.or.kr
해피월드복지재단. http://www.happyworld.asia
홀트아동복지회. https://www.holt.or.kr
희망나누리. http://www.hope1203.org

이준우는
목사이면서 교수이고 사회복지사이다.
대학시절 하나님의 섭리 가운데 마주한 농(청각장애)인들과의 만남을 시작으로 장애인과 함께하는 사회복지실천, 교회를 중심으로 펼쳐지는 지역사회복지실천에 헌신해왔다.

'비전은 속도가 아니라 방향'이라고 생각하며 끊임없이 도전하는 사회복지사, 열정이 넘쳐나는 수어통역사, 능력 있는 말씀을 선포하는 목사, 고뇌하며 연구하여 가르치는 교수로 활발히 활동해온 경험을 살려 삶 속에서 '복지선교'와 '복지목회', '복지경영', '수화언어 연구' 사역을 소명으로 실천해나가고 있다.